또 하나의 교육

창의성 ³판

The Flare Of Learning :
A World Of Creativity

또 하나의 교육
창의성 3판

문정화 · 하종덕 · 박경빈 · 김선진 공저

학지사

3판 머리말

창의성은 변화의 속도가 너무 빠른 현 시대를 살아가는 우리 모두의 적응과 발전에 시동을 거는 엔진 같은 존재이다. 루이스 캐럴의 『이상한 나라의 앨리스』의 속편 『거울 나라의 앨리스』에서 앨리스가 붉은 여왕의 손에 끌려가면서 나누는 대화를 기억하는가?

“왜 계속 이 나무 아래인 거죠? 내가 살던 곳에서는 이렇게 빠르게 오랫동안 달리면 아주 먼 곳에 도착했을 거예요.” 붉은 여왕은 대답한다. “자, 여기선 보다시피 있는 힘껏 달려야 지금 그 자리에라도 계속 있을 수 있단다. 어디든 다른 곳으로 가고 싶다면 적어도 그보다 두 배는 더 빨리 달려야 해.”

붉은 여왕의 메시지는 시카고대학교의 진화생물학자 Van Valen에 의해 ‘붉은 여왕의 효과’ 이론으로 발전했다. 즉, 어떤 대상이 변화할 때 경쟁 대상이나 주변 환경이 더 빠르게 변화하기 때문에 상대적으로 뒤처지지 않으려면 끊임없이 발전해야 한다는 원리이다. 세상은 계속 변한다. 변화의 속도가 너무 빨라 적응도 하기 전에 새로운 것이 끊임없이 파도처럼 밀어닥친다. 최신형 컴퓨터나 스마트폰을 구입해도 시간이 조금만 지나면 또 다른 새로운 것에 밀려 고물이 되고 만다. 무한 경쟁 속에서 살아가는 요즘 세상에서는 가만히 있으면 상대적으로 도태될 뿐이다.

창의성은 개인의 삶을 빚어 가는 과정에서 성공과 행복에 불을 붙여 주는 불꽃같은 존재이다. 다음의 두 예에서 그 이유를 찾아보자.

3명의 MIT 학생들이 고안하고 덴마크 친환경 회사 스프라우트(Sprout)가 생산하는 '싹이 트는 연필'은 연필 끝에 지우개 대신 씨앗캡슐을 달았다. 다 쓴 몽당연필을 화분에 심고 물을 주면 싹이 튼다. 캡슐 속 씨앗은 다양해서 허브나 꽃이 되고, 또 열매를 따먹기도 한다. 아마존을 통해 전세계 70개국에 2018년 6월까지 총 1천만 자루가 판매되었다고 한다. 몽당연필에 생명을 불어넣는 친환경적인 이 아이디어가 사업 성공까지 가져다주었다.

몇 년 전 Lee Breuer와 극단 마부 마인(Mabou Mines)이 무대에 올린 〈인형의 집〉이 미국 오프-브로드웨이 최고 권위의 '오비(OBIE)'상 2개 부문(연출/연기)에서 수상하였다. 이 작품은 그동안의 〈인형의 집〉 무대와는 전혀 다르게 우아한 중산층의 집이 아주 작은 소품으로 가득 찬 인형의 집으로 바뀌었고, 등장하는 모든 남성이 소인증 배우다. 매우 큰 키의 여성과는 대조적으로 작은 키의 남성들이 등장하여 극의 내용을 의미 있고 개성 있게 전달하는 등 창의적 아이디어로 세계적으로 큰 파장을 불러일으키는 기념비적인 작품이 되었다.

따라서 빠른 변화에 살아남기 위해, 그리고 성공적이고 행복한 삶을 살아가기 위해 창의성 교육이 또 하나의 교육으로 자리매김이 간절히 요구되는 시기이다. 특별히 이 변화하는 시대를 살아갈 아이들에게는 기존 지식을 잘 활용하는 것은 말할 것도 없고 이를 통합해서 새로운 것을 창조할 수 있는 능력을 키워 주는 창의성 교육이 더욱 중요하다.

『또 하나의 교육, 창의성』이라는 제목의 책이 1999년에 처음 세상에 얼굴을 내밀 때만 해도 창의성의 중요성에 대한 인식은 과학이나 예술 분야 같은 일부 영역을 제외하고는 미미하였다. 창의성 교육은 그 자체만으로도 또 하나의 교육으로 호기심의 대상이었을 뿐 창의성 교육을 위한 교과과정이나 기본적인 텍스트도 거의 없었다. 그래서 그동안 저자들의 창의성 관련 연구 활동과 강의, 워크숍 등의 경험을 토대로 창의성에 대한 기초적이면서도 전문성을 띤 저술을 내놓았던 것이다. 그 후 약간의 수정·보완의 과정을 거쳐, 너무 늦긴 했지만 조금 더 업그레이드된 모양으로 개정판을 출간하게 되었다. 개정판에서는 '창의성과 발달'과 '창의성과 환경' 영역을 추가하였으며, 창의성과 영재에 대한 새로운 이론, 더욱 진전된 창의적 문제해결력(CPS) 프로그램을 보완했다. 특별히 창의성 못지않게 인성의 중요성이 강조되는 현실에서 창의적인 교수자료 개발에 창의·인성 프로그램 내용을 추가했다.

독자들은 이 책을 통하여 현대사회에서 창의성이 중요한 이유, 학자들이 주장하는 창의성의 개념과 이론, 창의적인 사람들의 특성, 창의성의 발달과 환경, 창의성과 직접적으로 관련된 영재성과 두뇌 기능, 구체적으로 창의적인 문제해결 능력을 개발시킬 수 있는 다양한 창의적 기법과 과정, 창의성 발휘에 방해가 되는 요인들, 창의·인성을 키울 수 있는 실제 프로그램, 그리고 창의성을 측정하고 평가할 수 있는 다양한 방법 등에 대한 이해와 실제 정보를 얻을 수 있을 것이다.

끝으로 개정판의 시기가 너무 늦은 것에 대해 독자에게 죄송한 마음과 반성하는 마음 가득하다. 무엇보다도 훌륭한 책을 출판하고자 열정으로 가득한 학지사 김진환 사장님과 늦어지는 원고를 인내하고 기다리며 좋은 책을 만들어 주신 김순호 이사님께 진심으로 감사드린다.

2019년 3월
저자 일동

1판 머리말

우리는 이 시대를 정보화 시대라고 말한다. 실제로 전 세계는 엄청난 국가적 경쟁 속에 놀라운 속도로 정보화되어 가고 있다. 이렇게 급속히 진전하는 세계적 변화에도 우리 사회는 아직도 정치, 경제, 사회 등 전 분야에서 산업사회의 굴레를 벗어나지 못하고 있는 것 같다. 이를 보다 긍정적으로 바라본다면, 이제 막 굴레를 벗어나 새로운 시대를 맞기 위해 진통을 겪고 있다고 할 수도 있다.

시대의 변화가 필연이듯이 사회가 정보화되어 가는 것 또한 필연적이다. 이러한 세계적인 추세는 무시할 수 있는 것도 아니고, 피할 수 있는 것도 아니다. 그러니 다른 나라에 뒤지지 않기 위해서는 서둘러 이를 수용해야 하고, 나아가 우리가 이를 선도해 나가는 길밖에 없다.

21세기는 지식과 정보로 경쟁하는 시대가 될 것이다. 역사의 거대한 흐름인 정보화 물결을 감지하고, 가능한 한 빨리 이를 받아들여 일상의 생활 속에서 정보화를 이루는 일이 21세기를 살아갈 사람들의 현명한 선택이 될 것이다.

본문에서도 다루겠지만, 정보화 사회는 정보가 획기적인 부가가치를 창출하는 소프트웨어 중심의 사회이고, 아이디어와 창의력이 가장 큰 가치를 지니는 창의적인 두뇌의 사회이다. 정보화 사회를 만들어 가는 생산기지는 바로 두뇌이다. 시대의 변화에 따른 좋은 교육을 받은 많은 우수 두뇌 인력이 각 분야에서 활발히 활동할 때 우리는 지금의 IMF라는 국가적 어려움에서 벗어날 수 있고, 더 나아가 앞으로 국제 경쟁에서도 버텨 나갈 수 있을 것이다. 이런 사회, 이런 시대를 위해서는 이에 맞는 교육이 반드시 필요하다. 그것은 곧 창의성 교육이다.

21세기는 분명 두뇌 생산성 경쟁시대이다. 우리가 지식 가치를 중시하고 지적 재산권을 확보할 수 있는 두뇌 생산성을 강화해야 하는 것은 이제 단순노동이 아니라 생산적인 지식이, 육체가 아니라 창의적인 두뇌가 고부가가치를 창출할 수 있기 때문이다. 그래서 이제는 지식의 소비자로서가 아니라 지식의 생산자를 길러내야 한다. 지식의 생산자에게 필수적인 것이 바로 창의성이다.

그런데 이제까지의 우리 교육은 지식의 소유자만을 길러냈다. 즉, 학생들에게 많은 지식을 넣어 주는 데 급급했던 것이다. 그래서 누가 많은 지식을 소유하고 있는가가 중요했다. 그러나 정보화 사회에서 이러한 형태는 별 소용이 없어지게 될 것이다. 따라서 단순한 지식의 소유보다는 적은 양의 지식이라도 이를 잘 활용하여 새로운 아이디어와 지식, 정보를 생산해 낼 수 있는 능력이 필요하다. 이때 필수적으로 작용하는 것이 바로 창의적인 능력이다.

앞으로 국제적인 두뇌전쟁과 정보전쟁이 더욱 치열해지는 상황에서 우리 사회가 살아남을 수 있는 길은 전문적이고 창의적인 인재를 양성하는 것뿐이다. 이는 교육을 통해서만이 가능하다. 바로 창의성 교육이 필요한 것이다. 창의적인 영재 두뇌가 17억 달러의 수익을 가져다주는 영화 한 편, 10억 불의 수익을 낳는 신약 등을 만들어 낼 수 있는 자원이다.

이제까지 창의성 교육을 위한 기본적인 텍스트는 거의 없었다. 그래서 그동안 본 저자들의 이 분야에 관련된 오랜 연구 활동과 강의, 워크숍, 그리고 강연 등의 경험을 토대로 창의성에 대한 기초적이면서도 전문성을 띤 텍스트를 개발하고자 했다. 이 책에서는 앞으로 미래 사회의 특성과 그에 따른 창의성의 필요성을 살펴보았고, 창의성에 대한 개념 및 이와 관련한 기본적인 이론들을 다루었다. 또한 창의성과 직접적으로 관련된 영재성과 두뇌 기능에 대한 내용을 다루었으며, 구체적으로 창의적인 문제해결 능력을 계발시킬 수 있는 여러 가지 방법과 창의적인 자료개발 방법, 그리고 평가 등에 대하여 다루고 있다. 이러한 내용은 누구나 기초적이고 쉽게 접할 수 있도록 하였으며, 대학 및 대학원의 강의 교재로서 또는 교사나 학부모, 직장인 등 일반인이 읽고 일상생활에서도 적용해 볼 수 있는 내용이다.

우리의 미래는 창의적인 인재 양성에 달려 있다. 이는 곧 창의성 교육의 중요성이 더욱 강조되는 이유이며, 그러한 교육이 올바로 실천될 때 비로소 교육의 위대함이 나타나게 될 것이다. 교육만이 그 일을 가능하게 하기 때문에…… 그래서 미래 사회를 이끌어 나갈 지금의 아이들에게 그들의 창의성을 최대한 계발시켜 주는 것은 곧 교육의 책무이자 권리이다.

문정화, 하종덕

차례

제1장
현대사회와 창의성

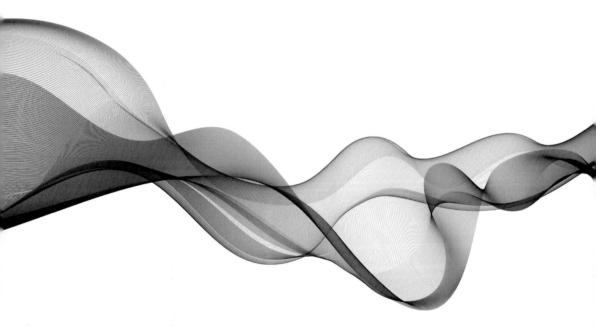

제1장 현대사회와 창의성

1. 현대사회의 특성

21세기에 들어선 지 근 20년이 흐른 현재 우리 사회에서는 인류 역사상 이전에는 상상조차 할 수 없었던 일들이 벌어지고 있다.

흔히 이 시대를 지식정보화 사회, 4차 산업혁명의 시대라 부르기도 한다. 특히 인공지능(Artificial Intelligence: AI)으로 상징되는 4차 산업혁명 시대에는 전 세계의 사람과 사람이 연결되는 초연결 시대이고, 학문과 분야의 경계가 사라지고, 지식과 정보가 융합되면서 파괴적인 기술과 생활의 혁신이 가속화되고 있는 것이 특징이다. 또한 4차 산업혁명으로 명명되는 최근의 변화는 발전 속도가 이전과는 비교할 수 없을 만큼 초고속으로 빠르고, 인간이 개발한 기술이 인간의 능력을 넘어서고 일자리까지도 빼앗지 않을까 하는 불안감도 갖게 되는 게 사실이다.

이 같은 시대에는 무엇보다 인간 개개인의 개성과 창의력이 그 어느 때보다 더욱 강조되고 중요해진다. 개인주의적이고 이기적인 게 아닌 각자의 독특한 개성의 존중과 개인 및 집단의 협력과 창의력이 요구되는 시대인 것이다.

1) 현대는 지식정보화 사회이다

농업 사회에서는 특별한 정보라는 것이 없었다. 있다고 해도 한 지역 내에서 통용되는 편의상의 정보만이 있을 뿐이었다. 그런데 국경마저 없어지는 지식정보화 사회가 되면서 지역 간의 벽은 무의미해지고 전 지구가 한 덩어리가 되었다. 말 그대로 하나의 지구촌으로서 '글로벌화'된 것이다.

산업화 사회에서는 노동력과 자본력이 큰 힘을 발휘했지만, 지식정보화 사회에서는 정보를 읽고 활용하며 부가가치를 창조해 내는 능력이 결정적인 힘을 발휘한다.

지식정보화 사회는 물질보다 정보가 더 중요한 자원이 된다. 미래학자 Alvin Toffler는 "산업 사회에서는 자본가에게 권력이 집중되어 있었지만, 정보화 사회에서는 정보 소유자에게로 권력이 이동한다."고 말하고 있다.

지식정보화 사회는 정보력에 의해서 부가가치의 크기가 결정된다. 아무래도 경제적 부가가치가 큰 쪽에 몰려서 경쟁을 하게 되는데, 물질적 상품 경쟁보다는 경제적 부가가치가 큰 정보라는 상품 경쟁이 보다 더 치열할 것이다.

지식정보화 사회가 된다는 것은 그 사회를 구성하는 정치, 경제, 사회, 문화 등 모든 분야에서 지식정보의 역할이 점차 증대된다는 것을 뜻한다. 또한 물질이나 에너지 중심의 사회에서 정보와 지식 중심의 사회로의 전환을 의미한다.

과거의 전쟁은 영토 전쟁이었지만, 미래의 전쟁은 정보 전쟁이 될 것이라고 한다. 정보 전쟁은 구체적으로, 각 분야의 전문가들이 벌이는 지식과 창의적인 아이디어의 전쟁을 말한다. 이 같은 정보 전쟁은 정보 초고속도로라는 네트워크 속에서 엄청나게 치열하고 무자비하게 치명적으로 벌어질 것이다.

산업 사회가 노동 생산성 경쟁의 시대였다면, 지식정보화 사회는 창의적이고 지적인 생산성 경쟁의 시대이다. 과거 농업 사회에서는 성실한 한 사람이 열 사람을 먹여 살렸다면, 산업 사회에서는 일당 백, 즉 성실하고 유능한 한 사람이 백 사람을 먹여 살릴 수 있었다. 그런데 지식정보화 사회에서는 일당 수백만, 즉 유능하고 창의적인 한 사람이 수만, 수백만 명을 먹여 살릴 수도 있다. 개인의 능력이 사회에 그만큼 크게 발휘될 수 있는 사회라는 말일 것이다.

사회 구조적 측면에서 볼 때, 농업 사회가 단순한 직종을 가진 단선 구조의 사회였다면, 산업 사회는 세분화, 전문화된 사회였고, 지식정보화 사회는 그 세분화, 전문화된 영역을 수많은 시스템과 네트워크로 엮은 초연결 사회라고 할 수 있다.

결국 지식정보화 사회는 힘을 모으고 조직화하고 분업화해서 체제적으로 일하던 노동 집약적 사회가 아니라, 각 개인의 개성과 창의성을 바탕으로 하는 새롭고 앞서가는 정보 생산과 창의적인 아이디어를 바탕으로 하는 협력 사회이다.

2) 현대사회는 4차 산업혁명 시대이다

현대사회는 매우 빠른 속도로 변화하고 있다. 미래학자 Thomas Frey는 "2030년까지 지구상에서 20억 개의 일자리가 사라질 것"으로 예측했다. 지금은 각광받고 있는 직업이라 해도 10여 년 후에는 수많은 직업이 사라질 것이라는 뜻이다. 물론 그 대신 새롭게 탄생되는 혁신적인 기술이 차세대 새로운 일거리들을 창조해 내겠지만 그동안 인간이 하던 일을 기계가 대신하면서 그 수는 훨씬 줄어들 것이다.

2016년 1월 스위스 다보스에서 열린 세계경제포럼에서는 「직업의 미래(The Future of Jobs)」라는 보고서를 통해 5년 안에 전 세계에서 700만 개가 넘는 일자리가 사라지고 새로 생기는 일자리는 200만 개에 그친다고 했다. 인간의 직업을 로봇과 인공지능이 대신할 것이라는 예측이다. 로봇이 초밥을 만들고, 정교한 수술도 로봇이 하고, 위험한 곳에서의 작업도 로봇이 한다. 드론은 초밥이나 피자 배달을 담당한다. 연봉 1억 4천인 인간 조종사를 대신해 파일럿 로봇(제작비 8천만 원 정도)이 항공기를 운행한다. 이 같이 인간과 로봇 사이에 일자리 전쟁이 도래하고 있다.

향후 10년 안에 현재 일자리의 63%가 AI나 로봇으로 대체될 것이라고 한다. Klaus Schwab(세계경제포럼 창시지) 다보스포럼 회장은『4차 산업혁명(Fourth industrial revolution)』에서 "향후 10년에서 20년 사이에 미국 내 모든 직업의 약 47%가 자동화기기로 대체될 것이다. 이는 과거의 산업혁명에 비해 훨씬 넓은 범위에서 일자리 붕괴 현상이 일어나고, 더욱 빠른 속도로 노동시장이 변화하고 있음을 의미한다."고 주장했다.

이 같은 현상을 4차 산업혁명이라 일컫는데, 4차 산업혁명이란 AI, 로봇공학, 사물인터넷(IoT), 자율주행, 3D프린팅, 나노기술, 바이오기술 등 새로운 기술이 몰고 올 혁명적인 변화를 말한다.

전통적으로 자원과 자본은 그동안 경쟁에 필요한 핵심 기반으로 꼽혀 왔다. 하지만 4차 산업혁명 시대에는 이들의 중요성이 약화될 것이다. 과거에는 토지나 원재료 같은 자원이 핵심이었다면, 앞으로는 AI나 로봇과 같이 정보와 데이터를 생산하는 기계가 훨씬 경제적이고 효율적으로 그 자리를 대체할 것으로 예상되기 때문이다.

4차 산업혁명 시대의 특징은, 첫째, 융합의 시대라는 것이다. 물리와 가상, 전문 지식과 정보의 융합, 사람과 사물 간의 긴밀한 네트워크 형성이 이루어지는 현상을 의미한다. 둘째, 급격한 변화의 시대라는 것이다. 기존의 것에서 전혀 예측하지 못한 파괴적인 혁신의 가속화, 미래에 대한 예측 불가능한 불확실성을 의미한다. 셋째, 창의적인 인재가 중요한 시대라는 것이다. 이는 글로벌한 초연결의 인적 네트워크 사회, 새로운 플랫폼을 만드는 창의적 인재의 필요성을 의미한다. 넷째, 협업의 시대라는 것이다. 공동의 성과를 도출하고, AI나 로봇 등 컴퓨팅 기술 활용의 중요성이 무엇보다 강조된다는 의미이다.

　4차 산업혁명 시대는 기술의 진보가 더욱 빨라질 뿐만 아니라 서로 다른 기술, 서로 다른 학문이 융합하여 전혀 새로운 분야를 탄생시킬 것이다. 이러한 시대에 생존하기 위해서는 변화에 빠르게 적응하면서 새로운 지식을 구축해 나가야 한다.

　이제 모든 지식은 인터넷과 모바일을 통해 쉽게 접근할 수 있다. 그러나 세상에 널려 있는 지식과 정보를 스스로 취사선택하여 학습하고 활용할 수 있는 능력이 점점 더 중요해지고 있다. 따라서 이제는 학벌이나 학력보다는 판단력과 추진력, 창의력을 가진 사람이 리더가 되는 세상이 되고 있다.

　이렇게 변화하는 과정에서 창의적인 인재의 중요성은 더욱 커져서 표준화된 인재의 공급 규모나 능력을 소유한 인재 대신 수많은 정보와 지식 중에서 유용한 데이터와 정보를 활용해 문제를 창의적으로 해결해 나갈 수 있는 능력을 보유한 창의적인 인재로 대체될 것이다.

3) 현대사회는 창의적인 정보 인프라 구축 시대이다

　지식정보화, 4차 산업혁명 시대에는 개인이나 국가를 위해 창의적인 정보 인프라 구축이 무엇보다 중요하다.

　하나의 예로 영상 산업을 들어 보자. 현대사회에서 영상 산업은 첨단 산업이라는 말이 꽤 알려져 있다. 1994년에 국가과학기술자문회의는 Steven Spielberg 감독의 영화 〈쥬라기공원〉을 예로 들어, 이 영화 한 편의 1년 흥행 수입이 그 당시 우리나라가 자동차 150만 대를 수출해서 벌어들인 수입과 맞먹는다고 발표했다. 이러한 발표를 접한 당시 우리 사회는 갑자기 큰 충격이나 받은 듯 술렁였고 신기해 하기까지 했었다.

　하지만 이런 예시에 대한 실제 현상의 이해에는 사실상 피상적인 데가 있다. 〈쥬라기공원〉 제작비는 약 6천만 달러였다고 한다. 그 당시 우리는

1천만 달러짜리 영화를 제작해 본 일도 없었다. 이런 규모의 돈을 혹 누가 준다고 하더라도 영화 제작이 곧 성공적으로 이루어지는 것은 아니라는 사실은 또 다른 상황이다. 어쩌면 〈쥬라기공원〉을 흥행의 경제로만 보는 것부터가 잘못일지 모른다. 그것은 돈의 게임이 아니기 때문이다. 그것은 바로 '창조적 상상력의 게임'이었다. 〈쥬라기공원〉을 팔게 한 것은 공룡 캐릭터였고, 이 공룡은 컴퓨터 시뮬레이션 작품이었다. 컴퓨터 시뮬레이션으로 만들었다는 것의 이미지를 시의적으로 적절하게 판매했다는 점이 더 중요하다. 그러니까 제2의 공룡이 또 팔릴 것이라고 보는 것은 오산이다. Spielberg는 아무도 생각하지 못하고 있을 때, 이를 먼저 창조했기 때문에 공룡 캐릭터만 갖고도 10억 달러 시장을 만들어 냈고, 이러한 바탕 위에서 영화 수입 9억 달러를 얻어 낼 수 있었다.

간과할 수 없는 중요한 사실은 이 같은 산출물을 Spielberg의 창의력만이 만들어 낸 것이 아니라는 것이다. 그것은 시뮬레이션 팀, 캐릭터시장 팀 그리고 현존하는 모든 매체와 그 구조를 묶어 기획을 세우는 블록버스터 팀의 합작품이었다. 더 나아가 Spielberg의 배경에는 그보다 더 '상상력의 귀재'로 불리는 영화 마술사 George Walton Lucas가 있었다. 그는 〈스타워즈〉와 〈인디아나 존스〉의 제작자이기도 하다. 〈쥬라기공원〉을 성공시킨 컴퓨터 화면으로서의 공룡은 바로 Lucas 회사의 디지털 기술에 근거한 것이었다.

Lucas가 운영하는 회사는 영화, TV 제작 회사인 '루카스필름(Lucasfilm)', 시각 효과 전문 '인더스트리얼 라이트 앤 뮤직', 음향 효과 전문 '루카스 디지털', 비디오 게임 사업을 하는 '루카스아츠' 등이다. 이 모든 회사에는 물론 그 나름대로 세계 시장에 도전할 만한 창의적인 재능과 상상력을 지닌 창의적인 인재들이 모여 있었다. 결국 이런 창조적인 상상력의 인프라(기반)의 단단함과 다양성이 뒷받침되어야 Spielberg든 디지털이든 엄청난 부가가치를 창출해 낸 성공한 영화 한 편을 만들어 낼 수 있다는 것이다.

그리고 그 인프라는 공장이나 각종 기능적인 장치들이 아니라 오직 창의력을 가진 인간의 두뇌만으로 이루어진다. 이런 일을 하는 직종을 '창의적 전문직'이라고 부른다. Robert B. Reich는 저서『국가의 일(Work of nations)』에서 '창조적 전문직'을 자료, 단어, 언어 표현이나 시각 표현의 상징 조작을 통해 새 흐름 속에 있는 문제를 적출하고 이를 재구성하여 중개하는 일을 하는 것으로 보고 있다. 여기서 상징 조작이란 어떤 자원, 즉 자금이나 시간 또는 에너지를 어떻게 효과적으로 재배치하는가, 어떻게 단순화시키면서도 새로운 이미지로 전환시키는가 등의 일을 뜻한다. 상상력 자체가 하나의 제품이라고 할 수 있다. Reich는 이 같은 직종에 속하는 것으로 리서치 학자, 설계 엔지니어, 사운드 엔지니어, 시스템 분석가, 영화 아트디렉터, 전략 수립가 등을 들고 있다. 또한 이벤트 산업이나 테마파크 산업 등과 같은 창의력과 상상력을 기본 자산으로 하는 직종이 늘어나고 있다.

이 같이 현대 지식정보화 사회에서 국가나 개인의 경쟁력은 창의적인 정보 인프라의 구축과 협업 여하에 달려 있다고 할 수 있다.

2. 지식정보화, 4차 산업혁명 시대를 대비한 교육의 변화

2016년 스위스 다보스에서 열린 세계경제포럼에서는 "2016년 초등학교에 입학한 7세 어린이의 65%는 지금 존재하지 않는 새로운 직업에서 일하게 될 전망"이라고 발표했다. 수십 년 뒤 우리 아이들의 일자리를 AI나 로봇 등의 기계가 대체하여 인간이 해 왔던 일자리가 줄어들 것이라는 불안감을 나타낸 것이다.

세계경제포럼은 이 엄청난 변혁의 시기에 가장 중요한 자원이자 근본적인 대책은 결국 '인간의 재능(talent)'임을 강조하며, 교육의 패러다임도

4차 산업혁명 시대에 맞게 획기적으로 달라져야 한다고 한다. 이러한 움직임은 '변화의 선도자'로서 우리 사회를 바꿀 무한한 가능성을 지닌 인재를 육성하는 데 보다 큰 관심과 체계적인 지원이 그 어느 때보다 필요함을 보여 준다. 이를 위해서 모든 인재를 창의적인 인재로 육성하는 교육 정책을 마련해야 한다. 창의적인 인재를 육성한다는 것은 일정 수준의 표준화된 역량을 함양하도록 교육시키고 지원한다는 것이 아니다. 개개인의 호기심과 학습 역량, 감성과 창의싱, 목표를 추구히는 근성 등 개인마다 다른 역량과 특장점을 최대한 끌어내면서 취약점은 보완할 수 있도록 지원하는 것이다.

많은 전문가들은 현재의 정규교육에서 배운 지식만으로는 4차 산업혁명의 변화를 선도하기는커녕 급속히 변화하고 발전하는 기술 세계와의 격차만 점점 벌어지고 있다고 비판하고 있다.

4차 산업혁명의 교육 혁신 전략의 핵심은 지식을 다루는 방법의 변화이다. 지식의 양적인 폭증은 질적인 변화를 가져온다. 정답을 외우는 기존 교육의 수명은 종말에 가까워지고 있다. 이제 교육의 목표는 지식(contents) 교육에서 학습 능력(context/learn how to learn) 교육으로 전환되어야 한다. 즉, 교육의 구체적인 목표는 '창조적 지식 창출'과 '편리한 지식의 활용 능력'이어야 한다는 것이다.

초연결 사회에서 창의성은 더욱 그 가치를 발휘하고 있다. Steve Jobs는 '창조성은 연결이다.'라고 했다. 애플의 스마트폰, 구글의 인공지능서비스, 아마존의 웹서비스 등이 세상에 창조적 가치를 만들어 내고 있는 것을 보면 그 말이 맞다는 것을 이해할 수 있다.

2016 세계경제포럼은 4차 산업혁명 시대에 가장 중요한 역량으로 복잡한 문제를 해결할 수 있는 능력과 비판적 사고력, 창의성을 언급했다. 특히 2015년까지는 크게 체감하지 못하였던 창의성(상위 핵심역량 10개 중 10위)이 2020년(상위 핵심역량 10개 중 3위)에는 월등히 중요해질 것으로 나타나 창의성이 미래 사회의 변화에 대응하는 핵심역량(능력)임을 보여

준다.

기계가 인간의 육체 노동을 넘어 지적 노동까지 대체하는 4차 산업혁명 시대의 인재는 암기식, 주입식 교육으로는 길러 낼 수 없다. 미래사회는 사고력과 창의력을 지닌 인재를 요구한다. 창의적인 인재가 AI와 로봇을 발전시키고, 그 첨단기술을 활용하여 새로운 일자리를 만들어 내면서 엄청난 가치를 창출하는 것이다. 이러한 시대에 필요한 것은 첨단기술을 활용해 새로운 직업과 일자리를 끊임없이 만들어 낼 수 있는 창의적인 인재 양성이다.

로봇공학자이자 미국 UCLA 기계항공공학과 교수인 Dennis Hong은 AI 시대, 4차 산업혁명 시대에 맞춰 이루어질 교육은 학생들이 전혀 다른 분야에서 영감을 받아 새로운 생각을 만들어 내도록 하기 위한 교육이어야 한다고 한다.

Dennis Hong이 제작한 로봇 중에는 다리가 3개 달린 '스트라이더' 로봇이 있는데, 그건 어렸을 때 어떤 아주머니가 딸의 머리를 땋아 주는 모습을 보고 만들었다고 한다. '찰리'라는 로봇을 만들 때는 자연사박물관에 있는 사슴 무릎을 상상했다. 이렇게 관계없는 것들을 연결 짓는 능력을 길러 주는 중요한 요소는 '재미'이다. 그가 소장으로 있는 로멜라로봇연구소에는 밤낮 없이 학생들이 북적거리는데, 그게 약속에 의한 것이 아니라 학생 스스로 재미있기 때문이다. 그는 "재미가 있으면 열정이 생기고 탐구력과 창의성은 자연스레 따라오기 마련이다."라고 강조한다.

창의성과 인성을 갖춘 인재를 키워 내는 방향으로 우리 교육도 변하고는 있다. 개정된 2015년 우리나라 초·중등 교육과정은 목표를 창의융합형 인재 양성에 두고 있다. 즉, 인문학적 상상력과 과학기술 창조력을 갖춘 창의융합형 인재 육성을 목표로 한다. 자기관리 역량과 지식정보처리 역량, 창의적 사고 역량, 심리적 감성 역량, 의사소통 역량, 공동체 역량 등을 길러 줄 교육과정 운영 전략을 세우고 있다.

앞으로는 교과서에서 해방되고, 교실에서 해방되는 교육이 이루어질 것이다. 졸업장 대신 자격증이 더 중요해질 것이며, 어느 공간이든 어느 연령이든 모두가 교육의 장소, 교육의 대상이 될 것이다. 교육의 내용도 크게 변화할 것이며, 학교교육보다 가정교육, 사회교육, 가상교육의 기능이 크게 강화될 것이다. 이 같은 시대 변화 속에서 교육의 기능과 교사의 역할은 어떻게 달라져야 할 것인가?

첫째, 지식정보화, 4차 산업혁명 시대에는 교사는 단순히 지식 전달의 기능에서 벗어나서 학생들의 창의성을 기르는 역할을 해야 한다. 곧 낡은 정보가 될 지식을 자라나는 아이들 머릿속에 집어넣어 단순히 기억만 하게 하는 것보다는 새로운 지식 정보를 만들어 내고 유용한 정보를 찾아 이용할 수 있는 능력과 태도를 길러 주어야 한다. 새로운 지식과 정보를 만들어 내고, 필요한 정보를 이용할 수 있는 사람을 길러 내려면 학교의 수업방식이나 교육방침이 어떤 정답을 알아맞추는 식의 수렴적인 교육보다는 여러 가능한 정답을 얼마든지 만들어 내는 확산적이고 수평적인 사고력 교육을 하도록 해야 한다. 싱가포르가 최근 새롭게 내건 교육개혁의 슬로건 'Teach Less, Learn More'을 음미해 볼 만하다. 이는 "암기 위주 지식을 적게 가르치는 것이 오히려 많이 공부하고 많이 배우는 길이다."라는 의미이다.

둘째, 한 개인이 다른 어떤 개인과 다른 지적, 정서적, 신체적 특징을 살리는 특성화 교육을 해야 한다. 다른 사람이 해내지 못하는 것을, 또는 다른 사람들이 해낸다고 해도 그들보다 더 잘해낼 수 있도록 하는 교육이 곧 특성화 교육이고 개성화 교육이다. 그래야 다른 사람과는 다른 독특성을 지니는 인간으로 인정받게 될 것이다. 그동안 우리 교육은 개성 말살 교육을 하고 있었다 해도 과언이 아닐 것이다. 하고 싶은데도 안 시킬 뿐만 아니라 잘하는데도 못하게 하는 교육을 하고 있다. 이른바 적성보다는 좋은 대학, 좋은 직장을 추구하고 그쪽으로 강제로 몰아가는 교육을 하고 있는 셈이다. 이러한 교육 속에서 개인의 특성과 개성을 살릴 수는 없다.

셋째, 지식정보화, 4차 산업혁명 시대에 남과 더불어 조화롭게 살 수 있게 하려면 강한 의지력과 지구력 그리고 높은 정서지능을 갖춘 인성을 갖추어야 한다. 즉, 창의적인 두뇌와 강한 개성만 가지고는 안 되고, 치열한 경쟁사회에서 좌절하지 않고 성공적인 삶을 영위해 나가려면 강한 의지력과 정서적인 안정성 그리고 협업을 위해 좋은 인간관계를 유지할 수 있는 높은 정서지능이 필요하다는 것이다. 이러한 조화로운 인간을 기르기 위해서는 가정에서나 학교에서 아이들을 지나치게 과보호하거나 지적 경쟁만을 강조해서는 안 되고, 건강한 체력과 정서함양 활동 그리고 사회봉사와 창의적인 체험 활동 등에 비중을 두는 교육이 이루어져야 한다.

제2장
창의성의 개념

제2장 **창의성의 개념**

1. 창의성의 정의

1) 창의성에 대한 그릇된 이해

창의성에 대한 가장 큰 오해는 창의성을 자신이 하고 싶은 일을 마음대로 할 수 있는 능력이라고 생각하는 것이다. 즉, 창의적인 사람 중에는 물론 남들의 시선을 의식하지 않고 충동적으로 행동하는 사람도 있지만, 그렇게 하는 것이 결코 창의성과 동일한 것은 아니다.

창의성에 대한 또 다른 그릇된 생각으로 Amabile(1989)은 '괴상함 (eccentricity)'을 들고 있다. 단지 괴이하게 생긴 것을 만들어 낸다거나, 비인습적으로 소속된 사회의 규범을 거절한다거나, 끊임없이 다른 사람들과 다르게 행동하는 것만이 창의적인 행동이 되는 것이 아니다. 괴상하고 비인습적이고 다르다는 것은 창의성의 필요조건이지 충분조건이 아니다.

또한 창의성을 지능이나 영재성과 동일하다고 여기는 것도 잘못이다. 지능과 창의성과의 상관관계는 매우 낮다. 단, Guilford의 가설적인 연구에 따르면 지능이 높은 집단일수록 창의력의 폭이 넓다. 지능이 높은 집단일수록 창의력이 낮은 수치에서 높은 수치까지 범위가 넓은 반면, 지능이 낮은 집단일수록 이 범위가 좁다. 따라서 지능이 높다고 해서 창의성이 당연히 높을 것으로 여기거나, 지능이 낮다고 해서 창의성도 당연히 낮을 것으로 여기는 것은 잘못된 생각이다. 영재성 역시 창의성과 동일하지 않다. Renzulli가 영재성이 발휘되려면 '평균 이상의 능력' '과제 집착력' 그리고 '창의성'의 세 요소에서 뛰어나야 한다고 주장하듯이 창의성은 영재성이 발휘되기 위해 꼭 필요한 것이지만 그 자체만으로 영재성이 될 수는 없다.

창의성은 보통 사람과 전혀 상관이 없고 뛰어난 예술가나 인류의 발전에 공헌하는 과학자와 같은 특별한 사람에게만 필요한 능력이라는 것 역시 잘못된 생각이다. 창의성은 자녀의 도시락을 창의적으로 준비하는 주부에서부터 새로운 학문의 원리를 창조하는 학자에 이르기까지 모든 사람에게 필요하다.

또 다른 잘못된 생각은 창의성이란 이전에 존재하지 않았던 새로운 것을 만들어 내는 데 동원되는 독창적인 능력에 국한된다는 것이다. 만약 이 생각이 옳다면 창의적이기는 참으로 어려운 일이며, 따라서 창의적인 산물이 별로 많지 않을 것이다. 예를 들어, 비행기가 전혀 없었던 시절 라이트 형제의 비행기 발명은 창의성이고, 그보다 더 정교하고 최대 항속거리 15,700km로 개선된 보잉 787-9를 만들어 낸 능력은 창의성이 아니라는 생각은 틀린 것이다. 이전에 없었던 새로운 구조나 관계를 통해 생성된 보잉 787-9 역시 분명 창의적인 것이다.

2) 창의성이란 무엇인가

창의성이란 인류가 존재하는 한 지속적으로 필요하며, 나이, 교육 정도, 경제 상황, 직업의 종류 등과 상관없이 모두 다양한 형태로 나타낼 수 있다. 하지만 창의성의 개념은 개인을 둘러싼 문화, 시대, 경험, 가치, 신념 등과 같은 것들을 통해 형성되며 아직까지 통합된 정의는 없다. 심리학 분야에서의 어떤 개념에 대한 정의가 하나로 일치된 경우는 찾아보기 힘들지만 그중에서도 창의성에 대한 정의는 학자의 수만큼 많다고 해도 과언이 아니다. 그것은 Davis(1997)의 지적처럼 창의성이 어렵고 복잡하며 다면적인 성격을 띠고 있기 때문이며, 인간의 가장 높은 수준의 수행과 성취이기 때문일 것이다.

인지 능력을 강조하는 Guilford(1986)는 '지능구조 모델'을 소개하면서 그 모델의 한 부분인 확산적 사고를 창의성의 기본이 되는 사고 유형으로 보고, "창의성이란 새롭고 신기한 것을 낳는 힘"이라고 정의했다. 또한 산출물을 강조하는 입장에 있는 Taylor(1988)는 "창의성은 특정한 목적을 갖고 모인 집단에 의하여 지속적이고 유용하고 만족스러운 것으로 받아들여진 신기한 작품을 만들어 내는 과정"이라고 정의하고 있다. 내적 경험을 강조하는 정의로 Rogers(1962)는 "창의성이란 하나의 새로운 결과를 야기하는 행동의 출현이며, 그것은 개인의 특성과 그 개인을 둘러싼 사건, 사람, 자료, 자기의 생활사의 어떤 상황 등에서 생성되는 과정"이라고 했으며, 이러한 과정을 찾는 동기가 바로 자아실현의 경향성이라고 보고 있다. 그리고 과정을 강조하는 입장에서 Torrance(1977)는 "창의성이란 곤란한 문제를 인식하고 그것을 해결하기 위하여 아이디어를 내고, 가설을 세우고 검증하며, 그 결과를 전달하는 과정"이라고 정의하면서 그의 저서 『창의성과 사토리를 찾아서(The Search for Satori and Creativity, 1979)』에서 다음과 같이 덧붙인다. "창의성이란 더 깊게 파고, 두 번 보고, 실수를 감수하고, 고양이에게 말을 걸어 보고, 깊은 물속에 들어가고, 잠긴 문 밖으로 나오고, 태양에 플러그를 꽂는 것"이라고 한다. 역시 창의성이란 쉽지만은 않다. 즉, 새롭고 기발하게 사고하고 행동하기 위해서는 남들보다 더 깊게 사고하고 파고들어야 하고, 남들이 한 번 보는 것을 두 번 보아야 하고, 실수 따위는 잊어버리고, 엉뚱한 일도 해 보고, 남들이 들어가지 않는 곳에 들어가 보고, 남들이 하지 않은 일에 도전해야 하고, 그러면서 그런 모든 일이 보다 건설적이고 희망적인 방향에서 이루어져야 한다.

그 밖에도 창의성을 두뇌 조직이나 뇌파 기능과 관련된 것으로 보는 생리학자들의 견해가 있다(Diamond, 1988: Ferguson, 1977: Restak, 1993). 이러한 모든 견해가 어느 정도 사실이기도 하지만 각각의 견해는 창의성이 갖는 복잡성을 설명하기에는 부족하다.

어떤 학자들은 창의성을 주로 4P의 통합된 시스템으로 설명한다(예: Sternberg, 1988: Feldman, Csikszentmihalyi, & Gardner, 1994). 4P란 사람 (Person), 과정(Process), 산출물(Product) 그리고 자극 또는 환경(Press/Environment)을 일컫는다. 말하자면 창의적인 사람들의 특성, 창의적인 사고 과정, 창의성이 발휘된 산출물, 그리고 창의성에 영향을 주는 환경적 요인 측면에서 창의성을 설명하는 접근이다. 예를 들면, 어떤 사람이 미적 감각이 뛰어나고, 그림을 잘 그리는 재주가 있지만 체계적으로 미술 수업을 받을 기회가 없고, 시간과 돈도 없고, 미술에 대한 흥미를 추구하도록 격려 받지 못한다고 하자. 이 사람은 미술적 창의성을 발휘할 수 있는 몇 가지 필요조건을 갖추었지만 이것만으로는 충분하지 않다. 개인의 창의성이 빛을 발하기 위해서는 올바른 조화 속에서 많은 변수가 균형을 이루어야만 한다. 그래서 위대하고 창의적인 성취가 쉽지 않다.

또 Taylor는 창의성은 체계적으로 분류될 수 있다고 생각한다. 다음에 요약된 Taylor의 모델에서 보듯이 아동의 그림은 창의적이라고 여길 수 있다. 하지만 그것은 창의적인 발명품만큼 높은 수준의 것은 아니다. 가

Taylor의 창의성 단계

- 출현적 창의성: 새로운 학파, 새로운 동향이 확산될 수 있는 완전히 새로운 원리나 가정들
- 혁신적 창의성: 개념화한 훈련을 포함하고 있는 수정을 통한 개선
- 발명적 창의성: 재료, 방법, 기교를 통해서 독창성이 드러남
- 생산적 창의성: 제한 상태에서 예술적이거나 과학적인 산출물
- 표현적 창의성: 아동들의 자발적인 그림

장 높은 수준인 출현적 창의성은 어떤 영역의 구조를 변화시키거나, 새 영역이나 새로운 운동을 출발시키는 것을 말한다. 심리치료에서 Freud의 연구는 바로 이와 같은 범주에 속한다.

그 외에도 다양한 정의와 창의성의 이해에 관한 다양한 접근이 있지만, 행동이나 산출물이 창의적이기 위해 공통적으로 지녀야 하는 특징으로 Amabile(1989)은 신기함(novelty)과 적절함(appropriateness)이라는 두 요소를 꼽고 있다. 즉, 창의적인 것은 모방이나 재연이 아니고 새롭고 독특해야 하며, 또 단순히 새롭고 독특하기만 한 것이 아니라 내용이나 효과 면에서 유용하고 현실적이며 적합해야 한다.

2. 창의적인 사람들의 특성

누가 창의적인 사람인가? 창의적인 사람들의 성격은 어떠한가? 이러한 사실에 대한 답을 찾기 위해 다양한 방법으로 많은 연구가 이루어졌다. 먼저, Mozart, Freud, Darwin과 Einstein 등과 같이 탁월한 성취를 보인 창의적인 사람들의 생애를 검토한 회고적인 연구에서 창의적인 사람들의 성격에 관한 많은 정보를 얻을 수 있다. 또 다른 방법의 연구로는 어떤 특정한 영역에서 창의적 성취를 이룬 사람들의 성격 특성과 같은 영역에서 덜 창의적인 사람들의 성격 특성을 비교해 본 것이다(MacKinnon, 1965, 1976). 또 다른 연구는 창의성 측정에서 높은 점수를 보이거나 창의적인 물건을 생산한 사람들의 성격 특성을 조사한 것이다. 다음 표에 이와 같은 다양한 연구로부터 얻은 창의적인 사람들의 특성에 대해 요약해 놓았다(〈표 2-1〉 참조).

〈표 2-1〉 창의적인 사람들의 특성

인지적 특성	성격적 특성
• 비교적 높은 지능 • 독창성 • 분명한 발음과 언어의 유창성 • 훌륭한 상상력 • 은유적 사고 • 융통성 • 독립적인 판단 • 새로운 것을 잘 다루는 능력 • 논리적 사고력 • 내적 형상화 • 고정관념의 탈피 • 많은 질문 • 지식의 새로움과 틈새에 민감 • 알고 있는 지식을 새로운 아이디어의 기반으로 사용하는 능력 • 현장에서 좋은 문제를 인지하는 심미적 능력	• 적대 행위나 지적인 모험에 기꺼이 직면하려고 함 • 인내심 • 호기심 • 새로운 경험에 개방적 • 끈질기게 몰두 • 훈련과 사신의 일에 몰입히기 • 높은 내적 동기 • 모호함에 대한 참을성 • 넓은 관심 영역 • 아이디어와 친근하게 지내는 성향 • 행동의 비인습성 • 깊은 감정 경험 • 직관력 • 흥미로운 상황 추구 • 기회주의 • 자아비판과 자신감 사이에서의 갈등

출처: 한국교총영재교육원 교원연수팀(2008).

창의적인 사람들의 특성으로 나타난 많은 행동이 때로는 학습 및 행동의 문제로 비칠 수 있다. 따라서 부모나 교사는 아동의 '개성'을 부정적인 원인으로 돌리지 않도록 조심해야 한다. 예를 들면, 매우 창의적인 아동과 주의력결핍 및 과잉행동장애(Attention Deficit Hyperactivity Disorder: ADHD)로 진단 받은 아동에게서 보이는 행동상에 유사성이 나타날 가능성이 있다(Cramond, 1994). 창의적인 아동과 ADHD 아동은 백일몽, 높은 에너지, 충동적 행동, 모험심, 마음을 빼앗기고 몰두하기, 까다로운 기질, 낮은 사회성 등에서 비슷한 특성을 보일지도 모른다. 또한 양쪽 집단 모두 뇌 선호도에서 혼합형이거나 보통 사람들과 달리 예외적이었으며, 일반 아동보다 좀 더 자발적으로 아이디어를 내고, 창의성이 높았다.

3. 활동을 통한 아동의 창의성 판단

- 열 살 민영이는 숫자의 마술사이다. 그는 두 자리 숫자의 곱하기 암산도 계산기만큼 빨리 할 수 있다.
- 여섯 살 진형이는 작년에 올림픽공원에 갔을 때 구경한 공룡들의 이름을 모두 기억하는가 하면, 24절기의 순서를 줄줄 외우면서 내용을 설명하는 등 암기력이 뛰어나다.
- 초등학교 4학년인 승현이는 공룡 그림책을 보고 번호에 맞추어 공룡을 멋지게 조립했으며, 어떤 것이든 만드는 방법만 적혀 있으면 그대로 정확하게 조립한다.
- 초등학교 1학년인 현영이는 다음과 같은 동시를 지어 주위 사람들을 놀라게 한다.

　눈

　　하늘에서 내리는 흰 꽃
　　아무도 모르게 우리 집 마당을
　　희고 흰 눈꽃나라로 만들어 놓았다.
　　구름 위에 선녀들이
　　흰 꽃만 꺾어서
　　우리 동네에 뿌려 주었나?
　　우리 집도 이웃집도 금세 머리가 하얗게 센다.
　　눈은 정말로 장난꾸러기다.

- 초등학교 3학년인 연주는 새로운 게임과 함께 재미있는 규칙을 고안하는 일을 아주 쉽게 해낸다.
- 여섯 살 현규는 아홉 장의 조각그림 맞추기를 하는 동안 다른 친구들

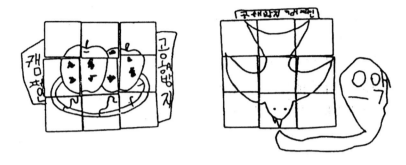

[그림 2-1] 현규의 작품

과는 다른 방법을 시도했다. 사과 그림에 본래는 없었던 썩은 표시를 하고, 새 모양의 조각 맞추기를 할 때 다른 친구들은 모두 머리가 위로 가도록 했지만 반대로 머리를 밑으로 향하도록 하여 추락하는 모습을 꾸미고, '으악'이라는 말도 삽입했다. 그리고 완성된 두 조각 그림에 '공해 방지 캠페인'이라는 제목까지 붙였다([그림 2-1] 참조).

앞 내용은 아동들의 작품이나 행동 특성이다. 이 모두가 창의적인 활동이라고 할 수 있을까? 이 중 어떤 것이 창의적 사고를 요하는 것인가? 창의적이지 않은 것이 있다면? 아동들의 사고나 행동 또는 작품이 창의적인지 어떻게 판단할 수 있을까? 다음 설명은 그들의 활동이 얼마만큼 창의성을 요구하는 것인지 구별하는 데 도움이 될 것이다.

숫자의 마술사인 민영이의 경우, 숫자의 체계에 새로운 방법을 고안해 낸 것이 아니라면 그 활동에서만큼은 높은 창의성을 보이는 것이라고 말할 수 없다. 대체로 그는 99×99의 곱셈표를 암기했고, 자동으로 답이 나올 정도로 충분한 연습을 했다고 생각할 수 있다. 승현이가 공룡 그림책을 보고 그대로 조립해서 만드는 것은 그 작품에 관한 전반적인 구조와 만드는 방법의 설명을 잘 이해하는 것이지, 창의성의 발휘를 요구하고 있지는 않다. 어린 나이에 암기력이 뛰어난 진형이의 경우, 뛰어난 암기력을 이용해 높은 학습 성과를 얻을 수 있으며, 지능이 높을 수도 있다. 그러나 암기 자체는 창의력을 요구하지 않는다. 결국 이와 같은 종류의 성취는 높은 지능을 요구하지만 높은 창의성을 요구하지는 않는다.

따라서 창의성은 지능이나 영재성과 같은 것이 아니다. 창의성은 모방이나 암기도 아니며, 터무니없이 엉뚱하거나 괴상하기만 한 것도 아니다. 창의성은 분명 다른 사람들의 사고와 뭔가 다른 면을 보여야 하지만 단순히 다르기만 해서는 안 된다. 독특하면서도 정확해야 하고 유용해야 하며 어떤 면에서는 의미 있는 것이어야 한다.

현영이의 동시 「눈」은 뛰어난 언어의 발달을 보이고 있을 뿐만 아니라 높은 수준의 창의적인 사고의 결과라고 할 수 있다. 주어진 단계 그대로 따라 하거나 암기에 의한 것이 아니라 자신의 느낌을 언어라는 매체를 통해 새롭게 만들어 낼 수 있는 힘이 바로 창의성의 결과이다. 현규의 '공해 방지 캠페인' 역시 또래 친구들과는 다른 각도에서 사고할 수 있는 독창성이 발휘되었음을 엿볼 수 있다. 연주가 고안한 새로운 게임도 재미있고, 다양한 규칙을 설정하는 것도 창의성 덕분이다.

물론 여기서는 아동의 행동이나 작품 자체만을 가지고 창의성을 설명하고 있다. 영재성을 보이는 뛰어난 아동의 어떤 활동은 창의성을 많이 요구하는 것이 있는가 하면, 어떤 영역은 논리적 사고나 암기력과 같은 능력을 요구하기도 한다. 또한 같은 아동이라도 어떤 면에서 창의적인 사고나 활동이 뛰어날 수 있고, 어떤 면에서는 그렇지 않을 수 있다. 종종 창의적이란 말은 영재성과 동의어로 잘못 사용된다. 따라서 창의적인 아동은 어떤 분야에 특별한 재주가 있거나 아주 지능이 높은 아이라고 생각한다. 물론 아주 어린 나이에 바이올린을 기가 막히게 잘 켜서 웬만한 것은 다 연주할 줄 안다면 그 아동은 영재일 것이고 지능지수도 높을 것이다.

그러나 창의성은 재주나 소질 또는 지능과 같은 것은 아니다. 1920년대 캘리포니아에서는 수천만 명의 아동에게 테스트를 실시해서 수백 명의 아동을 영재로 판별했다. 그들이 성장한 후에도 여러 가지 테스트와 설문을 통해서 그들에 관한 연구가 계속되었다. 그런데 1970년대까지도 그 영재들 중 어느 누구도 자신의 영역에서 창의성을 발휘하여 유명해진 사람은 없었다.

어른의 경우를 살펴볼 때, 대단히 우수한 두뇌의 소유자라도 융통성이 부족하고 고지식하여 창의성을 발휘하지 못하는 경우를 종종 보게 된다. 또한 언제나 기발한 아이디어를 떠올리고 다른 사람과는 다른 방향에서 생각할 줄 아는 창의적인 사고가 뛰어난 사람의 경우, 지능이나 학업 성취는 높은 경우도 있고 낮은 경우도 있다. 아동의 경우도 마찬가지이다. 지능이 높다고 반드시 특이한 아이디어나 새로운 것을 찾는 창의력이 높은 것은 아니다.

따라서 자녀의 지능이 높다고 창의력도 당연히 높다고 여기거나 지능이 낮다고 창의력도 당연히 낮을 것으로 여기는 부모는 지능과는 상관없이 자녀의 창의력을 새롭게 여길 필요가 있다.

4. 연령에 따른 영역별 창의적 행동

아동의 창의성을 어떻게 평가할 수 있을까? 아동에게는 표준화된 창의성 검사도구를 사용할 수도 없을 뿐만 아니라 그 검사만으로 그들 각자의 다양한 영역의 창의적인 능력을 정확히 평가할 수도 없다. 사실상 아동의 창의성을 평가한다는 것은 쉽지 않다. 부모가 보기에는 자녀의 행동 하나하나가 다 새롭고 신기하다. 중요한 것은 부모가 창의적인 마인드를 갖고 아동의 창의적인 행동에 민감하게 대처해야 한다는 점이다.

아동은 발달 연령에 따라 창의적인 행동에 있어서 각기 다른 형태를 나타낸다. Amabile(1989)은 아동이 창의성을 보여 주는 영역과 단계는 그들의 교육 정도, 경험, 인지적 · 신체적 발달단계에 따라 다르게 나타난다고 주장하면서 〈표 2-2〉와 같이 연령에 따라 다르게 나타나는 창의적인 행동을 영역별로 예와 함께 제시하였다.

〈표 2-2〉 연령에 따른 창의적 행동

연령	영역	창의적 행동
2~3세	노래하기	들었던 노래를 단순히 반복하는 것이 아니라 멜로디를 만들어 내거나 잘 아는 노래에 재미있는 노랫말을 붙여 부른다.
	그리기	서로 다른 선, 형태, 색을 사용한다.
	블록 쌓기	다양한 형태의 건축물을 만든다.
	도구놀이	장난감이나 가재도구 등으로 다양한 소리를 만든다(의인화).
4~5세	색칠하기	붓과 손가락을 사용해서 새로운 방법으로 색을 섞는다.
	단어놀이	혼자 중얼거리면서 단어의 뜻과 소리를 가지고 놀이를 한다.
	춤추기	감정 표현 또는 신체적 동작 실험 방법으로 춤을 사용한다.
	공상하기	상상의 놀이친구를 만들어 내거나 가상의 인물과 사건들을 흉내 낸다.
6~7세	요리	성인의 지도하에 음식을 예술의 한 형태로서 서로 결합시켜 본다.
	조각	점토, 모래, 다른 물질을 사용하여 다양한 형태를 만들어 본다.
	드라마	의상, 노래, 대화를 포함한 놀이를 계획하고 실행한다.
	사회적 관계	사람들 사이의 갈등에 새롭고 유용한 해결책을 적용한다.
8~9세	이야기하기	가상의 인물이나 상황을 가지고 조리 있는 이야기를 지속한다.
	게임	규칙이나 목적을 지닌 정교한 게임을 개발한다.
	옷입기	특이한 방법으로 의상 스타일과 용품들을 조합한다.

	수	사물들을 묘사하는 데 수를 사용하여 놀이를 한다.
10~11세	언어	형제 또는 친한 친구끼리 비밀스런 단어나 언어를 창조한다(쌍둥이에게는 좀 더 일찍 일어날 수 있다).
	시각적 세계	개인적인 의미를 갖는 것들을 가지고 특이한 방법으로 생활 주변의 환경을 장식한다.
	기계	기계 및 전자장치를 연구하여 이를 재조립하거나 새로운 방식으로 사용한다.
12~13세	정보	귀납적 · 연역적 방법을 사용하고, 실험을 통하여 논리적인 방법으로 정보를 수합한다.
	글짓기	산문과 시를 짓는 데 은유와 직유를 사용하여 생각을 표현한다.

출처: Amabile (1989).

제3장
창의성 발달

제3장 창의성 발달

1. 창의성의 발달이론

창의성 발달은 어떻게 이루어지는가? 창의성의 발달 연구들을 살펴보면 크게 감소 모델(Decrement Model)과 단계 모델(Stage Model)로 구분된다. 감소 모델은 연령이 증가함에 따라 신체적·심리적·사회적 기능이 쇠퇴한다는 관점으로, 창의성도 성인 초기에 정점을 나타내고 그 이후에는 하락한다는 입장이다. 단계 모델은 발달 특징과 수준 그리고 분야에 따라 창의성의 정점과 정체가 다르게 나타나며, 창의성은 여러 단계를 거쳐 발달한다고 주장한다.

창의성 발달의 감소 모델로 제시되는 Lehman(1953)의 연구에서는 다양한 영역에서 저명한 인사들을 대상으로 뛰어난 업적의 수를 계산해 본 결과 창의성은 30대에 정점에 도달한 후, 하강한다고 하였다. 창의적인 인물 738명의 자서전을 고찰한 Dennis(1966)의 연구에서도 노인기에는 창의적 생산성이 퇴보하고 있다고 밝혔다. 하지만 Romaniuk와 Romaniuk(1981)는 앞 연구에 대해서 나이가 듦으로써 창의성이 감소한다는 것은 성급한 결론이라고 지적하였다. 그리고 창의성 정점의 기준에서 창의적 능력과 창의적 산출물 간에 구분이 불명확하였고, 성인기 이후 창의성 쇠퇴의 원인으로 연령 외에 다양한 변인을 고려하지 못했다는 점에서 한계를 보이고 있다고 하였다.

창의성의 단계 모델은 창의성 발달을 인간발달 단계 이론에 따라 창의성의 성숙 과정에 대한 질적인 변화 과정을 중심으로 설명한다. Lesner와 Hillman(1983)은 Freud, Erickson과 Piaget의 이론을 통합하여 창의성의 발달단계를 고안했다. 그들은 창의성 발달단계를 창의적인 내적 발달(creative internal enrichment)단계, 창의적인 외적 발달(creative external enrichment)단계, 그리고 창의적인 자기 평가(creative self-evaluation)단계로 구분했다. 첫째, 창의적인 내적 발달단계(출생~11세)는 신경생리학적 발달(예: 감각기관, 신경세포, 뉴런 등)과 인지발달이 동시에 이루어지며, 자신의 고유한 성향이 형성되고 기본적인 생활 기술을 배우는 시기이다. 그래서 이 단계에서는 자기 자신으로부터 창조적 충동이 일어나고, 자신에게 독특하고 가치 있는 창의적 산출물을 생성하는 것처럼 내적으로 창의적인 풍요로움을 발현하는 특징을 보인다. 둘째, 창의적인 외적 발달단계(12~60세)에서는 첫 번째 단계인 자기중심성에서 외적·사회적·다양한 관점 중심으로 변화한다. 그래서 타인과 상호작용하는 과정을 통해서 자신의 만족감을 증진시키고 높은 수준의 인지 기능에 의해서 창의적 산출물을 생산한다. 셋째, 창의적인 자기 평가단계(60세 이후)에서는 외적인 것에서 다시 자기중심으로 돌아와서 자기에 대해 반성하고 평가하여 창의적 삶을 완성시킨다.

2. 발달단계별 창의성의 특징

1) 유아기

유아기의 창의성은 자신의 시각에서 사물을 바라보거나 생각할 수 있지만, 타인의 생각과 의견 등을 인지할 수 없는 자아중심성(egocentrism)

을 내포하고 있다. 좀 더 구체적으로 Piaget, Vygotsky와 Freud의 연구를 살펴보면, 유아들의 발달 특징은 풍부한 상상력과 비논리성이다(최인수, 2001). 이러한 유아의 창의적 발달 특성은 가상놀이에서 눈에 보이지 않는 것을 상징적 사고(symbolic thought)를 통해 표상하는 모습(예: 블록을 청진기나 컵으로 대체)에서 볼 수 있고, 유아의 상상적 사고로 실제로 존재하지 않는 가상의 친구를 만드는 상상 친구(Singer & Singer, 1992)와 같은 현상에서도 알 수 있다. 또한 Ribot의 창의성 상상력 발달 곡선([그림 3-1] 참조)에서는 상상력 곡선(a~g)은 유아기에 급격하게 발달하고, 유아기에 발달한 상상력은 청소년기의 논리적 사고(d~f)와 협응하여 성인 초기에 창의성이 최고로 발달한다. 즉, 유아기의 활발한 상상력 발달은 추후 창의적인 성취에 토대가 된다(Smolucha, 1992).

유아의 풍부한 상상력과 함께 창의적 성향인 왕성한 호기심, 다양한 흥미, 개방성, 탈고정관념을 길러 주는 것도 유아기 창의성 발달에 중요하다. Csikszentmihalyi(1996)의 창의적인 인물 인터뷰에서도 어린 시절에 보이는 호기심, 자기몰입, 상상력, 타인의 평가로부터의 자유로움 등과 같은 특성이 창의적 성취에 필요한 요소라고 하였다. 따라서 유아기는 창의성을 꽃 피울 수 있는 기반을 마련하는 결정적인 시기라고 볼 수 있다.

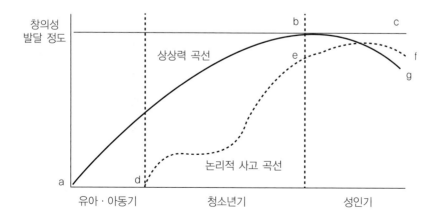

[그림 3-1] 창의성 상상력 발달곡선

따라서 유아기에는 발달 특성에 적합하게 자아실현적이고 개인적인 창의성을 강조해야 한다(Boden, 1991). 그리고 자발적인 호기심에서 나오는 생각과 느낌을 자유롭고 융통성 있게 표현할 기회를 제공해야 한다.

2) 아동기

아동기의 발달 과업은 인시적 기술 학습과 사회적 규범, 공동체 생활을 위한 적응과 타협, 새로운 교우 관계 형성 등의 사회화(socialization) 과정이다. 이러한 사회·문화적 환경에 의해 아동의 창의성 발달이 감소하는 현상이 나타날 수 있다. Torrance(1963)는 초등학교 3, 4, 5학년에게 창의적 사고력 검사(Torrance Tests of Creative Thinking: TTCT)를 실시하여 종단적 연구를 진행한 결과, 4학년에서 창의성이 떨어지는 모습을 보였고, 이를 '4학년 슬럼프(Fourth grade slump)'라고 명명하였다. 국내에서도 유연옥(2003)이 초등학생을 대상으로 그림 창의성 검사를 사용해 창의성 발달을 연구한 결과, 초등학교 1학년에서 3학년 사이에 급격하게 창의성이 증가하다가 4학년에서 저하되는 경향을 보여 Torrance의 4학년 슬럼프 현상과 같은 결과를 보였다. 이러한 양상은 이 시기 아동에게 요구되는 인습 및 또래에 동조해야 하는 사회적 압력(Rosenblatt & Winner, 1988), 창의성의 적절성이나 유용성을 평가하기 위한 논리적·비판적 사고 습득과 관련(Runco & Charles, 1997)이 있다고 본다.

한편, 유아기에 자유롭고 자발적으로 표현한 예술성이 이 시기에는 소멸되어 슬럼프에 빠진 것처럼 보이지만, 실제로 아동은 현실 감각이 포함된 또 다른 형태의 표현 방법을 터득하는 변화의 시기이다(Dudek, 1974). Runco와 Charles(1997)도 아동기에 평가적이고 타당한 사고를 하기 위한 인습적인 기술과 전략을 학습하는 것은 추후 창의적이고 융합적인 성취를 위해서 필요한 요인이라고 하였다. 4학년 슬럼프를 주장한 Torrance(1968)는 아동이 사회적이고 교육적인 압력에 의해 창의성이 감

소하기도 하지만, 오히려 사회적 인습을 수용하면서 자율적인 반응과 태
도로 슬럼프를 극복하는 것이 더 중요하다고 하였다.

아동기의 창의성 교육에서는 상상력과 현실감, 확산적 사고와 수렴적
사고, 놀이와 학습과 같은 서로 상반되는 것들 간에 조화와 균형을 이루
는 것이 핵심 과제라고 생각한다. 따라서 인지 발달단계에 적합한 영역별
지식과 기술을 습득하게 하면서, 독특하고 다양한 생각을 자유롭게 표현
할 수 있는 환경을 제공하여 융합적 사고가 이루어지도록 지도해야 한다.

3) 청소년기

청소년기는 급격한 신체 발달, 성적 기능과 역할 인식, 자아정체감 형
성, 독립성과 자율성 구축, 폭넓은 인간관계 구성과 같은 발달과업으로
아동에서 성인으로 성장하는 과도기 단계이다. 이러한 변화는 십대가 창
의성을 발현하는 데 많은 제약이 된다.

청소년기 창의성 발달 경향을 분석한 연구를 살펴보면, Camp(1994)는
창의성이 6학년까지 상승하다가 12학년 때까지 감소한다고 주장한 반면,
Lau와 Cheung(2010)은 중학생의 창의성이 7학년부터 9학년까지 학년의
증가에 따라 향상된다고 하였다. 국내의 경우에도 정미선과 정세영(2010)
은 중학교 3학년에서 창의적 사고력이 정점을 보였고, 이경화와 최병연
(2013)의 연구에서는 국내 중 · 고등학생의 창의적 사고 발달 경향이 연령
에 따라 다른 모습이 나타났다고 하였다. 중학생은 학년의 증가에 따라
창의성이 낮아져서 중학교 3학년에서 가장 낮은 창의성 점수를 보였다가
고등학교 2학년 때 정점을 이루었다. 이 연구들에서 청소년의 창의성 정
점 시기가 각기 다르게 나타난 이유는 창의성의 정의와 구성요소에 대한
명확한 합의가 이루어지지 못했기 때문이다.

이처럼 중 · 고등학생의 창의적 발달이 일관적인 패턴을 보이지 않지
만, 청소년기는 인지적 · 정서적 · 사회적 발달이 새롭게 변화할 뿐만 아

니라 창의적 산출물을 생성하는 데 필요한 전문적인 지식을 배우는 시기
인 것은 틀림없다. 그러므로 교사는 청소년의 융통적이고 독창적인 사고
를 신장시킬 수 있도록 학생들과의 긴밀한 상호작용을 통해 창의적인 사
고에 대한 동기를 북돋아 주고, 다양한 관점의 생각과 의견을 허용해 줄
수 있는 정서적 지지를 지속적으로 해야 한다.

4) 성인기 및 노년기

성인기에는 일반적으로 연령이 증가함에 따라 신체적 · 정신적 노화
과정이 진행되면서 건강이 약화되고, 기억과 집중력이 감퇴하는 특징을
보인다. 이러한 노화로 Lindenberger(2000)는 성인 및 노년기에는 독특
한 아이디어를 생성하는 확산적 사고력이 감소된다고 하였다. 하지만 실
제로 창의적인 산출물이 결실을 이루는 때는 성인기라고 주장하는 학자
들도 있다(Lehman, 1953; Simonton, 1990). Adams-Price(1998)는 성인기
에 이르러서 높은 창의적 성취를 보이는 이유를 지식의 축적 및 통합, 지
혜, 심사숙고와 같은 사고 양상이 반영되었기 때문이라고 보았다. 그리
고 영역별로 창의성의 정점을 살펴본 Dennis(1966)의 연구에서는 예술
과 과학 분야는 40대, 학문 분야는 50대와 60대에 창의적 성취를 보였고,
Simonton(1990)은 학문 영역에 따라 창의적 생산성의 절정을 보이는 연
령은 차이가 있다고 언급하였다. 이러한 사실을 바탕으로 기존에 노화와
퇴보라고 생각했던 성인 및 노년기를 특정 영역에서의 다양하고 전문적
인 지식과 경험의 축적으로 창의적인 잠재력이 생산성으로 연결되는 시
점이라고 재해석할 수 있다(박숙희, 2008). 즉, 이 시기는 지혜로운 창의적
인 삶과 새로운 영역을 완성시키는 단계이다.

Jaquish와 Ripple(1981)가 성인을 대상(18~84세)으로 인지적인 창의
력과 자아존중감을 살펴본 결과, 40~60세에 확산적 사고와 자아존중감
이 가장 높게 나타났고, 노인 집단에서는 자아존중감과 확산적 사고 간의

높은 관련성을 보였다. 이 연구 결과는 인간은 나이가 들면서 높은 자아존중감을 유지한다면, 다양하고 독창적인 아이디어를 낼 수 있는 확산적 사고력의 급격한 감소를 지연시킬 수 있다고 추론할 수 있다. Runco와 Charles(1997)도 신체적·정신적 기능의 쇠퇴가 일어나는 성인 및 노년기에 새로운 것에 대해서 흥미를 갖고, 의도적으로 창의성을 발현할 수 있는 기회를 가지고 즐긴다면 창의성을 유지할 수 있다고 하였다. Hurwich와 Leclere(1992)은 창의적인 삶을 살고 있는 노인은 삶의 모든 경험에 의미가 있다고 믿고 있으며, 자신의 건강을 낙관적으로 인지하고, 친밀한 대인관계를 유지하고, 적극적인 신체적·정신적인 활동을 하는 경향이 있다고 주장하였다. 노년기에 창의적 생산성을 위해서는 문제에 대한 민감성 유지, 엄격한 논리나 경직된 사고 탈피, 새로운 지식에 대한 적응, 자아상에 대한 유연한 태도 등과 같은 심리 특성을 지니는 것이 중요하다(Cropley, 2001).

이와 같이 창의적인 노년기의 중요성을 인식하는 '창의적 나이듦(Creative Ageing, 2017)'이라는 슬로건과 함께 노인을 위한 창의적이고 행복한 삶에 대한 학문적 토론도 활발히 이루어지고 있으며, 영국배링재단(The Baring Foundation)을 비롯하여 전 세계적으로 고령자를 대상으로 창의성 실현을 위한 예술 프로그램이 진행되는 긍정적인 움직임을 보이고 있다.

3. 창의성 발달과 관련된 요소

창의성이 발휘되기 위해 무엇보다도 중요한 것은 개인이 속해 있는 환경이 얼마나 창의적인 활동을 할 수 있도록 동기를 유발해 주는가와 그 활동에 쏟는 개인의 열정이다. 하지만 생활 속에서의 경험과 축적된 지식 그리고 그 밖의 다른 여러 가지 여건에 따라 창의성이 발휘되는 정도가 각기 다르다.

1) 일반적인 요소

성장 과정의 경험이나 현재 우리 모습에 영향을 끼치는 온갖 것과 마찬가지로, 사회 환경 속에서 교육받고 생활하는 것 자체가 우리의 창의적 능력에 영향을 미친다. 호기심, 상상력, 지각력, 직관과 같은 것은 많은 다른 정신적 속성과 마찬가지로 나름의 역할을 수행한다. 하지만 이러한 사항들이 학습된 것인지 유전적인 것인지를 분별하기는 매우 어렵다. 이러한 속성을 행사하는 데 초점을 맞추고 동기부여 하는 것이 우리를 보다 창의적으로 만드는 데 도움을 준다는 것은 분명히 확인되었다.

2) 지능

일반적으로 창의적이기 위해서는 개념형성 능력, 연상, 과거의 일을 정확하게 재생하기 그리고 다양한 새로운 경험을 사고의 패턴 속에 어떻게 조직시킬 수 있는지를 상상하는 능력이 필요하다. 이러한 일은 다양한 분야에서 지성을 자랑하는 사람들에 의해서 수행될 수 있다. 똑똑한 사람이 항상 개혁적인 것은 아니며, 지능이 낮은 사람이 탁월한 재능을 발휘하기도 한다. 창의성과 정상 혹은 높은 지능 사이의 상관관계가 거의 없다는 사실이 확인되었지만, 일반적으로 낮은 지능 수준에서는 낮은 수준의 창의적 잠재력이 있는 것처럼 여겨진다. Amabile(1983)은 이를 확인하기 위해 다양한 영역에서 재능 계발을 위한 배경 연구 및 경험이 필요하다고 주장한다. 하지만 그녀는 전통적인 지능 테스트가 과업에 대한 내적 동기와 깊은 수준의 집중이나 자유로운 지적 모험을 유도하는 성격 등 창의성에 필수적인 사항들을 적절히 측정하지 못한다고 주장한다.

3) 경험

나이가 들어감에 따라 얻게 되는 혜택이 있다면 그것은 우리의 상상력을 발휘하게 하는 데 점점 더 많은 경험을 축적하고, 새로운 개념을 터득하는 데 도움을 준다는 점이다. 그러나 이런 장점도 만약 우리가 나이가 들어가는 것에 영향을 미치는 여러 가지 요소에 굴복하고서 창의성의 성장에 대한 욕망과 동기유발을 유지하지 못한다면 결국은 잃고 만다. Osborn은 비록 우리가 타고난 재주가 성장하지 않는다고 해도 우리의 창의적 능력은 우리가 쏟는 노력과 함께 매년 계속 성장할 것이라고 언급하였다(Osborn, 1963).

경험이 많아짐에 따라 위험한 점은 융통성 없이 고지식해질 수 있다는 것이다. 만약 비슷한 상황에 놓이게 되면 너무 성급하게 결정을 내리기 쉽다. 성급하게 일을 처리하다 보면 여러 상황을 신중하게 고려하지 않게 되어 실수를 범하기 쉽다. 나이가 많아지고 경험이 더 많이 쌓이면 이와 같은 경향이 자주 발생하는데, 이는 자만심의 결과이다.

4) 성

일반적으로 여자는 남자에 비해 좀 더 직관적이다. Osborn은 1,000회 이상의 브레인스토밍 과정에서 여자들이 계속해서 남자보다 많은 아이디어를 생성하는 것을 보았다. 그러나 만약 이것이 사실이라면 왜 유명한 사람들 가운데는 여자보다 남자가 많은가? 아마도 이것은 여자에게는 그들의 창의적 능력을 발휘할 합당한 기회를 주지 않았기 때문이라고 여겨진다. 확실한 사실은 양육 습관이 남자와 여자의 창의적 경향성에 영향을 미친다는 점이다. 남녀 성별 사이의 창의력의 차이는 동일한 성(sex) 사이에서 개인 간 차이보다 훨씬 적은 것으로 결론지을 수 있다.

5) 교육과 초기 환경

교육과 초기 가정환경은 창의성 발달에 아주 중요한 영향을 미친다. 만약 자유롭게 생각할 수 있고 언제든지 상상력을 발휘할 수 있는 환경에서 양육되고 교육을 받는다면 창의성 발달에 큰 도움이 된다. 이런 환경에서는 좋은 역할 모델도 얻을 수 있고, 연습할 기회도 생기기 때문이다. 그러나 모든 것이 표준화되고 경직되고 너무 제약이 많은 상황에서는 창의적 잠재력이 오히려 시들어 버린다.

이 장에서 살펴본 창의성 발달이론, 연령별 창의성 발달 특징 그리고 창의성 발달에 관련 요소를 가이드라인 삼아 가정과 학교에서의 창의적인 아동교육이나 자신의 창조적인 삶을 구현하는 데 도움이 되었으면 한다.

제4장
창의성의 주요 이론

1. 창의성에 대한 전통적 접근
2. 창의성에 대한 현대적 접근

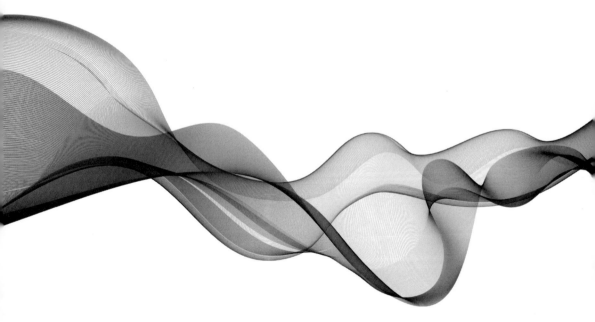

제4장 창의성의 주요 이론

20세기 이전에는 창의성을 소수의 사람만 갖는 선천적인 특수 능력으로 간주하였다. 그러다가 1920년대에 들어서야 게슈탈트(Gestalt)학파가 창의적 사고를 연구하면서 '재구성(reconstruction)'이란 개념을 창의적 문제해결의 기본으로 중시했다. 그러나 창의성에 대한 과학적인 시도는 1950년대 초에 Cattell, Guilford와 Torrance 같은 사람들에 의해 이루어졌다. 그 후 창의성의 본질을 규명하기 위한 새로운 시도가 여러 학자에 의해서 활발히 진행되고 있다. 이 장에서는 그중 Sternberg, Weisberg와 Gardner의 이론을 택해서 설명하려 한다.

1. 창의성에 대한 전통적 접근

1) Guilford의 창의적 사고 요인설

Guilford의 노력으로 개인차 연구에 역점을 두는 심리측정적 접근 방법이 창의성 연구에 관여하게 되었다. 그는 당시의 창의성에 대한 고정관념을 깨고 창의성이란 모든 사람이 가지고 있는 사고의 한 형태이며, 개인에 따라 정도의 차이가 있을 뿐이라고 주장하였다.

Guilford는 종래의 여러 지능이론이 일차원적인 입장에서만 생각했기 때문에 지능의 본질을 정확하게 설명할 수 없었다는 점에 주목하고 그의 독특한 3차원으로 구성된 '지능구조 모델'을 소개했다. 그는 그 속의 한 부분인 확산적 사고(divergent thinking)를 창의성의 기본이 되는 사고 유형으로 보았다. 확산적 사고란 어떤 주어진 문제에 대해 하나의 정답을 찾는 대신 다양하고 많은 정보를 자유롭게 찾아내는 사고이다. 그는 확산적 사고를 다시 분석하여 창의적 사고에 관련되는 능력을 다음과 같이 추출하였다.

① 문제에 대한 민감성(sensitivity)
② 사고의 유창성(fluency)
  • 어휘의 유창성
  • 관념의 유창성
  • 연상의 유창성
  • 표현의 유창성
③ 사고의 융통성(flexibility)
  • 자발적 융통성
  • 적응적 융통성
④ 사고의 독창성(originality)
  • 비범성
  • 원격 연합
  • 기교성
⑤ 정교성(elaboration)
⑥ 재구성력(reorganization)
⑦ 집요성(persistency)

또한 Guilford는 지능과 확산적 사고와의 관련성에 대해서 높은 지능 수준이 창의성의 충분조건은 아니지만 필요조건이라고 하였다.

2) Wallas의 4단계설

Wallas는 창의성을 연구하기 위해 창의적 사고의 과정을 네 단계로 나누고, 이들 각각의 단계에서 일어나는 일을 분석했다. 그는 창의적 산출이 다음과 같이 준비단계, 부화단계, 발현단계, 검증단계의 사고 과정을 거친다고 했다.

준비단계

창의적 사고의 첫 번째 단계인 준비(preparation)단계는 주어진 문제를 분명하게 정의하는 단계라고 할 수 있다. 문제를 여러 각도에서 인식하고 분석함으로써 그 문제를 명확하게 이해하는 단계이다. 부적절한 내용이나 잘못된 정보로 문제를 정확하게 파악하지 못하면 문제를 해결하기 어려우므로 이 단계에서는 문제를 여러 방면에서 검토한다.

부화단계

부화(incubation)단계는 정의된 문제를 해결하기 위해 실제적인 활동이 의식화되기 전 무의식 속에서 일어난다. 이때의 무의식적인 활동은 다시 두 단계로 나누어진다. 첫째, 매우 소극적인 단계로 개인이 그 문제를 의식적으로 생각하지 않는다. 둘째, 적극적인 단계로 다른 사건 또는 일에 관여하게 됨으로써 자연스럽게 먼저 문제를 잊게 되는 것을 말한다. 문제에 대해서 의식적으로 생각하고 있지 않다 하더라도 무의식적인 힘은 작용하고 있는 것이다. 이것은 일종의 잠복 기간이다.

부화단계에서 보다 가치 있는 면은 바로 이 두 번째 단계인데, 의식적으로 다른 일을 함으로써 문제를 무의식적으로 가늠해 본다. 이렇게 하는 것이 문제를 그냥 잊고 있는 상태보다 아이디어를 성숙하게 만드는 데 더 능률적이다. 말하자면 여러 개의 서로 다른 문제들을 벌려 두고 미완성인 상태에서 휴식하는 동안에 그 문제에 관한 기발한 해결책이 떠오르기 쉽다는 것이다. 물론 여기에서의 휴식이란 정신적 휴식을 뜻한다.

발현단계

충분한 부화 기간을 거친 다음 순간적으로 알이 깨어지면서 병아리가 나오듯이, 무의식적 정신작용이 충분히 이루어지고 나서 감추어져 있던 어떤 아이디어가 '아하' 하고 떠오르는 단계를 발현(illumination)단계라고 한다. 이 시기는 바로 유레카(eureka)를 경험하는 단계로서, 부화기의 자료가 순간적으로 분명하고 의식적이고 의미 있는 것으로 바뀐다. 현대 과학에서의 거의 대부분의 창의적인 산출물은 바로 이 발현기에서 얻어졌다.

검증단계

창의적 사고 과정의 마지막인 검증(verification)단계는 암시된 아이디어에 대해 해결책으로서의 타당성을 검증하고, 그 결과에 따라 완전한 아이디어로 정리하는 아주 중요한 단계이다. 이때 주관적 인지를 상징적이고 객관적인 형태로 만들어야 하기 때문에 과학적인 사고가 필요하다. 산출물들은 이 검증에 의하여 많은 사람에게 널리 전달되고 가치를 인정받게 된다.

3) 창의성의 행동주의 이론

Watson을 중심으로 한 행동주의자들은 창의적 문제해결 과정에 있어 과거 경험을 전혀 중시하지 않았던 게슈탈트학파와는 달리, 새로운 문제 해결의 열쇠는 새로운 문제 상황과 과거에 겪은 문제 상황 사이의 유사성에 있다고 주장했다. 이러한 유사성 때문에 과거 문제 상황에서 쓰였던 지식이 새로운 문제를 해결하는 데 도움을 준다는 것이다. 그러나 만약 새로운 문제 상황이 과거의 문제 상황과 어떠한 유사성도 가지지 않는다면 그 문제해결은 단지 '시행착오'에 의해서만 가능하다고 하였다. 예를 들어, 시인이 새로운 시를 짓는 것은 만족스러운 구절을 찾을 때까지 계속해서 여러 단어를 짜 맞추어 보는 과정을 통해 이루어진다고 했다.

또한 행동주의 이론가의 대표 자격인 Skinner는 창의성을 근본적으로 부인하면서, 인간의 행동은 보상과 처벌을 통해 그들이 처한 환경을 조작함으로써 마음대로 통제할 수 있다고 주장한다. 따라서 창의적인 행동 역시 보상되는 결과에 의해서 증가할 수 있다고 보았다. 예를 들어, 지금까지의 행동과는 다른 새롭고 창의적인 묘기를 보인 돌고래에게 생선을 준다면 그 돌고래는 앞으로 더욱 다양하고 새로운 묘기를 보이게 된다는 것이다.

4) 창의성의 정신분석 이론

정신분석학자들은 의식의 존재나 경험된 자아를, 비록 주관적이기는 하지만 실제적인 현상으로 받아들인다. 하지만 그것들이 인간 행동에 큰 영향을 미칠 만큼 중요하다고 생각하지는 않는다. 창의성에 관한 정신분석학적 해석에는 여러 가지가 있지만, 한 예로 Freud는 창의성의 근원이 숨겨져 있고 용납되지 못하는 성적 충동, 특히 리비도(libido)에 달려 있다고 주장하며, 예술적인 창조물은 노이로제를 유발하는 욕구불만과 정신적 갈등에서 유래한다고 설명한다. 즉, 성적인 에너지가 적절한 성생활에 쓰이지 못하면 그것이 사회적으로 승화된 활동으로 전환된다는 것이 그의 주장이다. 이와 같은 해석은 Gogh와 같이 정신불안 증세가 있으면서도 창의적 재능을 가진 예술가를 설명하는 데 적용될 수 있다. 그러나 정신적으로 건강하고 만족한 성생활을 하는 창의적인 천재들이 많다는 점에서 많은 학자들이 정신분석학적 접근에 이의를 제기한다. 특히 창의성이 주로 원초아(id)와 초자아(super ego) 사이에서 생긴 무의식의 신경증적 갈등으로 인한 결과라는 Freud의 관점은 다소 부정적이다.

이에 반해 Kubie는 창의적인 영감은 오히려 노이로제에 의해 방해받는다는 주장을 제기했다. Freud와 Kubie의 상반된 주장은 창의성에 대한 정신분석의 입장을 취하는 사람들끼리도 창의성의 출현 조건에 있어서는 서로 견해가 다를 수 있음을 보여 준다.

오늘날의 입장은 Freud의 이론에 대해 부정적이지만, 그의 주장 중에서 창의적 활동에서 차지하는 동기의 중요성은 그 가치가 인정되고 있다. Freud의 창의성에 대한 이론은 그 자체가 그대로 발전되었다기보다는 서로 각기 다른 이론들로 발전해 가는 과정의 밑거름이 되었다고 할 수 있다.

5) 창의성의 자아실현적 접근

인본주의 심리학은 주관적으로 경험된 자아가 의식의 가장 높은 수준이며, 최고의 심리적 건강은 자아의 완전한 발달, 즉 자아실현이라는 것이 중심 주장이다. 따라서 인본주의자들의 창의성에 대한 접근방식은 보다 능동적이고 현상학적 관점을 내포한다. 여기에서 창의성은 한 인간이 자신의 잠재성을 최대로 실현하려고 할 때 나타나는 심리적 건강의 최상의 표현이 된다. Maslow는 창의성을 자아실현된 개인이나 자신의 능력을 충분히 발휘하고 있는 개인과 관련시켜 이 이론의 주창자가 되었다.

또한 인본주의 심리학자 Rogers는 개인이 경험에 노출될 때 자신 속에 내재하고 있는 새로운 힘과 잠재력을 발견하고 실현하게 되면 더 창의적인 인간이 된다고 지적하였다. 또한 자아실현은 진정한 심리적 건강과 마찬가지로 창의성 및 대인관계를 요구한다고 강조하며, 인간은 창의성과 인간관계가 결여되면 진정한 자아를 가질 수 없다고 주장한다. 그는 창의성과 자아실현을 같은 종류의 것으로 생각한다.

Maslow와 Rogers는 자아실현이 창의성을 유발한다고 확고하게 믿으면서도, 특별한 재능이나 창의성을 보여 주는 사람이 심리적으로 건강하지 않을 수도 있다는 점을 인정하였다. Byran, Poe, Wagner, Gogh 같은 사람이 그 대표적인 예이다. 이런 사실을 깨닫고 나서, Maslow는 창의성을 특수재능 창의성과 자아실현적 창의성으로 구분하게 되었다. 자아실현적 창의성을 가진 사람은 충족되고 생산적인 삶을 살고 융통성 있고 창의적으로 생활해 나가는 정신적으로 건강한 사람이다. 이들은 어느 특정 분야에 대한 창의성을 지니고 있을 수도 있고 그렇지 않을 수도 있다. 반면 특수재능 창의성을 가진 사람은 미술·음악·문학·과학·경영 등의 특정 영역에 뛰어난 재능을 가지고 있다. 이렇게 자아실현을 이룩하지 못했으면서도 창의적인 사람은 자신의 경험의 한 가지 현상에만 개방되어 있어서 그것이 그로 하여금 예술적으로 생산적일 수 있게 해 준다. 결국 자아실현적 창의성은 창의적인 사람, 창의적인 태도 및 창의적 생활 속에 그 모습을 드러낸다.

자아실현된 사람들은 보다 자유롭게 개척하고 새로운 생각을 하고 자발적이고 창의적으로 표현할 수 있는 동기부여가 된 사람이라고 할 수 있다.

2. 창의성에 대한 현대적 접근

1) Sternberg: 지적, 인지형태적, 인성/동기

Sternberg의 창의성에 대한 3요인 모델은 창의적인 사람의 특성에 초점을 두고 있다. 그는 창의성을 지적인 측면, 인지형태적 측면, 인성/동기 측면에서 설명하고 있다. 이 세 요인을 함께 살펴볼 때 창의적인 사람의 특성을 보다 포괄적으로 이해할 수 있다.

Sternberg의 창의성에 대한 지적인 측면은 창의적 사고를 위해 필수조건이지만 충분조건은 아니다. 그는 언어 능력을 강조하면서 사고의 유창성, 지식, 기획, 문제 정의, 문제해결 전략, 판단력 그리고 일반적인 지적인 균형을 지적인 측면으로 보았다.

창의적인 사람들에게서 발견되는 인지형태적 측면은 인습적인 사고에서 벗어나는 데서 비롯된다. 예를 들면, 자신의 특별한 규칙을 만들어 내고, 자신의 방법대로 문제를 해결하고, 이미 구조화되지 않은 문제를 선호하는 것 등이 이에 속한다. 이들은 글쓰기, 디자인하기, 만들기 등을 좋아하고 소설가, 과학자, 예술가, 건축가 등의 직업을 선호한다. 또한 Sternberg는 인지형태적 측면 속에는 욕구와 목표를 혼돈하고, 문제에 제멋대로 접근하고, 무질서에서 동기를 부여받고, 명백한 목표조차 없는 경우가 많고, 단순한 경향이 있고, 우선권을 부여할 줄 모르는 등 자기통제에 무정부적 형태가 있다고 말한다.

창의적인 사람의 인성/동기 측면은 모호성에 대한 참을성, 융통성, 성취동기, 장애 극복 의지, 모험심 등을 포함한다.

결론적으로 Sternberg는 지적인 면, 인지형태적인 면 그리고 성격 특성이 조화를 이룰 때 창의적 인간이 된다고 주장한다.

2) Weisberg: 자서전 분석

성은현(1996)의 연구에서 보여 준 Weisberg의 이론은 다음과 같다. Weisberg는 지식의 양이 많으면 많을수록 창의적 사고에 도움을 주며, 창의성을 위해 통찰력이나 그 외의 유창성, 융통성, 독창성, 정교성과 같은 기능은 필요하지 않다고 생각한다. 그는 또한 창의적 문제해결 과정과 일반적인 문제해결 과정에는 차이가 없으며, 모든 새로운 해결책은 곧 창의적인 문제해결책이라고 생각한다. 그러므로 창의적 사고 능력은 모든 사람이 갖는 일반적인 능력이지 소수의 사람이 갖는 특수 능력이 아니며, 강한 동기 및 인내 그리고 주어진 문제에 관한 지식만 풍부하다면 누구나 Beethoven, Picasso와 Einstein 같은 유명한 창조자가 될 수 있다고 했다.

Weisberg는 유명한 창조가들이 자서전적 보고에서 자신은 특별한 노력을 하지 않았는데, 갑자기 번뜩이는 영감이 떠올라서 창의적 업적을 낳았다고 한 것에 의문을 가졌다. 그리하여 Darwin, Edison, Picasso와 Watson 등이 창의적 업적을 만들기까지의 과정을 조사했다. 예를 들어, 시인 Coleridge는 「쿠블라 칸(Kubla Khan)」이라는 시를 쓰기 위해 특별한 노력 없이 눈앞에 떠오른 영상을 보고 단숨에 그것을 써 내려갔다고 전해져 왔다. 그러나 Weisberg의 조사 결과 Coleridge가 이 시를 짓기 위해 끄적였던 많은 습작이 나왔다. 이 시를 짓기 위해 끊임없이 고치고 만든 노력이 있었다는 증거이다.

실제로 Weisberg는 변화하는 환경에서 모든 행동은 그 핵심에 '새로움'을 포함하고 있기 때문에 창의적인 것과 비창의적인 것 사이에 구별이 있을 수 없다고 했다. 즉, 우리의 모든 행동은 창의적인 것인데, 이것은 사람들 마음속에 창의적인 사람과 현명한 사람, 지적인 사람들을 구분하는 기준이 존재하고 있다는 Sternberg의 연구와 모순된다고 볼 수 있다. 왜냐하면 Weisberg의 이론대로라면 '창의적인 사람'만이 존재하기 때문이다.

3) Gardner: 사람, 영역, 평가

Gardner는 저서『마음의 틀(Frames of Mind)』에서 그동안 사용된 지능 대신에 7개 영역으로 구분한 다중지능이론으로 대치하면서 영재교육과 심리학에 큰 영향을 끼쳤다. 또한『마음 창조하기(Creating Minds)』라는 책에서 7개 영역 각각에서 현저하게 창의적이었던 사람들의 일생을 아주 자세하게 분석하여 보여 주고 있다. Freud, Einstein, Picasso, Stravinsky, Eliot, Graham과 Gandhi가 바로 그 일곱 사람에 속한다.

Gardner는 진정한 창의성의 정의를 세 부분으로 설명하는 Csikszentmihalyi의 이론을 채택해서 설명하고 있다. 즉, 창의성이란 일정 기간 동안 훈련을 경험했고, 모험심이 있으며, 남에게 굴복하지 않는 성격의 재능이 있는 사람, 개인이 활동하고 있는 영역 그리고 창의성의 질을 결정하는 평가기관을 요구한다. 세 부분의 모델은 창의적인 사람에 대한 Gardner의 정의에 잘 나타나 있다.

창의적인 사람은 규칙적으로 문제를 해결하고, 새로운 물건을 만들어 내거나, 처음에는 특이한 것으로 여겨지나 궁극적으로 특별한 문화적 여건에서는 인정되기 시작하는 방법으로 한 영역에서 새로운 문제의 성격을 규명하는 사람이다.

Csikszentmihalyi와 더불어 Gardner의 창의성의 개념은 매우 제한적이다. 그는 창의적이라고 여겨지는 많은 사람과 그 업적 가운데 단지 극소수만이 오랫동안 주목받고 평가받을 가치가 있다고 본다. Gardner는 어떤 일정 순간에 인정받는 작품 중에서도 극소수만이 창의적이라고 여긴다. 그에 의하면 창의적이라고 판단되는 작품은 그 영역을 새로운 구도로 바꾼다. 예를 들어, 파리에서 일하는 천 명의 초보 화가 가운데서 기껏해야 한두 명만이 다음 세대의 화가들이 숙달해야 할 지식체계 및 기술과 같은 고도의 가치를 지닌 그림을 그린다고 설명한다. 나머지 998명은 엉터리라는 주장이다.

Gardner의 정의와 가정은 이런 경우에만 방어가 가능하다. 즉, 독자가 그의 창의성의 정의를 극도로 제한적인 것이라고 인정할 때만 말이다. Gardner의 정의는 사실상 창의적인 행위를 하고 있는 998명의 파리의 화가들이 창의적일 수 없다고 주장한다. 그는 개인이 추상적인 상황에서는 창의적일 수 없다고 주장함으로써 자아실현적 창의성의 가능성을 일축한다. 각종 창의성 교실, 창의성 강좌 및 워크숍, 브레인스토밍, 창의성 교재, 기타 자아실현적 창의성을 강화시키려는 모든 노력은 Gardner에 의하면 창의성 있는 인재를 전혀 만들 수 없다. 이런 이유에서 Gardner의 창의성에 대한 정의는 극도로 제한적이다.

제5장
창의성의 구성요소

제5장 창의성의 구성요소

1. 창의적 성취의 구성요소

베스트셀러가 된 소설책, 암을 치료할 수 있는 새로운 의약품, 세계의
흥행 기록을 깬 영화 등에서부터 요리사의 새롭고 맛있는 요리, 창의적이
고 효과적인 수업, 모래놀이를 보다 새롭고 재미있게 하는 방법에 이르기
까지 창의적인 산출물이나 창의적 행동이 나오기까지 어떤 것들이 영향
을 미치고 또 필요한 요소는 무엇일까? 다음은 창의적 행동을 이해하고
예측하고 계발하는 데 도움이 되는 모델들이다.

1) Amabile의 세 가지 구성 모델

사회심리학자 Amabile(1983, 1989)은 세 가지 구성 모델(three-component
model)을 통해 창의적인 성취를 결정짓는 요소를 다음과 같이 세 가지로
설명하고 있다.

영역 기술

영역(domain) 관련 기술은 특정한 영역에서의 소질 또는 재주와 같은
것으로 어느 정도 선천적이라 할 수 있다. 훌륭한 화가가 되기 위해서는

무엇보다도 그림을 잘 그릴 줄 아는 재주가 필요하고, 유명한 발레리나가 되기 위해서는 남보다 춤에 대한 재주나 소질이 있어야 한다. 일반적으로 재주나 소질은 어느 정도까지는 타고난다고 할 수 있다. 그러나 부단한 노력과 풍부한 경험에 의해 어느 정도까지 끌어올릴 수 있는 것 또한 사실이다.

이와 같이 창의적인 업적을 남기기 위해서는 어떤 영역에서든 재주나 뛰어난 솜씨가 필요하다. 그러나 어떤 영역에서 매우 창의적이라고 해서 반드시 다른 영역도 창의적인 것은 아니다. 마찬가지로 한 영역에서 뛰어난 재주를 보인다고 해서 또 다른 영역에서도 같은 능력을 발휘할 수 있다고는 할 수 없다. 따라서 "우리 아이는 매우 창의적이야." 또는 "우리 아이는 왜 이렇게 창의성이 없는지 몰라."라고 말하는 것은 정확하지 않다. "우리 아이는 그림 그리는 데 특별한 재주가 있어." 또는 "우리 아이는 자기 방을 꾸미는 데 아주 창의적이야."라고 어떤 면에서 창의적인지 구체적으로 언급해야 옳다.

창의적 사고 및 행동 기술

창의적 사고 기술은 특정한 영역의 재주를 보다 훌륭하고 효과적이며 창의적인 성취로 만들기 위해 꼭 필요한 요소이다. 아무리 뛰어난 재주가 있어도 창의적 사고 능력, 창의적 행동 스타일, 인성적 특성이 적절하지 못할 때는 창의적인 성취를 할 수 없다. 즉, 창의적인 행동이나 작품이 나타나기 위해서는 재주, 소질 또는 특별한 능력 위에 반드시 창의적 사고와 행동 기술 또한 높아야 한다. 이런 창의적 사고 기술들은 앞의 소질이나 재주보다 훨씬 많은 부분이 교육이나 훈련에 의해서 얼마든지 향상될 수 있다. 즉, 고정관념을 깨고 새로운 관점에서 보는 능력, 새로운 문제해결의 길잡이를 찾는 능력, 긴 시간 주의집중하는 능력이나 끈기와 같은 장인정신 등이 창의적 성취를 위해 꼭 필요하다.

내적 동기

창의적인 성취를 위해서는 '일정 영역에 뛰어난 소질' 그리고 '높은 수준의 창의적 사고 기술'이 요구되며, 이와 더불어 꼭 필요한 것은 창의적 결과물을 얻고자 하는 강한 내적 동기(intrinsic motivation)이다. 어떤 일에 창의적인 산출물을 기대하기 위해서는 그 일이 성취되기를 바라는 강한 요구와 그 일에 흥미, 만족감, 도전감 같은 내적인 동기가 높을 때 실현 가능하다.

내적 동기 역시 어느 정도는 선천적인 것 같지만 이런 동기유발은 사회적인 환경의 영향을 많이 받는다. 그러나 동기는 일반적으로 쉽게 눈에 띄지 않기 때문에 별로 중요하게 여기지 않는 경향이 있다. 하지만 창의성을 높이기 위해 무엇보다도 먼저 창의적인 사고를 할 수 있는 내적 동기를 유발시키는 것이 효과적이다.

결국 창의적인 작품이나 창의적인 행동과 같은 실제로 창의적인 결과물을 얻기 위해서는 '일정 영역에 뛰어난 능력' '창의성 관련 기술' 그리고 '높은 내적 동기'가 요구된다. 즉, [그림 5-1]에서처럼 세 가지 요소가 함께 갖추어졌을 때 가능하다.

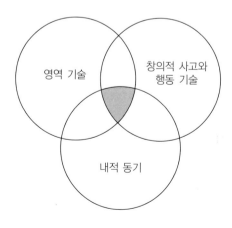

[그림 5-1] Amabile의 세 가지 구성 모델

2) Torrance의 창의적 행동 예측 모델

Torrance 역시 창의적 행동이 실현되기 위한 예측 모델을 세 가지 요소로 설명하고 있다. 그는 창의적 행동이 실현되기 위해서는 개발되어야 하는 능력에 가장 초점을 두면서 창의적 능력뿐만 아니라 창의적 기술과 동기를 고려하는 모델을 [그림 5-2]와 같이 제시했다. 즉, 창의적인 동기와 창의적인 능력을 끄집어내는 네 필요한 기능을 지니고 있는 사람에게만 높은 수준의 창의적 성취를 기대할 수 있다. 창의적 능력과 기능을 가진 사람은 창의적 동기가 생기기만 한다면, 창의적 성취를 이룰 수 있다. 이와 마찬가지로 창의적인 능력과 동기를 지니고 있는 사람은 필요한 창의적 기능을 습득하기만 한다면, 창의적 성취자가 될 수 있다.

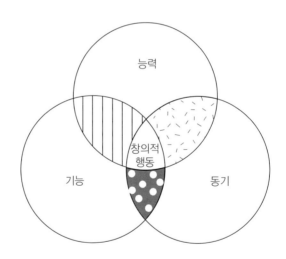

[그림 5-2] Torrance의 창의적 행동 예측 모델

3) Urban의 창의성 요소 모델

독일 하노버대학교의 Urban은 창의성은 단순히 확산적 사고만을 뜻하는 것이 아니라고 강조하면서 창의적 과정의 요소를 다음과 같이 여섯 가

지로 설명하고 있다(조석희, 1996).

확산적 사고와 활동

확산적 사고는 Guilford가 창의성 검사도구를 개발하기 위해서 창의성을 모든 사람이 가지고 있는, 그러나 각기 다른 정도로 발달된, 인지적인 능력 또는 경향이라고 가정한 데서 비롯되었다. 그 이후 많은 사람이 창의성과 확산적 사고를 같은 의미로 사용하고 있다. 그러나 Urban의 창의성 요소 모델에서는 확산적 사고는 창의적인 성취를 위한 한 요소로서 다른 요소들과 서로 상호의존적이며, 기능적으로 적절한 역할을 수행한다.

확산적 사고와 활동으로는 아이디어의 양에 따라 결정되는 유창성, 아이디어나 해결 방법의 종류, 범주를 바꾸는 방법인 융통성, 아이디어의 희귀성에 관련한 독창성, 아이디어를 구체화하거나 변형시키는 정교성, 문제를 찾는 능력인 민감성 등이 이에 속한다.

일반적 지식과 사고 기반

문제에 대한 민감성과 확산적 사고는 일반적이고 깊은 지식이 있을 때 정보와 자료를 빠르게 처리하고 유창하고 융통성이 있으며, 연상이 풍부한 사고가 가능하다. 또한 창의적 활동의 시작단계에서는 자료를 수집하고 준비하기 위해 분석, 추론, 논리적 사고가 꼭 필요하다. 그런가 하면 비판적 · 평가적 사고는 창의적 활동의 마지막 단계에서 아이디어를 정교화하고 구체화하고 산출물을 만들어 내기 위해 필요하다. 따라서 확산적 사고와 일반적 지식 및 사고 기능의 두 요소가 역동적 조화를 이룰 때 창의적일 가능성이 커진다.

특정 영역에 대한 구체적 지식과 기술

특정 영역의 지식이나 사고 기술을 연마하지 않고 확산적 사고만으로 우수한 창의성을 발휘할 수는 없다. 최근 특정 영역에서의 지식과 기능의 중요성이 부각되고 있다. 특히 역사적으로 혁신적이고 뛰어난 산출물이나 창의적인 아이디어를 생성해 내는 데 있어서 그 중요성이 인식되고 있다.

초점 맞추기와 과제 집착력

특정 영역의 종합적이고 자세한 지식과 기능을 갖기 위해서는 훈련을 통해서 특성 영역에서 주제에 대한 강한 집착과 끈기를 갖추어야 한다. 문제가 되고 있는 과제와 그에 관련된 주제 영역에 대해서 강도는 달라지더라도 오랜 시간에 걸친 주의집중이 필요하다. 주의집중과 선택적인 주의집중을 해야 정보와 자료를 수집·분석·평가·정교화할 수 있다.

동기와 동기화

적절한 동기, 특히 내적 동기는 창의성의 주요 전제조건이다. 작업에 대한 평가나 보상에 대한 기대 또는 선택 가능성의 부족 등과 같은 외적 요인은 창의적 산출물에 부정적인 영향이 될 수 있다.

창의적인 사람과 비창의적 사람들은 순수 인지적 측면에서는 별로 다르지 않다. 그러므로 창의성에서의 차이는 동기에서의 차이에 뿌리를 두고 있으며, 이 동기는 과제를 수행하는 데 필요한 지식과 기능을 습득하는 정도와 범위에서 차이가 나게 하고, 이 두 가지는 결국 창의적인 개인과 비창의적인 개인 간의 차이를 설명해 준다고 할 수 있다.

개방성과 애매함에 대한 참을성

개방성과 애매함에 대한 참을성은 앞서 살펴본 초점 맞추기 및 과제 집착력과 변증법 관계에 있는 것으로서, 창의성과 중요한 관계에 있다. 창의적/생산적인 문제해결 과정은 일반적인 문제해결 과정과 달리 초점이 맞추어진 집중적인 활동에서 잠시 벗어나 뒤로 물러앉아서 초점을 흐리게 하는 단계에서도 가능하다.

적어도 특정 시간 동안에는 집단 압력에 대한 저항, 비타협적인 행동, 자율적인 사고 자세를 유지하는 것이다. 위협을 무릅쓸 자세가 되어 있을 때 거리가 먼 아이디어가 연상될 수 있다. 놀이와 실험을 즐길 때 유창성과 융통성이 나타나며, 애매함에 대한 참을성은 열정이 있어야 나타난다.

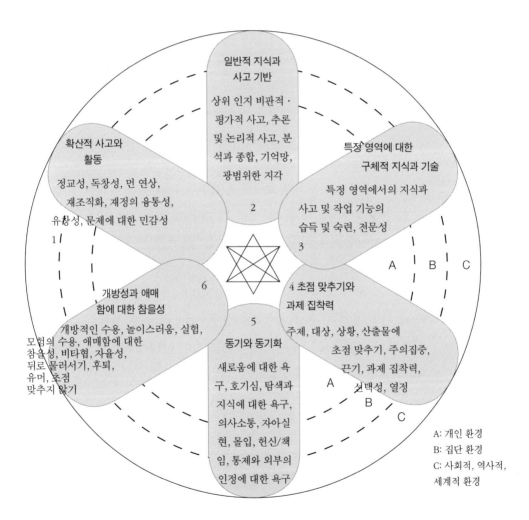

[그림 5-3] Urban의 창의성 요소 모델(조석희, 1996, p. 98)

[그림 5-3]의 Urban의 창의성 요소 모델에서 보여 주는 이와 같은 하위 요소들 간의 변증법적인 조합은 한없이 계속될 수 있다. 좀 더 일반적으로 말하자면 어느 요소도 그 자체만으로는 창의적 산출물이 나오는 창의적 과정 전체를 책임질 수 없고, 좌우할 수도 없다.

그러므로 창의적 과정은 하위요소들이 서로 다르게 조합된 상태로 서로 다른 강도로 참여하고 사용되어 창의적 과정을 결정한다. 각 요소와 하위요소들은 특정한 수준과 특정한 상황에서 상호의존적이며, 기능적으로 적절한 역할을 수행한다. 각 요소들은 다른 요소의 결과이면서 동시에 전제조건이다.

4) Csikszentmihalyi의 창의성 구성요소

Csikszentmihalyi는 시카고대학교 교수로 40년 동안 재직한 후 현재 피터 드러커 경영대학 교수 및 '삶의 질 연구소' 소장으로 있다. 그는 어떻게 하면 사람들의 삶이 좀 더 창의적이고 행복할 수 있을지에 대해서 평생 연구해 왔다. 그가 주장하는 창의성은 한 개인의 머리에서 나오는 것이 아니라 여러 조건이 어우러져서 빚어내는 것으로서 영역, 현장, 개인의 세 가지 요소로 구성되는 체계의 상호작용에서 생겨난다. 즉, 창의성은 사람의 머릿속에서 우연히 생겨나는 것이 아니라 사람들의 생각과 사회문화적인 배경 사이의 상호관계에 의해 형성된다.

영역

일련의 상징적 규칙과 절차로 이루어진 영역은 우리가 보통 문명이라고 부르는 특별한 공동체나 인류 전체가 공유하는 상징적인 지식이다. 예로 수학은 하나의 영역이 될 수 있으며, 세분화하면 대수나 정수이론도 하나의 영역이 될 수 있다.

현장

영역으로 가는 길목에서 문지기 역할을 하는 사람들로 구성된 활동 현장 역시 중요한 창의성을 이루는 요소이다. 현장에서는 새로운 아이디어나 창작물을 그 영역 속에 포함시킬 것인지 아닌지를 결정한다. 예로 시각예술의 현장은 미술 교사, 미술 관장, 미술 수집가, 비평가, 문화를 관장하는 재단과 정부기관들로 이루어지며, 이러한 현장에서 새로운 미술작품을 인정하고 보존하고 평가하는 역할을 한다.

개인

한 영역을 변화시키거나 새로운 영역을 만들어 내는 사고나 행위를 하는 사람, 즉 개인은 창의성 체계에서 빠질 수 없는 중요한 요소이다. 창의성은 어떤 사람이 음악, 공학, 수학과 같은 주어진 영역의 상징을 사용해서 새로운 사고나 새로운 양식을 발전시키면, 적절한 현장이 그러한 새로움을 선택해서 관련 영역에 포함시킬 때 가능해진다.

때로 창의성은 새로운 영역을 만들어 내기도 한다. Galilei는 실험 물리학을 창시했으며, Freud는 정신분석학을 개척했다. 그러나 그들의 후계자들이 현장에서 독립적인 영역을 발전시키지 않았다면 Galilei와 Freud의 생각은 영향력이 없었거나 흔적도 없이 사라져 버렸을 것이다.

2. 창의성과 동기

동기란 인간 행동의 에너지로, 행동을 일으키고 행동의 방향을 결정하는 심리적 요인이다. 자동차에 비유한다면 엔진과 핸들의 기능에 해당하는 것이 동기이다. 다시 말해서, 동기란 행동을 일으키는 에너지이며 동기는 행동의 방향을 결정한다(김언주 외, 2010). 이러한 동기는 자기결정성의 정도에 따라 외적 동기와 내적 동기로 나뉜다. 외적 동기는 행동의 결정에 자율성이 전혀 없거나 약한 경우이고, 내적 동기는 완벽한 자율성을 가진 심리적 욕구로부터 발생되는 것이다.

1) 외적 동기

외적 동기는 새로운 행동을 하는 이유가 보상, 칭찬, 위협, 경쟁 등과 같이 개인 외부에서 온다. 즉, 외적 동기는 외부 환경의 보상과 결과로부터 발생한다. 독서를 하는 이유가 선생님이 시키니까, 엄마가 피자를 사 주니까, 독서를 하지 않으면 수행평가에 불이익을 받으니까 등 독서라는 행동의 결정이 내면의 욕구가 아닌 외부에 있다면 이는 외적으로 동기화된 것이다.

외적 동기는 "이것을 해라, 그러면 저것을 얻을 것이다." "이것을 해라, 그렇지 않으면 저런 손해가 있을 것이다." "그것을 얻고 싶으면, 이것을 해라." 등과 같은 동기에서 행동이 일어난다. 외적 동기는 일반적으로 자기결정성이 낮아 행동의 지속성 또한 낮은 것으로 알려져 있다. 실제로 학교 공부를 잘하려는 이유가 '선생님이 시키니까'이거나, '부모님을 즐겁게 하기 위해서'와 같이 자기결정성이 없는 경우는 '공부 자체가 재미있어서'와 같이 자기결정성이 충만한 경우보다 덜 노력할 뿐만 아니라 더 낮은 성취를 보였다.

보상이나 위협과 같은 외적 동기가 내적 동기를 훼손하고 바람직한 행동 유발을 방해할 수 있다는 것은 사실이다. 하지만 사회적으로 반드시 필요한 행동이지만 내적으로 흥미가 없는 경우는 외적 동기가 효과가 있다. 예를 들면, 편식하지 않고 골고루 먹기, 하루 세 번 식사 후 양치질하기, 거리 질서와 신호등 지키기, 갓길 운행이나 음주운전 방지, 친구와 사이좋게 지내기 등과 같이 기본 생활습관 형성이나 비사회적인 행동 방지, 바람직한 행동 실천하기 등과 같은 경우는 외적 동기가 필요하다.

2) 내적 동기

외적 동기는 보상을 받거나 벌을 피하기 위해서처럼 새로운 행동의 이유가 외부에서 온다면, 내적 동기는 호기심, 흥미, 재미, 만족감처럼 새로운 행동의 이유가 자신으로부터 우러나온다. 외적으로 동기화된 사람은 공부하는 이유가 선생님에게 인정받기 위해서이거나, 친구들과의 경쟁에서 이기기 위해서이지만 내적으로 동기화된 사람은 공부하는 이유가 즐거움에 있다. 즉, 내적 동기는 자기결정감이 매우 강하게 작용하는 것이 특징이다.

미국 웨스트포인트 육군사관학교에서는 매년 1,300명의 남녀 생도가 입교하여 그중 약 1,000명만이 졸업장을 받는다. 과연 어떤 학생들이 졸업 가능성이 높은지를 연구한 결과에 따르면 내적 동기 요인이 우세한 학생들의 졸업 가능성은 평균보다 20%나 높았다. 미국 듀크대학교의 Dan Ariely 교수 팀은 인도 마두라에서 실험 참여자들에게 A그룹에는 하루 치 급여(4루피), B그룹에는 2주 치 급여(40루피), C그룹에는 5개월 치 급여(400루피)의 인센티브를 약속했다. 결과는 가장 많은 인센티브를 약속했던 C 그룹의 성과가 가장 낮았다. Ariely 교수는 임금이 동기부여가 될 수는 있지만 창의적 성취를 위해서는 임금 외에 일의 의미, 창조, 도전, 주인의식, 정체성, 자부심과 같은 내적 동기가 병행되어야 함을 강조했다.

3) 내적 동기와 창의성

앞에서 소개한 세 학자의 창의적 성취의 구성요소에 공통적으로 '동기'가 포함되어 있다. 어떤 영역에 소질이나 능력, 기술이 있어도 그리고 더불어 기발한 아이디어를 갖고 있어도 그 일을 하고 싶은 의욕을 보이는 동기화 과정이 없다면 창의적 성취는 불가능하다. 특히 창의적 성취는 외부 환경의 영향을 받기는 하지만 그보다 내부에서 생겨나는 내적인 동기의 힘에서 더 큰 영향을 받는다. 즉, 어떤 일에 대한 호기심, 개인적 흥미, 만족감, 개인적 도전 등과 같은 개인 내부에서 오는 내적 동기가 창의적인 사고나 창의적인 행동, 창의적 산출물을 위한 주요 원동력이다.

자신이 좋아하는 일, 스스로 원해서 하는 일에서 성취감을 맛볼 수 있으며, 그런 성취감을 얻는 과정에서 진정한 창의적인 작품이 나오는 것이다. 많은 실험 결과가 보여 주듯 관심과 즐거움이 수반되어 일을 할 때, 즉 내적 동기화에 의해 일할 때가 타인에 의해 또는 외적인 목적에 의해 실행될 때보다 훨씬 창의력이 발휘된다.

내적 동기화가 되어 일하는 사람들은 몇 가지 특징이 있다.

첫째, 그들은 그 일 자체에 대한 무한한 '사랑'을 지녔다. 그들은 자신의 일에 최우선 순위를 두고 그 어느 것보다 마음을 다하고, 많은 시간을 투자하고, 많은 관심을 보이는데, 이것은 그들의 일에 대한 사랑에서 온다.

둘째, 사랑의 한 측면으로 내적 동기화가 된 사람은 자신이 사랑하는 일을 추구하기 위해 절대적인 '헌신'을 한다. 성공한 과학자들의 경우를 살펴보자. 그들은 모두 호기심에 매료된 사람들이다. 끝없는 호기심을 통해 자신이 필요한 답을 찾아낸다. 그러는 동안 사랑하는 일을 위해 자신의 시간을 전부 투자하고 가정생활은 적당히 포기했으며, 무한한 노력, 자기 훈련, 끝없는 집착력 등 가능한 모든 것을 다 바쳐 헌신한다. 이러한 헌신이야말로 내적 동기의 또 다른 모습이다.

셋째, 내적 동기의 경험은 '일과 놀이의 조화'이다. 내적 동기에 의해 일을 실행하는 사람들은 일을 하는 동안 즐거움을 느낀다. 일 자체를 힘들다고 여기지 않는다. 그들은 일하는 동안 마치 재미있는 놀이를 하고 있다고 여긴다. 즉, 놀이를 하면서 일을 달성하는 것이다. 항상 놀이와 일을 함께 느낀다. 자신이 하는 일 자체가 인생을 의미 있고 행복하게 만들어 준다. 이것은 일을 놀이라고 여기는 데서 오는 것이다.

넷째, 내적 동기의 다른 측면은 '그 활동 자체에만 열중'하는 것이다. 내적 동기에 의해 일을 수행하는 사람들은 다른 어떤 요소도 생각하지 않고 그 일 자체에만 관심을 갖는다. 예를 들어, 작가라면 그들은 글을 쓰는 동안 재정적인 어려움 같은 것을 전혀 생각하지 않는다. 그 작품이 돈을 많이 벌게 해 줄 것인지, 그를 유명한 작가로 만드는 기회가 될 것인지 그렇지 못할 것인지 별로 신경 쓸 일이 아니다. 그들은 원래의 일 외의 다른 일에 신경을 쓰는 것은 재앙이라고까지 생각한다. 책, 내용, 행동 오직 그것만을 생각한다. 때로는 그것에 미쳤다고 여겨질 정도다. 글을 쓰는 동안은 오직 글의 내용만을 생각한다.

4) 아동의 외적 · 내적 동기 측정

어떤 공식적인 방법으로 동기를 알아보는 일은 그리 쉬운 일이 아니다. 다음은 아동의 행동이 내적 동기에 의한 것인지, 외적 동기에 의한 것인지를 알아보는 데 도움이 되는 테스트이다. 아동의 연령에 따라 적당한 방법으로 사용할 수 있다. 먼저, 아동에게 주어진 활동에 관하여 직접 물어보았을 때 어떻게 대답하는지를 잘 듣고, 다음의 내적 동기와 외적 동기의 항목 중 어느 쪽에 더 가까운지를 살펴 표시할 수 있다. 또는 어른이 직접 아동의 행동을 주의해서 관찰한 후 다음의 각 항목마다 '예' '아니요'의 어느 쪽으로 아동이 대답을 할지 가상해서 대신 답하는 방법이다. 아동이 모든 항목을 이해하는 경우는 아동과 함께 앉아서 각 항목을 읽어 가며 아동이 직접 답하게 할 수도 있다. 물론 아주 큰 아동의 경우는 혼자서 읽고 답하도록 허락해 주면 된다. 모든 항목에 옳고 그른 답은 없다는 것을 주지시켜야 한다.

〈내적 동기와 외적 동기 테스트〉

Amabile이 개발한 이 테스트는 16개의 내적 동기 항목(괄호 안에 '내'라고 표시)과 16개의 외적 동기 항목(괄호 안에 '외'라고 표시)으로 구성되어 있다. 기억할 사실은 이 항목의 내용에 (이 활동으로) 표시된 것은 실제로 아동이 주로 하는 실제 활동(예를 들면, 피아노, 글짓기, 태권도, 음식 만들기, 그림 그리기, 종이 접기 등)의 이름을 얘기한다. 각 항목마다 '예' '아니요'로 대답한다. 모든 대답이 끝났을 때 내적 동기 항목에 '예'가 더 많으면 그 활동이 내적 동기에 의한 것이고, 외적 동기 항목에 '예'가 더 많으면 그 활동이 외적 동기에 의한 것으로 볼 수 있다.

1. 나는 (이 활동)을 할 수 있게 부모님이 허락하도록 부모님을 성가시게 한다. (내)
2. 내가 (이 활동)을 하면 부모님이나 선생님이 여러 가지 좋은 얘기를 해 주실 것이라고 생각한다. (외)
3. 내가 (이 활동)을 할 때 나는 내가 정말로 알고자 원하는 것을 배우고 있다고 느낀다. (내)
4. 내가 여러 가지 할 일 중에서 하나를 선택하라고 하는 경우에 나는 주로 (이 활동)을 선택한다. (내)
5. 내가 (이 활동)을 정말 얼마나 잘하는지를 부모님이나 선생님께서 알아주기를 원한다. (외)
6. 내가 (이 활동)을 하는 것은 정말로 그것에 호기심이 많기 때문이다. (내)
7. 나는 장래에 (이 활동)을 통해 많은 돈을 벌고 싶다. (외)
8. 내가 (이 활동)을 할 때 다른 사람이 봐주기를 원한다. (외)
9. 나는 (이 활동)을 위해 도전을 하면 할수록 더 재미가 있다. (내)
10. 내가 (이 활동)을 하는 것은 부모님이나 선생님께서 나에게 그 분야에 소질이 있다고 얘기하기 때문이다. (외)
11. 나는 내가 한 (활동)을 돌아보기를 좋아한다. (내)
12. 내가 (이 활동)을 하는 이유는 부모님이나 선생님께서 내가 하기를 원하기 때문이다. (외)
13. 나는 (이 활동)을 할 때 나 스스로 상황을 파악하기를 좋아한다. (내)

14. 내가 (이 활동)을 할 때 나는 (이 활동)이 끝난 후 다른 사람들이 어떻게 평가할까에 대하여 생각한다. (외)

15. (이 활동)은 나에게는 일이라기보다는 즐거운 놀이라고 여겨진다. (내)

16. 가끔 나는 (이 활동)을 하고 있는 동안 모든 것을 잊어버린다. (내)

17. 만약 내가 하는 일을 다른 사람들이 알지 못한다면 아무런 소용이 없다고 생각한다. (외)

18. 내가 (이 활동)을 잘한다고 생각할 때 기분이 아주 좋다. (내)

19. 대부분 나는 (이 활동)을 정말로 좋아한다는 느낌 없이 그저 할 뿐이다. (외)

20. 나는 (이 활동)을 할 때, 어떻게 할 것인지를 스스로 결정하기를 좋아한다. (내)

21. 나는 (이 활동)을 할 때 다른 사람이 어떻게 하라고 나에게 안내를 해 줄 때가 좋다. (외)

22. 나는 (이 활동)을 더 이상 못하게 될 때 정말로 실망한다. (내)

23. 나는 다른 사람들이 내가 (그 활동)을 잘한다고 나에게 말해 주기 때문에 (이 활동)을 한다. (외)

24. 나는 (이 활동)을 하는 것이 무척 재미가 있다. (내)

25. 나는 (이 활동)이 쉬울 때 그것을 가장 좋아한다. (외)

26. 때때로 (이 활동)을 할 때 나는 시간 가는 줄을 모른다. (내)

27. 다른 친구보다 (이 활동)을 더 잘한다고 생각할 때 (이 활동)을 즐긴다. (외)

28. 만약 내가 (이 활동)을 할 필요가 없다면 안 하고 싶다. (외)

29. 지금 하고 있는 (이 활동)을 통해 장래에 유명해지기를 바란다. (외)

30. 나는 (이 활동)을 할 때 나 자신에 관한 새로운 사실을 발견한다. (내)

31. (이 활동)을 함으로써 상이나 선물을 받기를 진심으로 원한다. (외)

32. (이 활동)은 나에게 매우 중요하다. (내)

3. 창의적 사고의 구성요인

창의적 행동이나 산출물을 위해 필수적인 창의적인 사고는 창의적 사고 관련 인지적 요인과 성향적 요인으로 구분된다. 학자들에 따라 조금씩 달리 제안하고 있지만 인지적 요인에 해당하는 창의적 사고의 기능은 공통적으로 유창성, 융통성, 녹장성, 정교성을 들고 있다. 창의적 사고 성향은 창의적 사고 기능을 제대로 작용할 수 있도록 하는 정의적 특성으로 학자마다 다양하게 제안하고 있다. 이 절에서는 그중 민감성, 개방성, 인내심, 모험심이 창의적 사고의 성향으로 소개될 것이다.

1) 창의적 사고의 기능

창의적 사고의 기능은 창의적 사고 과정에서 요구되는 '~을 할 수 있는 힘'으로 개인에게 요구되는 인지 능력이다.

유창성

유창성은 특정한 문제 상황에서 가능한 한 많은 아이디어나 반응을 산출하는 능력이다. 선택의 여지가 많을수록 좋은 것을 고를 기회가 높아진다. 창의적 사고의 궁극적인 목적이 보다 독창적이며, 훌륭한 아이디어를 산출하는 데 있으므로 유창성이 높아서 아이디어를 많이 내면 낼수록 독창적인 아이디어나 만족할 만한 해결책을 찾아낼 가능성이 높아진다. 따라서 유창성은 창의적 사고의 과정에서 비교적 초기단계에서 많이 요구되는 기능이다.

학습활동
• 과제로부터 많은 것을 연상하기

• 특정한 문제 상황에서 가능한 많은 대안 제시하기

유창성을 기르기 위한 실제적인 방법으로는 다음과 같은 활동이 있다.

① 머리핀을 갖고 할 수 있는 것들을 모두 적어 보라.

② 노란색이면서 동시에 둥근 모양을 한 것은 어떤 것이 있는지 생각나
는 대로 모두 말하라.

③ 낡은 잡지책을 이용해 할 수 있는 것들은 무엇일까?

④ 100이라는 숫자를 생각할 때 떠오르는 모든 것을 말해 보라.

⑤ 에너지를 아낄 수 있는 방법을 가능한 한 모두 말해 보라.

⑥ 눈으로 볼 수 없는 것은 어떤 것들일까?

⑦ 무거운 물건을 들어올릴 방법을 가능한 많이 떠올려 보라.

융통성

융통성은 고정적인 사고방식에서 벗어나 여러 각도에서 다양한 해결
책을 찾아내는 능력이다. 즉, 사고의 틀을 바꾸는 능력이다. 융통성 있는
사고는 유창한 사고의 연장이다. 융통성은 아이디어의 종류가 여러 가지
다른 것에서 비롯되기 때문이다. 따라서 융통성 있는 사고를 하는 사람들
은 일반적으로 상상할 수 없는 것들을 강제로 결합해서 특이한 아이디어
를 생산하는 능력을 갖고 있다.

사물을 여러 각도에서 볼 수 있는 능력은 보다 많은 양의 아이디어를
생산할 수 있는 능력과 보다 유일한 아이디어를 낼 수 있는 결과를 만든
다. 융통성 있는 사고의 목적은 일반의 정상적인 사고의 패턴에서 동떨어
진 사고를 일반화하고 좀 더 가치를 높이는 데 있다.

학습활동

• 서로 관계가 없는 듯한 사물이나 현상 간의 관련성 찾기
• 사물이나 현상의 여러 속성을 추출하고 속성별로 생각하기

• 발상 자체를 전환시켜 다양한 관점을 적용하기

융통성을 기르기 위한 문제로는 다음과 같은 것들을 활용할 수 있다.

① 교실의 넓이와 길이를 자를 사용하지 않고 잴 수 있는 방법을 생각해 보라.

② 빈 상자는 물건을 담는 것 외에 어떤 일에 사용할 수 있을지 다섯 가지 이상의 방법을 생각해 보라.

③ 낡은 운동화를 갖고 할 수 있는 것을 3개 이상 그려 보라.

④ 연필을 글씨를 쓰는 용도 외에 무엇에 사용할 수 있을지 새로운 방법을 생각해 보라.

⑤ 찻잔과 전화기의 공통점은 무엇인가?

⑥ 자신의 기분을 일기예보에 비교해서 표현해 보라.

⑦ 만약 자신이 개미라면 '작다'라는 의미로 무엇을 말할 것인가?

독창성

독창성은 기존의 것과는 다르게 새롭고 독특한 아이디어를 산출하는 능력이다. 창의적 사고의 이상적인 목표는 사고의 독창성을 추구하는 데 있다. 이러한 사고는 평소에 가능한 한 특이하고 새로운 방식으로 문제를 해결하려는 태도를 가질 때 가능하다. 일반적으로 독창성은 의외의 가능성을 창출해 낼 수 있는 밑바탕이 되며, 깜짝 놀랄 만한 시선을 끌 수 있는 자원이다.

학습활동

• 다른 사람과 다른 기발하고 새로운 생각하기
• 기존의 사물이나 생각을 부정하고 다르게 생각하기

독창적인 사고력을 키우기 위해 다음과 같은 문제를 제시해 보라.

① 새로운 퍼즐이나 미로를 고안해 보라.

② 알고 있는 노래의 가사를 새로운 단어를 사용해서 변형시켜 보라.

③ 애완동물로 어떤 동물이 있었으면 좋을지 세상에 없는 새로운 동물을 상상해 보라.

④ 지갑으로도 사용할 수 있는 새로운 모자를 디자인해 보라.

⑤ 만화의 그림만을 제시하고 내용을 만들어 보도록 하라.

⑥ 우정을 보여 줄 새롭고 특이한 방법을 생각해 보라.

⑦ 새로운 종류의 아이스크림을 발명해 보라.

정교성

정교성은 기존의 아이디어에 흥미롭고 유용한 세부사항을 추가하여 보다 가치로운 것으로 발전시키는 능력이다. 그것은 자세하게 뭔가를 덧붙이고 빈 공간을 메우고, 관련 있는 아이디어를 그룹화하고 확장하는 능력과도 통한다. 대체로 처음부터 완벽한 아이디어를 내놓지는 못한다. 은연중에 떠오른 여러 가지 아이디어를 정교하게 다듬어서 훌륭하게 발전시키는 작업이 창의적 사고의 마지막 단계에서 필요하다.

학습활동

- 아이디어를 보다 구체적이고 세밀하게 만들기
- 잘 다듬어지지 않은 생각을 실제 가치를 고려하여 발전시키기

다음은 정교성을 키우기 위한 여러 가지 문제의 예이다.

① 주어진 문장을 여러 가지 단어를 덧붙여 보다 재미있는 문장으로 만들어 보라.

② 숫자 1, 2, 3을 이용하여 재미있는 그림을 그려 보라.

③ 방 안을 좀 더 아름답게 꾸미기 위해 무엇을 어떻게 할 수 있을지 얘기해 보라.

④ 공룡을 주제로 한 파티를 계획해 보라.

⑤ 빈 종이에 아주 기다란 선을 세로로 그리고 그 위에 무엇이든지 그려 보라.

⑥ 현재의 운동화를 여러분 나이에 필요하고 좀 더 멋있는 운동화로 만든다면 어떤 기능이나 모양을 덧붙이겠는가?

⑦ '남성도 피부관리시대'라는 신문 기사의 제목을 가지고 직접 기사를 작성해 보라.

2) 창의적 사고의 성향

창의적 사고의 성향은 창의적 사고 기능이 최종적으로 인간의 성취를 위해 작용하는 과정에서 개인에게 요구되는 정의적 특성이다.

민감성

민감성은 주변 환경에 예민한 관심을 보이고 이를 통해 새로운 탐색 영역을 넓히려는 성향이나 태도이다. 평소 사물이나 상황을 호기심을 갖고 대하고 의문점은 끊임없이 질문하는 태도에서 민감성은 길러지며, 이러한 민감성은 새로운 발견의 기초가 된다.

> **학습활동**
>
> • 주변 상황에 대한 호기심이나 의문 갖기
> • 익숙한 것을 낯설게 생각해 보기
> • 낯선 것을 친밀한 것으로 생각해 보기

다음과 같은 활동으로 민감성을 키울 수 있다.

① 10장의 그림카드를 5초 정도 보여 준다. 한 가지 그림카드를 없앤 후에 어떤 그림이 빠졌는지 말하게 한다.

② 여러 가지 소리를 들려주고 어떤 소리인지 맞추어 보게 한다.

③ 소방차는 왜 빨갛지, 봄에는 왜 꽃이 필까와 같이 질문하여 당연한 현상에 의문을 가지게 한다.

④ 화장지를 만져 보고 닮은 느낌을 가진 것을 찾아보게 한다.

⑤ 컵, 주전자, 가위를 보여 주고 공통점을 찾게 한다.

⑥ 눈을 감고 과일의 냄새를 맡은 후에 과일을 종류별로 구별하게 한다.

⑦ 두 장의 그림을 보여 주고 다른 부분을 찾게 한다.

⑧ 친구의 좋은 점을 찾아서 이야기하도록 한다.

⑨ 가족 중 한 사람을 정해서 그들을 도와줄 방법이나 행복하게 해 줄 방법을 찾아보도록 한다.

개방성

개방성은 자신의 경험에 제한받지 않고 모든 가능성을 수용하려는 성향이나 태도이다. 항상 열린 마음으로 새롭고 다양한 경험을 할 때 고정관념에 빠지지 않고 사물을 다양하게 보는 능력이 생긴다. 따라서 개방적인 성향일수록 융통성이 높아 보다 창의적인 사고가 가능해진다.

학습활동

- 다양한 경험 수용하기
- 타인의 입장에 서 보기
- 한계나 제한에서 벗어나기

다음과 같은 활동은 개방성 신장을 위해 도움이 된다.

① 친구와 싸웠던 경험을 떠올리고 친구의 입장을 이야기해 본다.

② 전에 가 보지 못했던 새로운 장소에 가 본 후 그 느낌을 적어 본다.

③ 다른 나라의 특별한 음식과 의복을 준비해서 팀별로 각 나라를 소개한다.

④ 친구와 새로운 놀이를 고안해서 놀아 본다.

⑤ 잘 몰랐던 친구와 하루 동안 놀고 서로의 방을 방문한다.

⑥ 집으로 돌아갈 때 내가 평소 다니지 않았던 길로 가 보고 지도를 만
   든다.

인내심

인내심은 불확실함을 견디며 끝까지 포기하지 않는 성향이나 태도이
다. 애매한 상황을 잘 참아내면서 무엇인가를 찾으려 하는 태도에서 창의
적 사고를 할 수 있다. 어려운 상황이나 문제를 피하지 않고 과제가 해결
될 때까지 끝까지 물고 늘어지는 집착력이나 인내심은 새로운 발견을 경
험할 수 있는 훌륭한 태도이다.

학습활동

• 과제에 대한 주의집중 기간을 연장하기

• 상황의 애매모호함 견디기

• 결정을 유보하기

• 쉽게 포기하지 않기

• 어려움을 극복하기

다음과 같은 활동은 인내심 향상에 도움이 된다.

① 가장 오래 집중했던 과제와 시간, 가장 짧게 집중했던 과제와 시간
   을 적어 본다.

② 문제를 일찍 발견했으나 그 해결책을 쉽게 결론내지 않고 만족할 때
   까지 오랜 시간을 답을 찾아 헤맸던 위인들의 이야기를 찾아본다.

③ 오래 고민하던 문제의 해결책이 생각지도 않게 갑자기 떠올랐던 경
   험을 이야기해 본다.

④ 나의 최고 목표를 정하고 10년, 5년, 금년 말, 이번 달, 이번 주 등 오

늘의 계획을 세워 본다.

⑤ 내가 이루고 싶은 것을 적어 본다.

모험심

모험심은 위험을 감수하며 장애를 극복하려는 성향이나 태도이다. 새로운 상황을 피하기보다는 도전의식을 갖고 두려움 없이 부딪치는 성품이 다양한 경험을 할 수 있게 한다. 실수나 실패가 두려워 모험을 피하면 새로운 경험도 할 수 없다. 경험이 빈약한 상태에서 좋은 아이디어, 다양한 아이디어, 독특한 아이디어를 기대할 수 없다. 따라서 모험심은 창의적 사고의 기회를 높여 준다.

학습활동

- 두려움에 직면하기
- 새로운 상황에 접해 보기

다음과 같은 활동은 모험심 향상에 도움이 된다.

① 어려움을 극복하고 많은 것을 이룬 위대한 사람들을 찾아본다.

② 소아마비이면서 대통령이었던 루스벨트, 한국 최초의 맹인 박사 강영우 등의 일생에 대해 알아본다.

③ 불가능하다고 생각했으나 해냈던 일을 찾아본다.

④ 자신이 했던 용기 있는 행동이나 자랑스러운 일을 칭찬하는 편지를 나에게 보낸다.

제6장

창의성과 환경

제6장 창의성과 환경

1. 창의적 환경

　많은 창의성 연구자들은 개인의 창의적인 특성을 살펴보는 것을 넘어서서 통합적인 접근에서 창의성을 이해하려고 노력한다(Csikszentmihalyi, 1989; Sternberg & Lubart, 1995; Urban, 1996). 이에 창의성도 창의적 사고·성향·동기와 같은 개인적 요인뿐만 아니라 환경적 요인도 함께 내포되어 정의 내려진다. 따라서 창의성을 최적으로 계발하려면 개인의 인지 및 정의적 특성과 환경적 요인들 간에 다각적인 측면의 상호작용이 필요하다.

　Amabile(1983)은 창의성은 새롭고 유용한 아이디어, 독창적인 행동이나 산출물과 더불어 창의성을 지지하는 환경이 포함되어야 한다고 했다. 즉, 적절한 환경이 주어질 때 비로소 영역 관련 기능, 과업 동기, 창의성 관련 기능의 밀접한 작용으로 창의성이 발현된다. Amabile(1996)은 창의성이란 가정, 학교, 지역사회와 같은 물리적인 환경에서 독특한 아이디어를 내고 아이디어를 산출물로 완성할 때까지 지속적으로 지지하는 심리적 환경, 다양한 자료, 정보, 교구 등과 같은 자원을 포함하는 통합적이고 전반적인 환경 요소들을 고려하는 것이라고 하였다. 그러므로 창의적 환경은 '인간이 자신의 잠재적인 창의성을 발휘하고 증진시키도록 하는 데 긍정적이고 지속적으로 기여하는 심리적·물리적 환경요인들의 총체'를 의미한다(한국교육개발원, 2012).

　제6장에서는 창의적 환경의 대표적인 요인인 가정환경과 학교 환경에서 부모와 교사가 아동의 창의성 발달에 길잡이 역할을 할 수 있도록 도움을 주고자 한다.

2. 창의적 가정환경

1) 창의적 가정환경검사

　여러분은 자녀의 창의성을 향상시키기 위해서 어떤 노력을 하고 있는가? 미국의 심리학자 Amabile이 고안한 검사로 가정에서 자녀의 내적 동기와 창의성을 위한 환경이 어떻게 이루어지고 있는지 알아보자. 자녀가 문제에 옳고 그른 정답이 없다는 것을 이해한다면 검사 문항에 대해 직접 답하게 하라. 그렇지 못한 경우에는 가정의 환경을 생각하면서 자녀가 어떻게 답할 것이라는 것을 가정해서 부모가 신중하고 정확하게 응답해 보라.

다음 문항들을 읽고, 그렇다고 느끼면 '예', 아니라고 느끼면 '아니요'를 왼쪽에 적으세요.

	1. 집에서는 엉뚱한 질문을 해도 무시당하지 않는다.
	2. 내가 어떤 것을 해내기 위해 여러 가지를 선택할 수 있다.
	3. 내가 뭔가를 잘 해내면, 부모님으로부터 어떤 이득이 있을지 대부분의 경우 알고 있다.
	4. 집에서는 지켜야 할 규칙이 많다.
	5. 부모님은 나의 생각이 어떠한지를 자주 물어본다.
	6. 집에서는 변화가 별로 없다.

	7. 새로운 것을 시작할 때는 부모님께 미리 허락을 받아야 한다.
	8. 부모님은 내가 어떤 말을 하는지 경청해 준다.
	9. 집에서 가장 중요한 것은 최고가 되는 것이다.
	10. 부모님은 내가 창의적인 사람이 되도록 격려해 준다.
	11. 내가 어떻게 행동해야 할지를 부모님께서 구체적으로 알려 준다.
	12. 부모님은 내가 하는 것에 대해서 간섭을 많이 한다.
	13. 부모님은 내가 무슨 일이든 스스로 할 수 있도록 격려해 준다.
	14. 집에서는 경쟁해서 이겨야 할 것이 많다.
	15. 집에서 내가 하고 싶은 것에 대한 의사표현을 많이 한다.
	16. 집에서 지켜야 할 규칙들에 대해 왜 지켜야 하는지 이유를 알고 있다.
	17. 내가 하는 일에 대해서 부모님이 간섭을 하지 않는다.
	18. 중요한 결정을 할 때 내 의견이 반영된다.
	19. 부모님은 내가 좋아하는 것들을 주면서 뭔가를 시킨다.
	20. 부모님은 창의적으로 일하고자 한다.
	21. 실수를 하면 벌을 받는다.
	22. 부모님은 뭐든지 아주 즐겁게 한다.
	23. 부모님은 나를 느긋하게 대한다.
	24. 집에서는 조용히 해야 한다.
	25. 부모님은 나에게 새롭고 다양한 방법을 생각하도록 격려한다.
	26. 집에서 공부나 놀이하는 것이 재미있다.
	27. 내가 하는 것들을 대부분 부모님을 기쁘게 하기 위해서 한다.
	28. 우리 집 식구들은 각자 독특하고 재미있다.
	29. 부모님은 나를 부끄럽게 생각한다.
	30. 부모님은 내가 질문을 많이 하는 것을 좋아한다.
	31. 공부를 잘해야 한다는 부담감이 크다.

	32. 집을 깨끗하게 해야 하는 것이 가장 중요한 규칙 중 하나이다.
	33. 나는 집에서 자유롭게 행동할 수 있다.
	34. 부모님은 나를 아주 좋아한다.
	35. 부모님은 내가 좋은 성적을 받는 것을 중요하게 생각한다.
	36. 우리 집 식구들은 웃음이 많고, 농담을 자주 한다.
	37. 부모님은 나를 존중한다.
	38. 부모님에게 내가 느끼는 대로 솔직하게 말해도 괜찮다.
	39. 부모님은 내가 어떤 것에 흥미를 갖고 있는지 알고 싶어 한다.
	40. 부모님은 항상 새로운 것을 시도한다.
	41. 우리 부모님의 생각이 항상 옳다고 배웠다.
	42. 집에서는 재미있는 것들을 많이 볼 수 있다.
	43. 부모님은 나의 일정에 대한 세부사항들을 계획한다.
	44. 나는 집에서 특별한 존재라는 느낌을 갖는다.
	45. 부모님은 나에게 항상 새로운 활동을 제안한다.
	46. 집에서 내가 할 일은 스스로 정하고 자유롭게 할 수 있다.
	47. 내가 집에서 하는 일들은 부모님께 칭찬과 보상을 받기 위해서 한다.
	48. 부모님은 나 혼자서 혹은 친구들과 함께 상상해서 놀이할 수 있도록 격려한다.
	49. 나는 집에서 비판을 많이 받는다.
	50. 부모님은 나와 함께 있는 것을 좋아한다.

다음 박스 안에 각 문항마다 '예' 또는 '아니요'로 표시되어 있다. 대답한 내용이 각 문항에 쓰여 있는 내용('예' 또는 '아니요')과 일치하는 것이 많을수록 창의성을 북돋아 주는 환경이고, 제시된 것과 일치하는 것이 적을수록 환경이 개선되어야 한다.

[창의적인 가정환경을 가리키는 반응]									
1.	예	2.	예	3.	아니요	4.	아니요	5.	예
6.	아니요	7.	아니요	8.	예	9.	아니요	10.	예
11.	아니요	12.	아니요	13.	예	14.	아니요	15.	예
16.	예	17.	예	18.	예	19.	아니요	20.	예
21.	아니요	22.	예	23.	예	24.	아니요	25.	예
26.	예	27.	아니요	28.	예	29.	아니요	30.	예
31.	아니요	32.	아니요	33.	예	34.	예	35.	아니요
36.	예	37.	예	38.	예	39.	예	40.	예
41.	아니요	42.	예	43.	아니요	44.	예	45.	예
46.	예	47.	아니요	48.	예	49.	아니요	50.	예

2) 자녀의 창의성 계발을 위한 부모의 역할

　Steven Spielberg가 창의적이고 존경받는 감독이 되기까지는 가족의 끊임없는 노력이 있었다. 그가 보이스카우트에서 실시하는 영화 제작 경시대회에 참가하겠다고 신청서를 제출했을 때 그의 아버지는 그에게 당시 최고급 8mm 카메라를 사 주었다. 그런가 하면 그의 어머니는 영화를 제작하기 위해 Spielberg가 요구하는 터무니없는 일까지 하면서 기꺼이 도왔다. 어느 날 Spielberg는 아주 무서운 영화를 만들기 위해 부엌 천장에서 무엇인가 흉측한 것이 흘러나오는 장면을 촬영하려고 했다. 그의 어머니는 버찌 30통을 사서 압력솥에 푹 삶았다. 그리고는 버찌가 폭발하여 부엌이 온통 빨갛게 물들도록 했다. 부엌에서 버찌 자국과 냄새를 완전히 없애는 데는 1년이 넘게 걸렸다고 한다.

　만약 그의 어머니가 Spielberg를 도와주는 대신 "말썽 좀 그만 피워라."라고 말했다면, 오늘날 Spielberg의 〈이티〉, 〈인디아나 존스〉, 〈쥬라기 공원〉, 〈에이 아이〉 등의 창의적인 영화를 볼 수 있었을까?

창의적인 사람들의 어린 시절을 살펴보면 그들의 부모들은 책을 읽어 주거나, 함께 토론하고, 탐구하고, 여행하는 등 아동과 공유하는 시간이 많았다.

다음은 부모가 아동의 창의적인 잠재력을 발현시키기 위해 격려해 줄 수 있는 방법이다.

아동의 창의성과 지능은 서로 다른 능력이다

아동의 창의성과 지능의 관계를 독립적으로 바라볼 필요가 있다. 창의성과 지능의 상관 연구에서는 지능이 120 이상에서는 창의성과 상관이 없거나 매우 낮은 결과를 보여 역치이론(Threshold theory)을 입증하였다(Glover, Ronning, & Reynolds, 1989; Yamamoto, 1964). 또한 Getzel과 Jackson(1962)의 연구에서는 높은 지능과 창의성이 뛰어나다는 것이 반드시 일치하지는 않기 때문에 창의성과 지능을 같은 의미로 해석해서는 안 된다고 하였다. Gardner(1983)는 지능을 하나의 수치로 지정되는 것이 아니라 여덟 가지 지능(언어지능, 논리수학지능, 공간지능, 신체운동지능, 음악지능, 자연지능, 대인관계지능, 자기이해지능)으로 제안하고, 다양성 관점에서 지능을 이해해야 한다고 주장한다. 즉, 아동의 지능이 높다고 해서 창의성도 당연히 높다고 여기거나 지능이 낮다고 해서 창의성이 당연히 낮을 것으로 생각하지 않아야 한다.

자유롭게 행동할 수 있는 분위기를 형성하라

창의적인 아동의 가정과 그렇지 못한 아동의 가정을 비교한 조사 결과에 의하면, 창의적이지 못한 아동의 가정에서는 지켜야 할 규칙이 더 많이 있었다. 아동에게 여러 가지 규칙을 세워 놓고 그 틀 안에서만 행동하도록 하는 것은 그들의 자유로운 사고를 막는 것이다.

아동만의 세계를 마음껏 즐길 수 있을 때 창의성의 날개를 펼칠 수 있다. 부모의 기준에 맞추어 아동의 행동을 규제하기보다는 아동이 자신의 생각을 자연스럽게 이야기하고 행동할 수 있는 편안한 분위기를 만들어 주어라.

실수를 인정하라

호기심과 탐구심의 발로에서 나온 아동의 실수는 즐거운 마음으로 받아들여야 한다. 실수를 통해서 무엇인가를 배우고 그 실수가 계기가 되어 새로운 것을 만들어 내는 것이 창의성 향상의 기회가 된다. Edison은 전구를 발명하기 위해 1,800번이나 실수를 거쳤고, Curie 부인의 실험 중 실수 하나가 바로 라듐을 탄생시켰고, 미국 사무용품회사 3M 연구소의 연구원 실수로 포스트잇이 만들어졌다. 실수는 인생의 기본적인 학습 과정이며, 창의적인 산출물을 내기 위해 필요한 단계이다.

부모의 꾸중이 두려워 호기심의 발휘를 억제해야 하는 분위기에서는 아동의 탐구심이 메마를 수밖에 없으며, 창의성을 펼칠 수 없다. 언제나 가정에서 아동의 호기심을 실험으로 옮길 수 있는 분위기를 마련해 주고, 그 안에서 아동이 실수할 때 부모는 아동에게 그 실수에 대한 분석과 토론을 통해 아동이 학습하고 성장하는 기회로 만들어 주어야 한다.

혼자서 생각할 수 있는 분위기를 제공하라

창의적 통찰은 한순간에 다가오는 것이 아니다(Wallas, 1926). 창의적인 아이디어가 떠오르기까지는 한 문제를 다각도에서 살펴보고 이해할 수 있는 충분한 시간과 장소가 필요하다. 창의적인 사고를 위해서는 독립적으로 생각할 수 있는 적절한 장소와 시간이 주어져야 한다. 아동이 어떤 일에 집중하고 있을 때에는 독특한 생각이 떠오르거나 새로운 것을 발견하는 과정에 있는 것이다. 개미들이 지나가는 모습을 한참 동안 관찰하는 아동에게 위험하다고 제재하거나, 책 읽기에 푹 빠져 있는 아동을 잠잘 시간이라고 억지로 재울 필요는 없다.

아동이 자아효능감을 갖도록 지지하라

창의적인 사람들의 독특한 행동은 주변 사람에게 종종 긍정적인 반응을 받지 못하는 경우가 있다. 창의적인 사람은 이러한 부정적인 피드백에 상처받지 않고 자신이 하고 있는 일의 의미와 가치를 믿는 것이 아주 중요하다. 이것은 자신의 아이디어가 모두 좋은 것이라고 생각하는 것이 아니라, 자신이 창의적인 아이디어와 결과물을 만들 수 있는 능력이 있다는 것을 믿는 자아효능감(self-efficacy)이다. 부모는 아동의 잠재력을 발현하는 데 제한하기보다는 그들에게 성공할 수 있다는 자신의 능력을 믿도록 격려하여 자아효능감을 길러 주어야 한다.

아동이 좋아하는 것을 찾도록 도와주라

창의적인 사람은 일을 할 때, 돈이나 명예와 같은 외적 동기보다는 자신이 진정 하고 싶어 하는 내적 동기에 의해 즐기면서 한다(Csikszentmihalyi, 1990). 따라서 부모는 아동이 정말 좋아하는 일을 찾을 수 있도록 지지해 주어야 한다. 아동이 자신의 진정한 관심사를 찾도록 도와주기 위해서는 다양한 경험으로 그들의 잠재력을 펼치도록 해 주어야 한다. 그리고 어떤 일을 하든 자신이 진정으로 하고 싶어 하는 것을 하는 것이 중요하다는 것을 알려 주어야 한다. 물론 이 과정은 어렵고 힘든 일이지만, 부모와 아동 간의 어려움을 함께 공유하고 찾아가는 여정은 앞으로 아동의 창의성에 밑거름이 될 것이다.

풍부한 경험을 제공하라

자연을 통한 경험은 풍부한 탐구력과 상상력을 키우는 산 교육이다. 창의적인 자녀 교육으로 잘 알려진 유대인은 생후 6개월이 지나면 아이들을 등에 업고 전국을 여행한다고 한다. 아이들로 하여금 자연을 느끼게 하는 일은 아무리 빨리 시작해도 지나치지 않다.

아이들을 데리고 여러 장소를 방문하여 다양한 경험을 하도록 해야 한다. 가을에 산을 찾아 붉게 물든 단풍을 보며 식물의 기후에 따른 변화 과정을 설명해 주는 것도 좋은 방법이다. 도서관의 많은 책, 박물관의 아름다운 예술작품, 흙이 변하여 도자기로 되는 과정을 관찰할 수 있는 곳까지 다양한 장소를 체험하라.

창의성을 꺾는 말이나 행동을 피하라

아동은 종종 예상하지 못한 엉뚱한 질문과 행동을 한다. 기발한 아이디어를 내놓기도 한다. 그때 어른은 어떻게 대처해야 하는지를 생각해 보라. 다음과 같은 아동의 가슴에 상처를 주는 말이나 행동으로 창의성의 싹을 꺾을 수 있다.

"말도 안 되는 소리 하지도 마라." "애, 그 쓸데없는 것 그만 해라." "어린 애는 그런 것 몰라도 돼." "웬 말이 그렇게 많니?" "넌 도대체 누굴 닮아 그렇게 엉뚱하니?"

올바른 보상을 하라

아동의 긍정적인 행동과 자아를 형성하는 데 칭찬과 보상은 필요한 요소이다. 그러나 보상이 때로는 아동의 창의성 발달에 방해가 될 수 있다. 예를 들어, 왕자와 공주 그림을 잘 그린 아동에게 "와! 어쩜 이렇게 그림을 잘 그리니? 너무 잘 그렸다."라고 칭찬을 했더니, 그 아동은 왕자와 공주만 그리는 경우가 많았다. 부모의 올바르지 못한 보상이나 칭찬으로 인해 아동은 새로운 시도를 하지 않는 것이다. 이뿐만 아니라 칭찬이나 보상에 익숙해지면 늘 그것들을 기대하게 되고, 보상이 뒤따르지 않으면 일에 대한 흥미도 줄어든다. 그래서 부모는 칭찬이나 보상이 가져다주는 부정적인 효과를 생각하여 아동에게 적절한 보상을 제공해야 한다.

창의성을 신장시키는 올바른 보상의 기본 원칙은 다음과 같다. 첫째, 보상의 내용은 구체적인 피드백이어야 한다. 앞 사례를 수정한다면, "와! 수진이가 왕자님 옷에 달린 보석들을 아주 자세하게 그렸구나."라고 구체적이고 정확하게 칭찬해야 한다. 둘째, 아동에게 제공되는 보상은 일관성이 있어야 한다. 부모의 정서나 상황, 맥락에 의해 보상의 내용이나 강도가 다를 경우에는 아동에게 보상에 대한 긍정적인 효과보다는 혼란을 야기시킨다. 셋째, 아동의 창의적인 과정에 대한 보상이 주어져야 한다. 만약 아동의 아이디어나 산출물이 다른 아동과 똑같은 것일지라도, 아동의 결과물에 초점을 두기보다는 과정에 대한 적절한 보상을 해야 한다.

부모가 창의적인 행동의 모델이 되라

아동의 행동은 대부분 부모나 형제, 또래 친구 등의 행동을 모방하면서 습득한다. 부모가 변화와 융통성 없이 생활하는지, 아니면 새롭게 생각하고 고정관념을 탈피하려고 노력하는 모습을 보이는지는 자라나는 아동에게 그대로 비춰진다. 아동이 창의적으로 성장하기 바란다면 먼저 훌륭한 창의적인 역할 모델이 되는 것이 필요하다. 사랑도 받아 본 사람이 베풀 줄 알 듯 창의적인 행동을 보고 배운 사람이 창의적인 행동을 할 수 있다. 아동이 창의적인 사고와 행동이 발휘하기를 원한다면 부모가 창의적이어야 한다.

3) 창의적인 아동의 부모와 창의적이지 못한 아동의 부모

캘리포니아에서 심리학자들이 매우 창의적인 아동의 가정과 가족에 관한 종단 연구를 하여 창의적이지 않은 아동의 가정과 가족을 비교했다. 그 결과 다음과 같이 두 집단의 차이가 보였다(Amabile, 1989).

창의적인 아동의 부모

① 부모의 태도

- 자녀의 의견을 존중하고 자유롭게 표현하도록 격려한다.
- 아동도 생각하고, 공상하고, 때로는 빈둥빈둥 놀기도 해야 한다고 생각한다.
- 아동 스스로 많은 것을 결정하도록 한다.
- 부모와 자녀가 함께 다정하고 친밀한 시간을 가진다.
- 사물에 대한 호기심, 의문을 언제든지 나타내도록 격려한다.
- 아동이 노력하고 성취한 것을 부모가 인정하고 있음을 그들이 알고 있도록 확신시킨다.

② 어떤 일을 가르치고자 할 때 부모는 어떻게 했나

- 자녀를 격려한다.
- 자녀에게 다정하고 지지적이다.
- 자아를 존중하는 태도로 자녀를 대한다.
- 자녀가 그 상황을 즐기도록 유도한다.
- 자녀와 함께 있는 것을 즐거움으로 여긴다.
- 자녀에게 용기를 주고 지원한다.
- 자녀를 칭찬한다.
- 자녀와 좋은 동료 관계를 성립한다.
- 자녀가 독립적으로 일하도록 격려한다.

창의적이지 못한 아동의 부모

① 부모의 태도

- 일정한 형식을 가르치고 잘못했을 때는 벌을 준다.
- 부모 앞에서는 아동이 절대로 화를 낼 수 없게 한다.
- 부모 자신의 견해와 다른 생각을 갖고 있는 가족의 아동과는 가까이 지내지 못하도록 한다.
- 아동은 눈에 보이는 것만 믿어야 한다고 생각한다.
- 자녀에 대해 별로 만족스러워하지 않는다.
- 부모의 결정에 의문을 제기하는 것을 허락하지 않는다.

② 어떤 일을 가르치고자 할 때 부모는 어떻게 했나

- 그 일을 지나치게 구체적으로 설명하는 경향이 있다.
- 부모가 그 일을 직접 지시하는 경향이 있다.
- 일에 대한 구체적인 해결책을 제시하는 경향이 있다.
- 상황에 따라 적대시한다.
- 아동을 비난하며 그들의 생각이나 제안을 거절한다.
- 자녀에 대한 자랑스러움이 부족하다.
- 자녀와 힘 겨루기를 한다.
- 어려움이 있으면 뒤로 물러나고 포기한다.
- 과제를 하도록 압력을 행사한다.
- 아동에게 화를 낸다.

3. 창의적 학교 환경

아동의 창의성 교육을 위해 부모 못지않게 교사의 역할도 중요하다. 교사는 무엇보다도 창의성의 중요성을 인식하고 학생들의 창의성을 발견하고 지도하는 일에 적극적이어야 한다. 다음은 교사가 학생들의 창의성이 발휘될 수 있도록 격려해 주는 방법들이다.

학생들의 독특한 행동을 허용하라

창의적인 학생들의 호기심, 유머 그리고 독특한 사고로 인한 행동은 수업에 방해가 되거나 사회 적응력 및 교우 관계가 부족해 보이기도 한다. 하지만 Heinelt(1974)의 연구에 따르면, 창의적인 학생은 그렇지 못한 학생보다 교사와 또래에게 더 인기가 있다. 또한 교사는 학생들의 독특한 태도나 행동은 창의성의 밑거름이 되는 상상력이라고 이해하고 포용해 주어야 한다. 그리고 창의적인 학생들이 사회나 또래로부터 받을 소외감과 같은 문제점을 잘 인식하고 특별히 배려하며, 그들의 창의성이 좀 더 긍정적인 방향으로 발달할 수 있도록 도와야 한다.

창의성을 목표로 하여 가르치고 평가하라

교사는 창의성을 목표로 하고 가르치고 평가해야 한다. 만약 교사가 지식 습득 위주의 평가를 한다면, 학생들은 교사가 중요하게 여기는 것과 정답을 배우게 된다. 하지만 교사가 학생들의 창의성을 향상시키고자 한다면, 교육 내용과 평가에 창의성을 펼칠 기회를 포함시켜야 한다. 예를 들어, 미세먼지에 대해 수업을 진행할 경우에는 학생들에게 미세먼지에 대한 정보와 지식 등과 같은 자료 탐색뿐만 아니라 미세먼지가 우리 생활에 미치는 영향 조사 및 분석, 미세먼지의 피해를 막을 수 있는 아이디어와 실천방안에 대해서 다각적으로 생각해 보도록 하는 것이 좋다.

학생 스스로 문제와 해결 방법을 찾을 수 있도록 도와주라

학생들이 어떤 문제나 갈등에 부딪혔을 때, 교사는 해결 방법을 제시하기보다는 학생들이 스스로 생각하고 고민해 볼 시간을 주어야 한다. 교사는 다음과 같은 방법으로 학생들의 창의성 신장에 큰 영향을 미치는 자기 주도성과 자율성을 향상시킬 수 있다. 첫째, 교사는 학생 자신의 문제나 과제를 명확하게 밝힐 수 있도록 격려해 줌으로써 창의적 수행을 향상시킨다. 둘째, 학생들이 프로젝트나 발표 주제를 스스로 선택하고 문제를 해결하도록 한다. 학생들에게 자유롭게 의사결정을 하도록 하는 것은 창의성의 필수요건인 합리적인 판단력을 기르는 데 도움을 준다. 셋째, 학생들이 과제 선택이나 수행 과정에서 실수했을 때, 교사는 학생 스스로 실수를 깨닫게 해 주고 자신의 선택을 재정의할 기회를 주어야 한다.

어떤 문제를 해결할 아이디어를 다양한 관점에서 생각할 수 있도록 지지하라

교사는 학생들이 어떤 문제에 한 가지 정답을 찾는 데 그치지 말고, 여러 가능성이 있음을 인식하고 다각도로 생각하는 습관을 갖도록 지도해야 한다. 확산적 사고를 향상시킬 수 있는 다양한 프로그램을 통해 아이디어를 가능한 많이 생산하고, 여러 방면에서 문제를 바라보고 해결책을 찾는 능력을 키우는 것이 중요하다. 즉, 다양한 관점의 아이디어에서 독특하고 훌륭한 아이디어가 생산될 가능성이 크다. 교사는 학생들의 참신한 사고를 격려할 수 있는 질문들을 통해 교사와 학생들 간의 창의적인 상호작용이 이루어지도록 한다.

타인에게 창의적인 아이디어를 설득할 수 있도록 하라

Rhodes(1962)는 창의성을 4P라고 정의하였다. 사람(Person)은 창의적인 성취를 이룬 인물들의 인지적이고 정의적인 특징을 말하며, 과정(Process)은 창의적인 아이디어나 사고가 어떤 과정으로 이루어지는지를 살펴보는 것이고, Beethoven의 음악, Steve Jobs의 아이폰, Picasso의 〈아비뇽의 여인들〉 등의 결과물을 창의적 산출물(Product)이라고 한다. 그리고 설득(Persuasion)은 창의적 산출물의 가치를 대중에게 설득력 있게 표현하는 것을 의미한다. 이와 같이 창의성 정의를 기반으로 창의성 신장 교육과 함께 아동에게 자신의 아이디어에 대한 의미와 가치를 타인에게 알리는 방법에 대해서도 가르쳐야 한다. 아동이 과학 과제를 발표할 때, 그 내용의 중요도와 공헌도에 대해 설명하게 하고, 미술 시간에 그린 그림에 대한 독창성과 가치를 표현할 기회를 함께 마련해 주어야 한다.

사물에 대한 호기심을 가지고 탐구하도록 지원하라

사물에 대한 호기심에서 싹튼 민감성은 창의성을 발휘하는 데 기본 요소이다. 민감성은 주변 사물이나 상황을 단순히 지나치기보다는 의문을 갖고 관심을 보일 때 생긴다. 따라서 교실환경은 학생들의 활동 작품에서부터 다양한 교육 자료를 통해 풍부한 영감과 아이디어가 떠오를 수 있도록 구성해야 한다. 교사는 학생들에게 매사 호기심을 가지고 사물을 예민하게 관찰할 수 있는 실물과 실험할 수 있는 자료를 교실 내에 전시하거나 창의적 체험 활동을 제공해야 한다. 물리적인 환경과 더불어 학생들이 흥미, 경험, 생각을 자유롭게 표현할 수 있는 편안한 분위기를 만들어 주어야 한다. 학생의 말을 주의 깊게 들어주고, 긴밀하고 따뜻한 시간을 많이 가질 때 학생들은 자유롭게 생각하고 상상하면서 창의적인 발상을 할 수 있다.

창의적 협력을 격려하라

많은 사람은 창의적인 산출물이 개인에 의해 이루어진다고 생각한다. 하지만 실제로 창의성은 다양한 전문 지식과 많은 경험을 지닌 개인들로 구성된 집단에서 발현되는 경우가 대부분이다. 대표적인 예로 독창적이고 재미있는 영화를 제작하는 픽사 애니메이션 스튜디오(Pixar Animation

Studio)를 들 수 있다. 픽사는 동료들에게 일별 리뷰(daily review)로 지속적인 피드백을 긍정적으로 받는 과정을 거쳐 함께 작업하는 문화를 형성하는 동료 기반 과정(peer-based process), 모든 구성원이 영화 제작 초기부터 마지막까지 개선점에 대한 이야기를 자유롭게 하는 브레인트러스트(braintrust), 기술자와 예술가의 결합 등과 같은 제도와 방법으로 창의적인 집단(creative group)을 이끌고 있다. 교사는 픽사와 같이 학생 간의 유기적인 상호작용과 협력을 통해 집단 창의성(group creativity)을 발현할 수 있는 환경을 구성해야 한다. 교실의 집단 내에서 다양한 의견을 표출하고 논쟁할 수 있도록 개방적인 아이디어 장을 열어 주는 창의적 갈등(creative abrasion), 새롭고 유용한 해결책을 제시하고 통합적인 의사결정을 할 수 있는 창의적 해결법(creative resolution) 그리고 아이디어들을 직접 실행해 보고 개선하는 것을 통해 발견 주도적 학습을 하는 창의적 민첩성(creative agility)을 통해 개개인의 재능과 열정을 공유하고 융합할 수 있도록 해야 한다(Hill, Brandeau, Truelove, & Lineback, 2014).

창의성 교육에 대한 새로운 지식 습득과 프로그램 연구 및 개발을 위해 노력하라

동료 교사나 전문가와 지속적으로 교류하면서 창의성 교육에 대해서 좀 더 깊이 이해하고, 구체적인 프로그램 연구를 위해 노력해야 한다. 각종 창의성에 관련된 세미나나 연수회에 참가하여 창의성 프로그램과 관련한 새로운 지식을 습득하고, 이를 교실 현장에 적용하여 자기만의 창의적 교수법을 개발할 수 있다. 이러한 교사의 열정은 학생들이 적극적인 관심을 가지고 참여하게 할 뿐만 아니라 창의적이고 행복한 교육 현장을 만드는 단초가 될 것이다.

제7장
영재와 창의성

제7장 **영재와 창의성**

1. 영재의 정의

영재에 대한 관심과 개념 정의를 위한 노력은 긴 세월 동안 꾸준히 이루어져 왔다. 그 결과 영재에 대한 다양한 관점을 학자들의 정의에서 엿볼 수 있다. 영재를 지능검사에서 상위 2% 내에 드는 집단으로 규정한 학자(Terman, 1925)가 있는가 하면, 몇 가지 능력의 교집합의 관점에서 본 학자들도 있다(Renzulli, 1978, Sternberg, 1985, 1988). 또 다른 학자는 영재의 능력이 발휘되기 위해서 여러 능력이 통합되어야만 가능하다고 보았다(Clark, 2013). 최근에는 어떤 영역에서 두각을 나타낼 때(Gardner, 1983; Subotnik et al., 2011) 혹은 성취물이 훌륭한 경우 그를 영재라 할 수 있다는 관점(Gagne, 2009; Tannenbaum, 1983)도 있다. 그 외에도 영재에 대한 각 나라별 법적 정의에서도 다양성을 엿볼 수 있다.

이제 이러한 다양한 영재에 대한 정의를 바탕으로 영재에 대해 좀 더 자세히 알아보도록 하자.

영재에 대한 초기 연구에서는 지능검사 결과가 큰 비중을 차지했다. 검사 기술의 발달과 맞물려 지능검사에서 상위 2% 내에 든 사람을 영재라고 보는 견해가 오랫동안 지속되었다. 그 이후 학교에서 영재를 위한 특별교육을 제공하여 잠재성의 발전 가능성을 보인 이후부터 영재 선발의 범위를 상위 10%, 15%, 20%까지도 확장하여 영재교육을 받을 수 있는 기회를 주어야 한다는 주장이 제기되었다. 최근에는 영재를 단지 지능지수로만 보는 것에 대한 한계를 지적하고 이후 영재를 정의하기 위한 다양한 시도가 이어지고 있다.

1) 법적 정의

먼저, 법적 정의를 보도록 하자. 미국에서는 교육부가 1972년에 처음 제시한 영재의 정의를 바탕으로 하여 영재의 정의와 영재 관련 프로그램이 발전되어 왔다(〈표 7-1 참조〉).

〈표 7-1〉 미국 교육부의 영재의 정의

영재는 뛰어난 능력으로 인하여 훌륭한 성취를 할 것으로 전문가에 의해 판단된 아동이다. 영재들은 자신과 사회에 기여할 수 있도록 하기 위해서는 정규학교 프로그램 이상의 변별적인 교육 프로그램과 서비스를 필요로 하는 아동이다.
뛰어난 성취를 할 수 있는 아동은 다음 분야에서 이미 성취를 나타내거나 잠재 능력이 있는 아동이다.

- 일반 지능
- 특수 학문 적성
- 창의적 또는 생산적 사고
- 지도력
- 시각적 공연 예술
- 정신운동 능력

한국에서는 2000년에 「영재교육진흥법」이 공포되었고, 2002년에는 「영재교육진흥법 시행령」이 공포되었다. 자세한 내용은 다음 〈표 7-2〉와 같다.

〈표 7-2〉「영재교육진흥법」

제2조
"영재"란 재능이 뛰어난 사람으로서 타고난 잠재력을 계발하기 위하여 특별한 교육이
필요한 사람을 말한다.

제5조(영재교육대상자의 선정)
① 영재교육기관의 장은 다음 각 호의 어느 하나의 사항에 대하여 뛰어나거나 잠재력
   이 우수한 사람 중 해당 교육기관의 교육 영역 및 목적 등에 적합하다고 인정하는
   사람을 영재교육대상자로 선발한다.
   1. 일반 지능
   2. 특수 학문 적성
   3. 창의적 사고 능력
   4. 예술적 재능
   5. 신체적 재능
   6. 그 밖의 특별한 재능
② 영재교육기관의 장은 제1항에 따른 영재교육대상자를 선발할 때 저소득층 자녀,
   사회적 취약 지역 거주자 등 사회적 · 경제적 이유로 잠재력이 충분히 발현되지 못
   한 영재를 선발하기 위하여 별도의 선발절차를 마련하는 등의 조치를 할 수 있다.
③ 제1항 및 제2항에 따른 영재교육대상자의 선발기준 및 선발절차 등 필요한 사항은
   대통령령으로 정의한다.
[전문개정 2011. 7. 21.]

2) 학자들의 정의

Renzulli의 정의

영재의 정의 중 가장 대표적인 것으로 Renzulli의 3고리 모형을 들 수
있다. Renzulli는 사회에 뛰어난 공헌을 한 사람들은 세 가지 요인, 즉 평
균 이상의 지적 능력, 창의성 그리고 과제 집착력이 있다고 보고하였다.
그는 이 세 가지 특성이 모두 뛰어날 필요는 없지만 각 특성이 적어도 상
위 20% 이상이고, 그중 한 특성에서는 적어도 상위 2% 이내에 속하는 사
람이 영재성을 발휘할 것으로 보았다. 그 이후 Renzulli는 이 모델에 긍정
적 사고, 용기, 신체적 · 정신적 에너지, 타인의 감정에 대한 민감성, 관심

분야에 대한 열정, 비전과 같은 정서적인 요소를 더하여 [그림 7-1]과 같은 Houndtooth 모델을 제시했다.

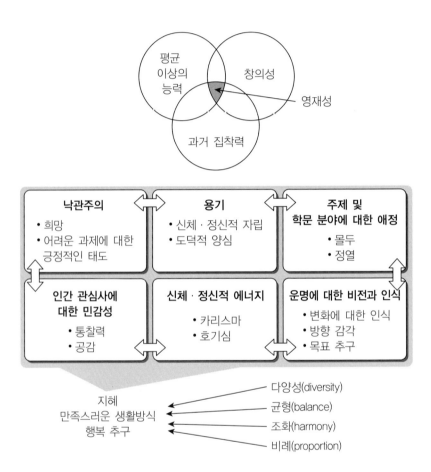

[그림 7-1] Renzulli의 Houndtooth 모델

Tannenbaum의 정의

엄격한 기준에서 볼 때 영재 판별을 위해서는 성취 결과를 감안하는 것이 정확하겠지만 우리는 교육자로서 잠재력이 있는 아동을 지도해야 하며 영재성이 있는 아동의 잠재력을 키워 주기 위해서는 어린 시절부터 적절한 지도를 할 필요가 있다. 결국 영재성을 발휘하기 위해서는 본인의

잠재력과 함께 여러 가지 다른 요인도 작용하는데, Tannenbaum은 다섯 가지 요인, 즉 우수한 일반 지능, 뛰어난 특수 적성, 비지적(정서적 · 신체적) 촉진제, 환경의 영향 그리고 행운이 합쳐져 훌륭한 성취를 이룰 수 있다고 하였다.

Gagne의 정의

한편, 오랫동안 혼용되어 쓰이던 영재(gifted)와 재능아(talented)의 용어에 대하여 Gagne는 두 가지를 분리하고 각각에 대해 더욱 명확한 의미를 제시하였다. 그는 Differentiated Model of Giftedness and Talent(DMGT)이론에서 영재성은 타고난 잠재력으로 본 반면, 재능은 특수 영역에서 나타나는 성취로 정의하였다. 그리고 영재성이 재능으로 나타나기 위해서 거치는 과정과 영향에 대해 여러 차례 제시한 바 있다([그림 7-2 참조]).

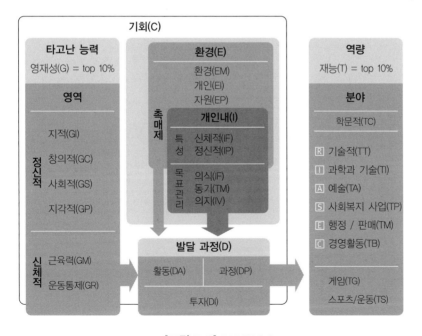

[그림 7-2] DMGT 2.0

출처: Gagné. F. (2013).

Sternberg와 Clark의 정의

지능이론의 세계적인 학자인 Sternberg(2011)는 영재 판별에서 중요한 기준이 되는 지능과 관련하여 꾸준히 연구하였으며, 이 사회에서 성취하기 위해서 필요한 세 가지 요인을 제시하고 이 세 가지 능력이 균형을 이루어 발휘될 때 성공적인 성취가 이루어진다고 하였다. Sternberg는 이를 성공지능이라고 명명하였다. 그는 어떤 성취를 하기 위해서는 우리가 일반적으로 지능이라고 생각하는 분석적 지능만 뛰어나서는 안 되며, 색다른 방법으로 문제해결을 할 수 있는 창의적 지능과 이를 실행에 옮길 수 있는 방법을 알고 실천해 낼 수 있는 실천적 지능이 함께 역할을 해야 성공적으로 성취할 수 있다고 주장했다. 그는 또 이후에 사회를 이롭게 하는 지혜로움까지 겸비해야 한다고 하며 WICS(Wisdom, Intelligence, Creativity, Synthesized)이론을 제시했다. 또한 Sternberg는 영재의 기준에 대해 사람들이 가지고 있는 암묵적인 이론에 대해서도 발표하였다. 사회에서 영재라고 인정하는 사람들은 다음과 같은 다섯 가지 요소가 충족된 경우라고 주장했다. 그 다섯 가지는 다음과 같다.

- 탁월성(Excellence): 또래에 비해 특정 영역에서 탁월한 능력을 보인다.
- 희귀성(Rarity): 특별한 영역에서 높은 능력을 보인다.
- 생산성(Productivity): 산출물이 있거나 결과물을 생산해 낼 수 있는 잠재력이 있다.
- 입증성(Demonstrable): 능력을 검사나 산출물 등을 통해 나타낼 수 있다.
- 가치(Value): 사회에서 가치를 두는 영역에서 탁월한 능력을 보인다.

결국 한 시대에 영재로 인정받기 위해서는 위의 다섯 가지 요소가 충족되어야 한다는 것이다.

지적 능력의 통합을 주장하는 또 하나의 이론으로 Clark의 통합 지능 모델이 있다(Integrative Education Model: IEM). Clark(2013)는 Jung(1964) 이 제시한 기본적인 인간 기능을 적용하여 지능을 인지, 정서, 직관 그리고 신체적 감각의 통합으로 정의하였다.

Gardner의 정의

지난 20여 년 동안 제시된 지능이론 중에 가장 인기가 높았던 이론 중의 하나로 Gardner의 다중지능이론(Multiple Intelligences)을 들 수 있다. Gardner는 문화적으로 가치가 있으며 비교적 독립적인 일곱 가지 지능을 제시했다. 이 이론은 인간의 신경체계에 바탕을 두고 각 지능이 인간의 신경체계의 어느 특정 부분에 기초를 두고 있는지 확인할 수 있는 지능들이다. 뿐만 아니라 각 지능은 각각의 신호체계가 있고, 발달 과정도 서로 다르다고 주장했다. Gardner는 언어, 논리수학, 공간, 음악, 신체운동, 개인 내적 그리고 개인 외적(개인 간 혹은 사회적) 지능 등 일곱 가지를 제시하였으며, 이후에 또 다른 지능인 자연친화 지능을 첨가했고, 최근에는 영성적 지능도 하나의 지능으로 검토되고 있다. 이와 같이 각 분야별 지능은 다른 분야의 지능과는 별개의 독립적인 지능으로 인정받으며 요건이 충족되면 이외의 또 다른 분야도 하나의 지능으로 인정할 수 있는 여지가 열려 있다.

Gardner의 다중지능이론으로 이제 지적 능력뿐만 아닌 다양한 분야에서의 재능도 인정을 받게 된 것이다. 다중지능이론에 의하면 일반 지능을 높이는 훈련을 통해서 영재성을 계발하는 방법보다는 각 분야별 재능을 기르는 데 필요한 프로그램을 준비해서 지도하는 것이 더욱 적절하다고 한다.

이상에서 보듯이 영재에 대한 정의는 학자마다 또는 보는 관점에 따라 강조점이 다르다. 특히 현대와 같이 급속하게 변해 가는 사회에서 가치를 두는 성취, 성공이란 무엇인가에 대해 깊이 생각해 봐야 할 것이다.

최근에는 영재교육이 일반적인 잠재력을 높여 주는 것에 그쳐서는 안 되며, 각 아동에게 알맞은 특정 영역에서의 재능을 발굴하고 키워 줘야 한다는 주장이 공감을 불러일으키고 있다. 다음은 특수 영역의 재능을 키워 줄 필요가 있다고 주장하는 재능계발체계에 대해 자세하게 알아보자.

3) 재능계발체계

재능계발체계(The Talent Development Framework)이론(Subotnik, Olszewski-Kubilius, Worrell, 2011)은 비교적 최근에 영재교육과 재능발달에 대해 폭넓은 관점에서 연구한 노력의 결과물이다. 기존 영재교육에서는 일반적 지적 능력에 주된 관심을 둔 것에 반해 재능계발체계 관점에서는 특정 영역이나 분야에서 뛰어난 능력을 보이는 학생에게 관심을 돌려야 한다고 보았다. 예를 들어, 수학이나 음악과 같은 특정 분야에서 재능을 보이는 학생을 선별하고 그 분야와 관련된 교육을 제공하는 것이 전반적으로 학교 성적을 올리려는 것보다 더 효과적인 교육체계라고 할 수 있다는 것이다. 이렇게 주장하는 데에는 다음과 같은 이유가 있다.

- 특수 분야에서의 재능은 그 영역에서의 흥미나 성취와 관계가 있다. 학생들은 본인이 관심을 가진 분야에 더 노력을 기울이기 때문이다.
- 사회에서는 일반 지능의 향상보다는 특수 분야에서의 재능 발달에 대해서 더 쉽게 이해하고 지지한다. 각 분야에서의 향상은 보이는 결과가 있기 때문이다.
- 특수 분야에 재능이 있는 학생을 찾아내고 교육하는 것이 일반적인 수준이 높은 학생을 교육하는 것보다 더 용이하다. 확실하게 어떤 방향으로 어느 정도로 지도할지를 알 수 있기 때문이다.
- 일반 지능이 높은 학생은 다양한 분야에서 강점이 있을 수 있어 특정

영역의 영재교육 프로그램과 잘 맞지 않을 수도 있다. 단지 영재라고 판별하는 데서 그친다면 그 학생에게는 아무런 도움이 되지 않는다. 그 학생이 강점을 가지고 있는 영역에서의 잠재력을 키울 수 있도록 필요한 교육을 제공해 주어야 한다.

- 교육의 역할은 해당 분야에서의 능력을 키워 주는 것이다. IQ를 키워 주기 위한 교육은 존재하지 않는다.
- 성인이 되면 실제로 결과물로 평가받는다. 그러므로 결과가 중요하다.

재능계발을 위한 종합적인 프로그램에는 일곱 가지 중요한 요소가 있다.

첫째, 개인이 가진 잠재력은 특정 영역에서 발현되며 성장과 환경에 따라 변화 가능하다. 지능지수보다는 특정 영역에서의 능력이 성인이 된 후의 성취와 더 깊은 관련이 있다는 연구 결과가 계속 나오고 있다. 이러한 재능이 있는 사람은 조금 늦게 시작해도 발전 가능성이 높다.

둘째, 각 영역의 발달곡선은 다르다. 스포츠 영역에서 기계체조나 스케이트 선수들은 일찍 시작해서 비교적 이른 나이에 은퇴한다. 반면에 팀 스포츠 종목 선수들은 더 오랫동안 선수 생활을 한다. 음악 영역에서 바이올린 연주는 일찍 시작하지만 관악기 연주는 폐활량이 어느 정도 발달한 이후에 시작한다. 학문 영역에서는 어린 나이에 수학적 재능을 보이는 아동은 많지만 창작문예를 하는 아동은 보기 드물다. 각 영역별로 활동 종료 시기도 다르다. 체력 소모가 큰 농구나 기계체조 같은 종목은 야구와 같은 종목보다 선수들이 일찍 은퇴한다. 이렇듯 영역별 발달곡선이 다르다는 것은 우리가 교육을 어떻게 계획하고 실천해야 하는가에 여러 시사점을 준다.

셋째, 재능계발을 위해서는 기회가 필수적이다. 어떠한 재능도 교육, 훈련, 지도 없이 개발될 수는 없다. 모든 아동은 여러 영역을 체험해 보고, 놀아

보고 어느 영역에 흥미나 잠재력이 있는지 탐색해 볼 기회가 주어져야 한다. 창의적인 사고도 특정 영역에서 지도받고 실천할 때 발현된다. 무작정 아무 생각이나 하는 것이 창의적이라고 볼 수는 없다.

넷째, 기회는 잡아야 한다. 부모나 교육자라면 학생의 재능을 찾아 주고 그 학생에게 알맞은 기회를 제공하기 위해 늘 노력할 것이다. 이때 모처럼 제공되는 기회를 거부하는 학생이 있다면 매우 난감하다. 학생이 기회를 거부하는 주된 이유는 크게 두 가지이다. 첫 번째 이유로, 그 영역에 흥미가 없거나 다른 영역에 더 큰 흥미를 느끼는 경우이다. 이럴 때는 학생이 재능을 보이는 영역에서의 흥미를 끌 수 있는 주제나 사람들을 소개하거나, 외적 보상을 제공해서 일단 기회를 잡도록 하는 방법이 있을 것이다.

두 번째 이유는, 자기 확신이 서지 않기 때문일 수 있다. 실패에 대한 두려움도 있을 것이다. 이러한 두려움을 가진 학생들을 연구한 결과에 따르면 일단 같은 수준에 있는 동료들을 만난 후에는 만족감이 높아진 것을 볼 수 있다. 주변 어른들은 학생들이 안정감과 소속감을 느끼도록 각자가 소중한 존재임을 확신시켜 주는 것이 중요하다.

다섯째, 정신적 기술이 중요하다. 여기서 뜻하는 정신적 기술(skills)이란 집중력을 방해하는 요소를 걸러내고, 불안감을 극복하고, 실패했을 경우 주저앉지 않고 그것을 배움의 기회로 삼고 새롭게 시작하는 것과 같은 자기조절 능력이다.

여섯째, 사회적 기술이 중요하다. 재능 하나만으로는 성공하기 어려운 세상이다. 어떤 분야라도 사회적으로 부적절하게 행동하는 사람은 인정받기 어려운 것이 현실이다. 그러므로 부모나 교사는 사회적 상호작용을 할 수 있는 기회를 제공하고 다양한 대상이나 관객을 적절하게 대하는 방법을 가르쳐 주어야 한다. 세련되었으나 진심이 있고, 솔직하나 너무 순진하지는 않고, 상황에 맞게 대처할 수 있는 사회성이 필요하다.

일곱째, 재능계발을 위해 장기 계획을 세워야 한다. 재능을 계발한다는 것은 잠재된 능력을 개발하고(competencies), 전문성을 확립하고(expertise), 탁월함(excellence)으로 가는 것을 목표로 한다. 이를 위해서는 각 단계에서 그 수준에 맞게 지도하는 사람이 있고, 다음 단계로 발전할 수 있는 길을 비춰 주고, 기회를 찾아 주어야 할 것이다.

그러나 이러한 재능계발체계이론 관점에서 영재교육을 실시하기에는 몇 가지 걸림돌이 있다. 먼저, 일반적 인지 능력 혹은 지적 능력이 학업에서나 진로에서 예언적 신뢰도가 높다는 연구 결과가 많아 여전히 현재까

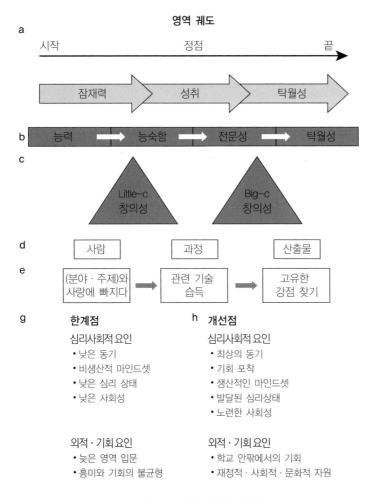

[그림 7-3] 재능계발체계이론

지 지적 능력이나 IQ에 대한 비중이 높다. 둘째, 영재성을 포괄적인 현상으로 보는 '영재 아동은 영재 어른으로 성장한다.'라는 믿음이다. 그 결과 영재는 학교나 사회에서 특별한 도움이나 교육을 받지 않아도 잘될 거라는 잘못된 신념을 낳았다. 셋째, 행정상의 편리함으로 영재 프로그램을 운영하는 기관들은 시험점수로 명료한 커트라인을 제시하는 것을 선호한다는 점이다. 이와 같은 이유로 재능계발을 기반으로 선발하는 경우에는 어려움이 따르기도 한다.

실제로 재능계발 프로그램을 실시하기에는 다음과 같은 문제가 있다. 첫째, 영재를 선발하는 절차가 바뀌어야 하고, 둘째, 선발 후에 제공되는 영재 프로그램도 각 분야별로 제공되어야 한다. 셋째, 사회경제적 지위가 낮은 집단에 대한 대처이다. 이들은 다양한 영역에서의 활동을 접해 보지 못해 잠재력을 키우거나 보여 주지 못한다. 넷째, 아직 어린 나이에서는 영역별 분화가 일어나기 이전으로 기본적인 학습 능력만 보일 수 있다.

재능계발 기반 관점은 현재 진행되고 있는 영재교육의 틀을 재조정할 필요성을 제기한다. 이러한 관점의 교육은 중등교육보다는 초등교육 시기에 더 필요하다. 그래서 현재 영재교육 프로그램 선발 절차와 제공되는 프로그램의 재조정이 선행되어야 하고, 학교 내에서뿐만 아니라 학교 밖의 지역사회와 더욱 협력하여 다양한 경험을 제공해야 할 것이다. 또한 심리사회적 기술을 강화하는 훈련도 영재교육에 포함시켜야 할 것이며, 긴 안목으로 장기 계획이나 목표를 설정해야 할 것이다.

2. 영재의 특성

관점에 따라 영재에 대한 정의가 달라지듯이 영재 집단은 연령과 재능 분야, 수준 등에 따라 다양한 특성이 있으나 우리는 많은 연구에서 공통적으로 보이는 영재의 특성을 몇 가지 정리해 볼 수 있다.

일반적으로 영재 학생은 일반 학생과는 다른 심리 특성을 지니고 있는데, 학자에 따라 영재의 인지적인 특성을 영역 보편적으로 볼 것인가, 영역 특수적인 것으로 볼 것인가에 대한 관점이 다르다. 그러나 대부분의 학자는 영재는 우수한 학생이고, 다음과 같은 지적 특성을 보인다는 데 동의할 것이다.

- 조숙한 언어 및 사고 능력이 있다.
- 논리적 사고가 발달했다.
- 수학, 미술 및 예술적 능력을 일찍부터 볼 수 있다.
- 동기, 지구력, 흥미가 강하다.

인지적인 특성 못지않게 정의적 발달도 중요하다. 영재 학생은 일반 학생과는 다른 독특한 특성을 가지고 있기 때문에 정서적인 측면에서 문제가 있다는 입장과 문제가 없다는 입장이 공존하고 있다. 다만 영재 학생들의 특별한 학습 요구를 충족해 주지 못할 경우 그들이 가지고 있는 잠재력을 충분히 개발할 수 없을 것이라는 데에는 별다른 이견이 존재하지 않는다.

영재 학생의 정서적인 특성을 보면 다음과 같다.

- 사회적 기술, 자아개념, 개인적 적응이 비교적 높은 편이다.
- 독립심, 자신감, 내적 통제가 강하다.
- 선호하는 학습, 교수, 사고, 표현양식이 있다.
- 유머감각이 뛰어나다.
- 높은 도덕적 가치와 공감 능력이 있다.

마지막으로 영재로서 창의적인 특성이 강한 사람의 성격을 연구한 것을 보면 다음과 같이 몇 가지 공통된 특성이 있다.

- 관습에 매이지 않는 독창성이 있다.
- 창의성에 대한 인식이 있고 창의성에 가치를 부여한다.
- 타인이나 사회로부터의 요구에 대한 독립심이 있다.
- 모험심이 있어 위험을 감수하는 것을 두려워하지 않는다.
- 내재적으로 동기 유발되어 있으며 호기심이 강하다.
- 새롭거나 복잡하고 신비한 것에 대해 매료된다.
- 예술적, 심미적인 것에 관심이 많으며, 개방적이다.
- 혼자만의 시간을 즐긴다.
- 통찰력과 직관력이 뛰어나다.

영재에 대한 논의에서 한 가지 간과해서는 안 되는 것이 있다. 바로 소외 영재에 대한 관심과 배려이다. 소외 영재 아동에게 높게 나타나는 창의적인 경향성에 대해 창의성의 대가인 Torrance는 다음과 같은 특성이 있다고 제시하였다(박경빈 외, 2016).

- 높은 비언어적 · 유창성과 독창성
- 소그룹에서의 높은 창의적 산출물
- 시각예술 활동의 뛰어남
- 동작, 무용이나 다른 신체활동에서의 높은 창의적 동작
- 게임, 음악, 스포츠, 유머나 구체적인 사물에 대한 높은 동기
- 형상화가 풍부한 언어

보다 자세한 영재의 특성은 〈표 7-3〉에 제시되어 있다.

〈표 7-3a〉 영재의 지적 특성과 행동 특성

영재의 지적 특성	긍정적인 행동 특성	발생 가능한 부정적인 행동 특성
높은 지적 호기심	정보 습득이 빠름, 호기심과 궁금증 많음, 진지함, 질문이 많음, 풍부한 양의 정보 보유, 다양한 책을 읽음, 내재적 동기	질문 과다, 의욕이 넘쳐 지시 따르기 거부, 인내심 부족, 정규 학교생활을 지루해함
발달된 언어 능력	어휘력 풍부, 앞선 정보력, 유머 감각, 앞선 언어 발달, 높은 어휘 수준, 책을 많이 읽음, 언어로 비판	학교나 또래와 맞지 않는 언어 사용으로 의사소통이나 대인관계 어려움, 잘난 체함, 따지거나 논쟁함, 장황한 핑계
높은 창의성	상상력 풍부, 창의적, 새로운 발명과 방식 추구, 독특함, 자기 해석과 스타일 추구, 아이디어나 해결책 내기 즐김, 심리적 · 예술적 감각 풍부	복잡한 규칙 설정으로 친구들 기피, 파괴적이거나 보조를 깨뜨림, 반복학습과 연습 기피, 동조하지 않음
우수한 사고 능력	사고력 우수, 사고 과정이 빠름, 판단력 우수, 문제해결 즐김, 추상화 및 종합 능력 우수, 원인-결과 관계 파악, 사람과 사람 조직화, 도전적, 논리적	단순연습 기피, 전통적 교수 · 학습 방법 거부, 자세하거나 세부사항 놓침, 지나치게 복잡하게 생각하는 경향, 불분명하거나 비논리적인 것 따짐, 논쟁적
높은 주의집중 능력	흥미 영역 지속, 복잡함 속에서도 자기 일에 몰두, 선택적 주의집중 우수, 목표지향 행동	하던 일을 멈추지 못함, 타인에 대한 관심 부족, 일상생활의 일에 무관심, 제한된 시간을 넘김, 자기 일에만 편중

출처: 박경빈 외(2014).

〈표 7-3b〉 영재의 정의적 특성과 행동 특성

영재의 정의적 특성	긍정적인 행동 특성	발생 가능한 부정적인 행동 특성
정서적 민감함과 열정	정서적 예민함, 공감적, 타인의 사랑과 수용 열망, 타인의 기대에 부응하려 함, 높은 에너지, 열심	과잉욕심, 과잉행동, 과민반응, 활동을 하지 않는 것을 견디지 못함, 현실적인 목표를 맞추기 어려워함, 주지화 해석
완벽주의와 자기비판	자신에 대한 높은 기대, 최선을 다함, 성공과 인정 욕구가 강함, 목표 지향적 행동	우울, 자기비판과 자기비하로 무기력해지거나 용기를 잃음, 타인의 평가나 비판에 예민, 우수아 신드롬, 일중독(공부벌레), 미성취
자아개념과 자기통제력	자신과 타인에 대한 높은 기대, 남과 다르다는 자의식과 자신감이 강함, 자신의 것을 명확히 주장하며 자기 일에 책임감을 갖고 처리, 과제 집착력 강함, 높은 인내심	고집스럽고 의지가 강한 사람으로 보임, 타인에 대한 배려 부족, 비판이나 또래 거부에 예민, 자기 설정 기준이 높아 타인이 따르기 힘들어 함, 목표를 달성하지 못했을 때 좌절
뛰어난 유머감각	섬세한 유머감각, 자기 유머로 타인에게 영향력 행사	또래의 유머 이해 부족으로 '웃기는 아이'로 인식됨, 적대적인 유머로 상대 공격, 대인관계 어려움
내향성과 독립성	독립성, 독자적 활동 선호, 자기에게 의존, 방해받는 것 거부, 복잡한 환경에서도 자기 일에 몰두, 높은 책임감	강한 고집, 비타협적, 자기주장적, 지시 거부, 타인에게 무관심, 부모나 교사에게 비동조적, 스스로 고립하여 외톨이가 됨, 사회성 결여, 책에 몰두
도덕 발달과 정의감	진실·평등·공평 추구, 인류애에 대한 관심, 자기 가치를 실현하고자 함, 도덕적 행동	비현실적 목표를 설정하여 개혁을 시도하다가 좌절에 빠짐, 우울
도전성과 회피성	일상생활의 틀 거부, 평범한 것보다는 새롭고 도전적인 일 선호, 적극적, 노력, 위험 회피	전통과 권위에 도전, 실패 가능한 일은 시도조차 하지 않으려 함
다재다능함	다방면에 흥미, 열심, 열정적, 의욕적	과잉욕심, 일을 벌임, 시간 부족에 따른 좌절, 신체적·정신적 피로

출처: 박경빈 외(2014).

3. 영재와 창의성

　영재성과 창의성의 관계는 어떠한가? 영재로 판별된 아동에게는 자연스럽게 창의적인 산출물을 기대해도 되는 것일까? 창의성은 영재교육의 핵심적인 부분으로 적용되어 왔다. 영재학생을 교육할 때나 판별할 때 창의성은 큰 비중을 차지한다(박경빈 외, 2014). 창의성이란 매우 특별한 상태, 태도 혹은 특성으로, 한마디로 정의하기가 매우 어렵다. 학자, 연구자, 예술가, 철학자, 교육자들은 창의성이라는 놀라운 현상에 대해 알아보고 전달하기 위해 오랫동안 노력해 왔다. 일부 문헌에서는 창의성을 영재성과 동일한 개념으로 보기도 한다. 이렇듯 하나의 통일된 정의가 없음에도 창의성이라 하면 많은 사람은 비슷한 느낌이 들 것이다. 이성적으로 설명은 하지 못해도 무엇인지는 알겠고, 본인이 창의적인 생각이나 활동을 할 때면 흥분과 집중력을 느낄 수 있을 것이다.

　앞서 보았듯이 많은 경우 창의성과 영재성을 같은 선상에 놓고 보는 경향이 있다. 또 창의성을 느낌이나 정서적 발달과 동일하게 보는 관점도 있다. 그러나 Clark는 창의성이란 영재성을 표현하는 최고의 단계라고 주장한다. Clark가 제시하는 창의성에 대한 이론과 창의적인 사람의 특성에 대해 알아보도록 하자([그림 7-4], 〈표 7-4〉 참조).

　Clark는 현대사회에 들어서면서 측정기기와 장치들의 도움으로 뇌 기능에 대한 정보와 연구 결과가 발표되고 이를 바탕으로 통합된 뇌 기능에 기반해 지능에 대한 정의를 인지, 정서, 직관과 신체적 감각으로 정의했다. 이러한 기능들이 통합되었을 때, 지능과는 또 다른 차원인 창의성이 발현되며, 어느 하나의 기능이라도 제한된다면 창의성이 줄어든다고 한다. 이 기능들은 ① 이성적인 사고, ② 높은 수준의 정서 발달이나 감성, ③ 높은 수준의 정신적, 신체적 발달이나 재능, ④ 전인식 혹은 무의식과도 통하는 심상, 현상과 같은 높은 혹은 다른 차원의 의식을 의미한다.

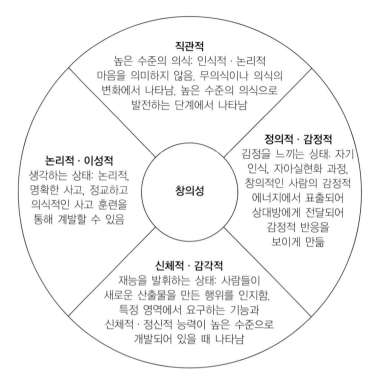

[그림 7-4] 창의성 서클

출처: Clark, B. (2013).

〈표 7-4〉 Clark의 창의적인 사람의 특징

논리적/이성적으로 창의적인 사람	신체적/감각적으로 창의적인 사람
• 자아통제력이 있고 독립적이며 때로는 반권위적이다. • 어릴 때부터 유머감각이 있다. • 또래 집단의 압력에 저항할 수 있는 능력이 있다. • 적응력이 강하다. • 모험심이 있다. • 모호한 것과 불쾌한 것에 대한 인내력이 더 크다. • 지루한 것을 견디지 못한다.	• 새로운 경험이나 생각에 개방적이다. • 자신을 평가하는 데 내적 잣대가 있다. • 부분 요인과 개념들을 무리 없이 다룰 수 있다. • 새롭게 지각한다. • 외부 및 내부 세계에 대한 관심이 있다. • 종결짓거나 판단 내리는 것을 지연할 수 있다.

• 복잡하고 비대칭적이며 개방적인 것을 선호한다. • 확신적인 사고 능력이 뛰어나다. • 기억력이 좋고 세밀한 것에 민감하다. • 폭넓은 배경지식을 갖고 있다. • 생각할 시간이 필요하다. • 우호적인 분위기가 필요하며 주위 환경에 민감하다. • 인정 받고 공유하는 것을 원한다. • 미학적 가치가 높고 미적 판단을 잘한다. • 성역할을 구분하지 않고 개방적이다. 고정된 남성상이나 여성상이 없다.	• 전통적 예술을 공연하는 데 재능이 있다. • 이론적, 미적 수준이 높다.
정의적/감성적으로 창의적인 사람	직관적으로 창의적인 사람
• 지각 능력이 특이하다. • 더 자발적이며 표현을 잘한다. • 미지의 것, 신비한 것이나 의문스러운 것을 두려워하지 않고, 때로는 그것들에 이끌린다. • 양극을 편하게 오고간다. 예로, 이기심과 이타심, 의무와 즐거움, 일과 놀이, 강한 자아와 탈자아성 등이 있다. • 통합 능력이 있다. • 자신에 대해 더 수용적이다. 자신의 감정이나 충동, 생각에 대해 두려움이 없다. • 자신의 필요나 기쁨, 창의적 활동을 위해 자원을 더 많이 사용하며, 자신을 보호하기 위해 시간과 에너지의 낭비를 최소화한다. • 극적 경험에 몰두하고, 자신의 내부, 자신과 세상 간의 일들을 통합하며 초월한다. • 의문을 가지는 데 주저하지 않는다. • 집중력이 뛰어나다. • 자신을 창의적인 주체로서 경험할 수 있다.	• 더 직관적이며, 내부의 거친 갈등을 인정하는 데 개방적이다. • 잠재된 에너지를 가지며 이를 필요할 때마다 사용할 수 있다. • 무의식 · 전의식적인 생각을 이끌어 내고 풀어낼 수 있다. • 비정상적이나 이상한 사람으로 비치는 것을 견딜 수 있다. • 감수성이 매우 예민하다. • 환상적인 삶이 풍부하며 공상에 더 잘 잠긴다. • 더 열정적이며 충동적이다. • 공감각 능력을 보인다(색을 맛보고, 소리를 보고, 냄새를 듣는 것 등). • 창의적 활동을 할 때 창의성이 덜한 사람과는 다른 뇌파 유형을 보인다. • 새로운 디자인, 음악이나 생각과 만나면 들떠하고 몰두한다(창의성이 덜한 사람은 그것을 의심하며 적대적이 된다).

• 매일매일 기꺼이 새로워지려고 한다. • 갈등과 긴장을 피하기보다는 받아들인다. • 확정된 신념을 기꺼이 버릴 수 있는 용기가 있고 다른 사람들과 다르게 살며, 진리에 관심을 갖고, 자신의 감정과 생각에 충실하며, 그것들을 신뢰할 수 있다. • 다른 사람들의 느낌과 기대를 공감할 수 있다 • 덜 억압적이고 덜 방어적이다. • 호기심이 더 많다. • 더 성숙하고 자율적이며 다른 사람들의 시각에 영향을 덜 받는다.	• 어떤 문제에 대해 새로운 해법을 얻었을 때 그것에 열중하며, 다양한 아이디어를 생각해 낸다(창의성이 덜한 사람은 그것의 가능성을 찾기보다는 결점을 검토한다).

출처: Clark, B. (2013). p. 1137.

창의성을 네 가지 관점으로 구분하며 범주화할 수는 있지만, 사실 각 관점은 창의성의 부분을 설명하고 있다. 이 네 가지 관점에 관련된 모든 정보가 서로 통합되어 지능과 창의성을 총체적 관점으로 논의할 수 있다.

Renzulli(1978)는 창의성을 영재적 행동을 판별하는 조건으로서 개념화했으며, 동기와 평균 이상의 능력과 연결시켰다. Renzulli는 산출물을 통해 창의성을 판별할 수 있다고 주장했다. Runco(2018)는 창의성을 영재성의 핵심 요소로서 영재는 특정한 영역에서 창의성을 발휘한다고 주장했다. Feldman(2006)은 창의성을 영재성의 확장된 개념으로 설명했다. 즉, 영재성은 특정 영역의 내용을 높은 수준으로 완전 학습하여 성취하는 것이며, 창의성은 특정 영역의 내용에 새로운 의미를 부여하여 완전 학습을 확장하는 것이라고 하였다. Sternberg(1985)는 창의적 영재성을 영재성 개념의 일부분으로 제시한 것으로, 직관, 계획 및 연구의 측면을 강조한다.

Gardner(1983)는 창의성을 지능의 일부로 보고, 문제해결력과 산출물을 만들어 내는 능력으로 설명하였다. 이러한 능력은 새롭고 독창적이어야 하고 반드시 사회가 인정할 때 창의적이라고 할 수 있다고 한다. 그리고 창의성은 특정 영역에서 발휘되어야 한다고 주장했다.

Csikszentmihayli(1996, 2014)는 창의성을 2개의 형태로 설명했는데, '큰' 창의성은 영역이나 문화에 혁신적인 영향을 미쳐 변화를 야기시키는 것이며, '작은' 창의성은 일상생활에 영향을 미치는 것으로 구분했다. 그는 또 창의성을 개인, 사회, 문화의 상호작용의 결과로서 설명하였다. 연관되어서 볼 수 있는 이론으로 Gowan(1981)은 개인적인(personal) 창의성과 문화적(cultural) 창의성을 구분하였다. Gowan에 의하면 개인적 창의성은 누구에게 가르칠 수 있지만 인류의 미래에 영향을 미치고 방향을 바꾸는 데 기여할 수 있는 발견을 하거나 아이디어를 내기에는 문화적 창의성, 영재성이 있어야만 한다고 강조한다. 이러한 생각을 연장하여 창의적인 사람의 유형으로 Kaufman과 Boghetto(2009)는 4C모델(Four C model)을 제안했다. 4C모델을 더 자세히 알아보면, 삶의 초기에 유아들이 놀이나 생활 속에서 세상에 대한 무엇인가를 새롭게 발견할 때에는 'mini c'가 작용한 것이다. 한 아이디어나 산출물이 반드시 누구에게나 독창적이어야만 하는 것은 아니다. 단지 본인에게 새롭고 독창적이라면 'mini c'를 발휘한 것으로 볼 수 있다. 'mini c'는 교사, 부모 그리고 창의성을 육성하는 멘토에 의해 장려될 수 있다.

반복적인 시도와 격려 후에는 조금 더 성숙한 수준의 'little c' 경지에 도달할 수 있다. 'litte c'는 일반인의 창의성 이론이다. 'litte c'는 일상생활에서 나타나는 창의성으로 요리할 때 색다른 재료를 쓴다거나, 물건을 다른 용도로 활용하기, 또는 노래 가사를 바꿔서 남들을 즐겁게 해 주기 등이 해당한다. 어떤 사람은 전 생애를 통틀어 'little c' 수준에서 행복하게 머물고, 어떤 사람은 어떤 영역에서는 더 발전해 나가고 어떤 영역에서는 'little c' 수준에 남을 수 있다. 수년간의 노력 끝에 전문성과 교육으로 일반인과 차별화되는 'pro c' 단계로 이동할 수도 있다. 그 사람은 이제 전문가 수준의 지위를 획득했고, 그 분야에 전체적으로 영향을 줄 수 있는 문제나 프로젝트, 아이디어를 수행할 능력이 있다. 그러나 세계나 역사에 영향을 미치지는 않는다. 그 이후에는 특정 분야에서 'Big C'로 공헌할 수도 있을 것이다. 'Big C'는 역사적으로 천재 수준의 창의성을 발휘하는 사람에게서 볼 수 있다. Einstein, Beethoven, Shakespeare와 같이 그 분야에서뿐만 아니라 인류의 흐름에 큰 영향을 미치는 결과를 가져온다. 'Big C'의 결과물은 여러 세대에 걸쳐 그 영향이 지속된다(〈표 7-5〉 참조).

〈표 7-5〉 4C모델

mini c	• 본인에게 새롭고 독창적인 생각
little c	• 노래 가사 패러디하기 • 창의적으로 요리 재료를 섞어서 독특하고 맛있는 요리를 개발할 수 있는 가정 요리사
pro c	• 창의적인 전체(entree)를 개발하였지만 아직 'Big C' 지위를 획득하지는 못한 전문 요리사
Big C	• 노벨상 수상 • 그 직업을 개혁한 요리사

창의성의 인지 과정만을 연구하는 것은 창의성을 이해하는 범위를 축소하는 것이다. 창의성은 새롭고, 다양하며, 앞서가고, 복잡하며, 이전에 없었던 것을 만들어 내는 원동력이 된다. 사람들은 이러한 창의성으로 인해 삶이 더욱 풍성하고 가득 차며 의미 있음을 경험하게 된다. 대부분 학교에서는 사회에 참여할 수 있는 기술을 가르치고자 노력할 뿐, 사회를 재창조할 수 있도록 가르치려 하지는 않는다. 사회를 재창조할 능력을 갖추고 있는 혁신가와 개척자를 길러 내는 데 필요한 학습 경험을 제공하는 것이 바로 영재교육이다. 그리고 영재교육에서 빠져서는 안 되는 큰 부분을 차지하는 영역이 창의성 교육이다.

뇌 기능과 창의성

제8장 **뇌 기능과 창의성**

1. 인간의 뇌 구조와 발달

1) 뇌의 구조

사람들이 웃고 즐거워하거나, 고통을 느끼고 슬퍼하는 것은 뇌가 있기 때문이다. 생각하고 보고 듣고 말하는 것도 역시 뇌가 맡아 한다. 뇌가 있기 때문에 보기 싫은 것과 아름다운 것을 구분할 수 있고, 무엇이 유쾌하고 불쾌한가를 가려낼 수 있으며, 선과 악 또한 구분할 수 있다. 뿐만 아니라 뇌는 침과 눈물까지도 나오게 하고, 몸의 각 부위를 움직이게도 한다.

사람의 뇌는 두개골 안에 있는 물체로 모든 정신 및 몸의 최고 사령탑이다. 그래서 사람이 만든 어느 기계보다도 복잡하고 신비에 쌓여 있는 기관이다.

두개골 안에 들어 있는 뇌는 크게 대뇌, 소뇌, 뇌간으로 구성되어 있다. 대뇌는 뇌의 대부분을 차지하며, 호두알처럼 주름이 많다. 그 아래의 뒤쪽에 있는 것이 소뇌이며, 대뇌 아래로 이어지는 간뇌, 중뇌, 뇌교, 연수 등을 통틀어서 뇌간이라 부른다.

대뇌를 위에서 내려다보면 두 주먹을 붙여 놓은 것처럼 크기와 모양이 비슷하게 좌·우로 나누어져 있는데, 오른쪽에 있는 것이 우뇌이고, 왼쪽에 있는 것이 좌뇌이다. 이 2개의 뇌는 뇌량이라는 신경섬유 다발로 연결되어 있다. 뇌량은 좌우의 뇌를 연결하는 교량 구실을 하고 있다.

대뇌를 잘라 보면 바깥층은 호두알처럼 주름이 잡혀 있으며, 2.5mm 정도 두께의 회백색 부분인 대뇌피질(신피질이라고도 함)이 있다. 대뇌피질은 평면으로 펼치면 표면적이 약 2,500cm²나 된다. 이것은 뇌세포가 밀집되어 있으며, 사람이 살아가는 데 가장 기본이 되는 것을 맡고 있기 때문에 뇌 중에서 가장 중요한 부위이다.

대뇌피질 안쪽에는 백색의 신경섬유가 몰려 있는 백질(구피질이라고 함)이 있다. 백질은 대뇌피질과 연결되어 신체의 각 부위로 명령을 전달하거나 몸의 각 부위에서 오는 신호(자극)를 받아들인다.

신피질은 사람다운 감정이나 고도의 정신작용을 하며, 구피질은 식욕 등과 같은 자기유지본능, 성욕 등의 종족보존본능, 무리를 형성하고자 하는 집단본능과 같은 기능을 가지고 있어 본능적인 것에 작용한다.

한편, 대뇌의 주름은 언뜻 보기에 불규칙한 것 같지만 일정한 형태를 유지하고 있으며, 각 부위에 따라서 맡아 하는 일이 다르다.

이마 부위를 전두엽이라 하는데, 대뇌피질의 1/3을 점유하고 있으며, 사람의 감정, 운동, 지적 기능을 맡고 있다. 그리고 관자놀이뼈 주위의 측두엽은 언어 기능을 맡고 있으며, 정수리 부위의 두정엽은 감각적 기능을 맡고, 뒷머리 부위의 후두엽은 시각 기능을 맡고 있다.

소뇌는 대뇌 크기의 1/8 정도이며, 뇌의 뒤쪽 아래에 튀어나와 있다. 소뇌는 홈이 깊게 파인 줄무늬 모양의 표면을 가지고 있으며, 몸이 평형을 유지하도록 한다.

대뇌 아래에 이어져 있는 뇌간은 호흡, 심장, 혈관, 구토 중추가 있어서 생명중추라고도 한다. 한편, 간뇌는 시상과 시상하부가 포함되어 체온, 심장박동, 혈관을 조절할 뿐만 아니라 내장기관의 움직임을 통제하는 자율신경 중추가 있다. 자세가 기울어졌을 때 바로 세우는 중추를 가지는 중뇌가 간뇌에 연결되어 있으며 뇌교, 연수와 이어져 척추에 연결되어 있다.

뇌의 내면에는 무색 투명한 혈관과 액체로 채워져 있는 뇌실이 있다. 이 액체는 혈관과 뇌 조직 사이의 물질 교환을 중개한다. 또 이 액체는 뇌와 두개골 사이의 공백을 채우기도 하는데, 이것 때문에 뇌가 충격을 받아도 완화된다.

2) 뇌의 발달을 의미하는 수초화

사람의 뇌는 수천억 개의 뇌세포로 이루어져 있다. 이 중에서 사람이 느끼고 생각하는 일을 맡아 하는 뇌세포를 신경세포(뉴런)라 하고, 그 수는 약 140억 개 정도이다.

뉴런의 구조는 핵을 포함하는 세포체와 나무줄기와 같은 수상돌기 및 축삭돌기로 이루어져 있다. 세포체에서 뻗어 나간 짧은 나뭇가지와 같은 것이 수상돌기인데, 이것은 다른 뉴런으로부터 정보를 받아들인다. 그 정보는 축삭돌기의 긴 축을 따라 다른 뉴런에 전달된다.

뉴런의 수상돌기, 축삭돌기는 다른 뉴런과 연결되는데, 뉴런과 뉴런이 연결된 접합점을 시냅스라고 하며, 이것은 컴퓨터의 반도체에 해당된다. 하나의 뉴런에는 수백, 수천 개의 시냅스가 있다. 그래서 사람의 뇌에는 140억 개 정도의 뉴런이 있기 때문에 뇌가 가지고 있는 시냅스는 천문학적인 수가 된다.

축삭돌기에는 수초라 불리는 글리아 세포가 있다. 그것이 점점 자라나 여러 겹으로 된 절연층이 생겨난다. 글리아 세포는 신경섬유(나뭇가지와 같은 긴 줄기)의 보호장치 역할을 한다. 즉, 글리아 세포는 뉴런으로부터 오는 신호를 전달하는 신경섬유를 보호하는 옷과 같다. 만일 글리아 세포에 의해 신경섬유가 보호되지 못한다면 뇌는 뒤죽박죽이 되어 아무런 기능을 할 수 없을 것이다.

갓 태어난 아이의 뉴런 수는 어른보다 많지만 아기의 행동이 어른을 따르지 못하는 이유는, 글리아 세포가 제대로 자라지 않아 뉴런의 신호를 신체 각 부위에 전달할 수 없어 혼란을 가져오기 때문이다. 그래서 한쪽 눈을 감는 윙크를 하고자 하면서도 양쪽 눈을 감아 버리게 된다.

글리아 세포는 뉴런과 달리 계속 증가하는데, 이를 수초화라 한다. 수초화의 진행 속도는 뇌의 부위에 따라 다르다. 태어날 때는 수초가 없는 미숙한 신경조직으로 되어 있지만 3세에 70~80%, 8세에 90% 정도 형성되며, 남자는 20세, 여자는 18~19세를 전후해서 거의 완성된다. 운동이나 감각을 담당하는 부분의 수초화는 빠르지만 의욕, 창조, 기억이나 판단 등과 같은 고도의 정신 기능을 맡고 있는 수초화는 일생을 통해서 진행된다.

수초는 신경을 보호하고 있어서 영양분을 공급하는 역할 외에도 지능 발달에서 뉴런의 시냅스 형성과 더불어 중요한 기초가 된다. 지능의 발달이 수초화 형성 정도에 좌우되기 때문에 아무리 훌륭한 배선(신경섬유)이 있어도 뇌를 발달시키는 수초화를 촉진하지 않으면 보석을 갈고 닦지 않은 것과 같다. 뇌를 단련시키는 노력이 있어야 뇌의 기능이 향상된다.

2. 좌·우뇌의 인지 특성

여러 가지 방법에 의한 뇌 기능 연구는 좌·우뇌의 기능이 분화되어 각기 다른 기능을 수행하고 있음을 밝히고 있다. 여기에서는 이 같은 좌·우뇌의 기능과 정보처리 과정에 대해서 살펴본다.

1) 뇌의 기능 분화

(1) 우뇌의 기능

뇌반구에 손상을 입은 환자들에 대한 연구에서 Benton(1968)은 좌뇌가 손상을 입었을 경우보다는 우뇌가 손상을 입었을 경우에 다음의 두 가지 기능에서 두드러진 결함을 보였음을 밝혔다. ① 사물의 공간적인 관계를 지각하고 조작하고 기억하는 기능과 ② 복합적이며 단편적인 또는 언어로 설명하거나 묘사하기 곤란한 시각, 촉각, 청각 자극을 지각하고 기억하는 기능에서의 장애 등이다. 우뇌에 손상을 입은 사람은 흔히 직선의 경사, 간격의 크기, 한 직선 위의 점의 위치 등을 기억하는 과제의 수행에서 낮은 성취를 보인다. 또 그들은 어떤 형태가 실제 놓여 있는 곳 이외의 다른 공간에서 어떻게 보이고 또는 어떤 형태의 좌 · 우가 바뀌었는지를 알기 위해 머릿속에서 그 형상을 회전시켜야 하는 과제를 잘 수행하지 못한다(고영희, 1986).

이와 같이 공간적인 과제 외에도 우뇌가 손상된 환자들은 얼굴, 익숙하지 않은 복잡한 형체, 윤곽의 일부가 가려진 사물의 그림, 음악과 비언어적인 음향 등의 기억에 어려움이 있었다. 곧, 좌뇌는 말이나 글의 의미를 이해하고 이에 반응한다고 볼 수 있으나, 그 말이 주는 억양을 이해하거나 의식하지 못한다. 이는 말의 강약, 얼굴 표정, 몸짓 등을 우뇌가 통제하기 때문이다.

또 다른 연구에 따르면, 좌뇌는 손상되지 않았으나 우뇌가 손상된 환자들이 그린 그림은 세부적으로는 잘 그려졌으나 불명확하고 통일성이 없는 반면, 우뇌는 손상되지 않았으나 좌뇌가 손상된 환자들이 그린 그림은 전체적으로는 정확하게 구성되어 있으나 세부적인 묘사가 부족하여 지나치게 단순화되어 있다고 한다. 이 같은 사실은 우뇌가 부분적 또는 세부적인 것보다는 전체에 대한 여러 부분이 상호관련성에 더 있음을 시사한다(고영희, 1986).

그리고 고영희(1989), 김용운 등(1992)은 창의적 사고에서 중요하게 작용하는 직관적인 판단도 우뇌 기능에 속한다고 보고 있다.

(2) 좌뇌의 기능

많은 연구에서 좌뇌는 언어 기능과 관련되어 있음을 밝히고 있다. 그것들을 보면, ① 뇌의 손상에 기인한 실어증이 우뇌보다는 좌뇌에 손상을 입있을 경우 훨씬 자주 일어난다는 사실(Russell & Espir, 1961), ② 좌뇌가 일시적으로 마취되었을 때 실어증이 생기지만 우뇌가 마취되었을 때는 그렇지 않았다는 결과(Wada & Rasmussen, 1960), ③ 언어적 자료를 이분청취검사에서 제시했을 때, 그 반응시간과 정확성에서 오른쪽 귀(좌뇌)의 우월성이 발견되는 사실, 즉 오른쪽 귀에 제시된 자극이 보다 정확히 기억됨을 확인한 점(Kimura, 1961), ④ 언어적 자료가 오른쪽, 왼쪽 시야에 각각 제시될 때, 대부분의 피험자는 반응시간과 정확성에서 오른쪽 시야의 우월성을 보였는데, 이는 오른쪽 시야가 좌뇌에 보다 잘 연결되어 있음에 기인한 것으로 보고 있다는 점(Mckeever & Huling, 1970, 1971; Umilta et al., 1974), ⑤ 뇌가 언어적 과제를 처리하는 동안 좌뇌에서 강렬한 전기적 활동을 보였는데, 이는 뇌의 활동적인 부분이 다른 부분보다 뇌의 휴식 상태와 관련된 뇌파인 알파파를 적게 산출해 냈음을 통해 알 수 있었다는 점(Galin & Ornstein, 1972; Morgan et al., 1971; Robbins & McAdam, 1974; Wood et al., 1971) 등이 바로 그 증거이다(고영희, 1986).

말을 더듬는 사람의 뇌반구 기능을 조사하기 위해서 말더듬이와 정상인 두 집단을 비교한 Moore(1976)의 연구 결과, 말더듬이는 왼쪽 시야(우뇌와 관련)에 들어온 낱말을 잘 읽었다(Blakeslee, 1980). [그림 8-1]은 이 연구 대상의 집단별 이분청취검사 결과인데, 정상 집단은 오른쪽 귀가 우세한 데 반해(좌뇌 우세), 말을 더듬는 집단은 오른쪽 · 왼쪽 귀의 우세가 구별되지 않고 거의 비슷함을 보인다. 그러나 말을 더듬는 사람도 언어 이외의 환경음이나 한쪽 귀 언어청취검사에서는 정상인과 차이가 없었다.

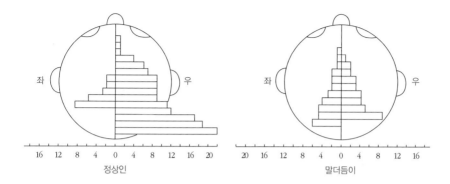

[그림 8-1] 정상인과 말더듬이의 이분청취검사 결과

출처: Blakeslee, T. R. (1980).

이제까지의 연구 결과로부터 좌·우뇌의 각 기능을 정리하면 〈표 8-1〉
과 같다.

〈표 8-1〉 좌·우뇌의 인지 기능

좌뇌	우뇌
언어적	비언어적
분석적	연관적
추론적	직관적
집중적	확산적
계수적	유추적
계획적	상상적
직선적	비직선적
부분적	전체적
객관적	주관적
연속적	동시적
개념적	시각적
산술적	기하학적
구체적	추상적
의식적	무의식적

2) 뇌의 정보처리 과정

인간의 대뇌는 좌 · 우 2개의 반구(hemisphere)로 나뉘며, 좌 · 우뇌는 뇌량(corpus callosum)에 의해 서로의 정보를 교환하고 있음을 앞서 서술하였다. 이 같은 대뇌반구의 표면은 주름과 신피질(neo-cortex)로 덮여 있으며, 신피질 표면에서 들어간 홈 부분을 구(sulcus)라 하고, 나온 부분을 회전(gyrus)이라고 한다. 뇌 중앙에는 중심구가 있고 옆쪽에는 외측구가 있는데, 이 두 구를 기준으로 좌 · 우뇌를 네 영역으로 나누어 전두엽(frontal lobe), 두정엽(parietal lobe), 측두엽(temporal lobe), 후두엽(cipital lobe)이라고 한다.

전두엽은 의도적으로 행동하는 것과 행동을 조절하는 기능이 있다. 인간의 뇌는 다른 동물과 비교해서 전두엽이 매우 크다. 인간의 뇌 특징 중 가장 뚜렷한 것은 전두엽이 전체 피질의 40% 정도를 차지하고 있다는 것이다. 또한 전두엽은 운동 영역일 뿐만 아니라 Luria(1972)는 이 영역이 인지 기능과 예측 기능이 있어 수술로 이 부분을 절단하면 인지장애를 나타내며, 미래 예측력과 불안감을 감소시켜 준다고 하였다(이경준, 1983). 전두엽의 앞부분(prefrontal lobe)은 대부분의 인지 기능, 의지, 정서 및 고등정신 기능과 관련이 있고, 운동 기능과는 관계가 없다. 전두엽의 가장 뒷부분은 운동 영역으로 알려져 있다. 두정엽은 공간 지각과 뇌와 그 밖의 감각 사이의 정보 교환에 관련되어 있어서 이 부위에 손상을 입으면 난독증(alexia)을 일으켜 인쇄된 단어를 식별하는 데 어려움을 느끼게 된다. 측두엽에는 시각과 청각자극을 연결시키는 기능이 있고, 측두엽의 손상은 실어증(aphasia)을 일으킬 수 있다. 측두엽이 손상된 환자는 가족의 얼굴도 식별하지 못하는 지각장애를 가져온다. 우측 측두엽의 손상은 비언어적인 자료에 대하여 어려움을 느끼고, 좌측 측두엽의 손상은 언어적 기억을 어렵게 한다. 시각 정보는 눈을 통하여 후두엽에 전달되고, 이곳에 손상을 입으면 시각에 장애를 가져오며 심하면 지각에 이상을 일으키기도 한다.

　이렇게 뇌의 각 부분이 담당하는 기능이 따로 있다는 부위이론(local-ization theory)에서는 읽는 기능, 글 쓰는 기능, 단어나 숫자를 인지하는 기능이 뇌의 피질 영역에 따라 구별되어 있다. 한편, 뇌는 하나의 단위로서 기능하는 것이지 특별한 행동을 담당하는 영역이 따로 없다는 동질이론(homogeniety theory)이 부위이론에 맞서 많은 논란을 제기하여 왔다 (Luria, 1966). 이 이론에 의하면 피질 부분은 기능상으로 보아 위계적으로 구성되어 있으며, 정보는 각 감각 형태(modality)를 초월한 상태로 처리된다. 따라서 공간적 통합과 시간적 통합을 시각, 촉각, 청각과 같은 감각 통로에 따른 감각 형태와 동일시할 수는 없다고 하였다. 즉, 청각의 형태로 들어온 자극도 동시적 통합에 의해 처리될 수 있다는 것이다. 그리고 동시적 통합의 특징은 서로 분리되어 있는 구성요소들을 전체적으로 조직하는 것인데, 한 요소가 전체에서 어떤 위치에 있든지 간에 그것에 상관없이 한꺼번에 전체를 파악한다고 보고 있다.

　이와 같은 Luria의 동질이론을 Das와 동료들은 인간의 정보처리 과정에 적용하여 새로운 하나의 모형, 즉 정보통합모형을 제안하였다(이연섭, 1987). 정보통합모형에서는 정보처리 과정이 4개의 요소로 되어 있다고 보고 있다. 즉, 투입(input), 감각등록기(sensory register), 중앙처리기(central processor), 산출(output)이 그것이다.

　자극은 눈, 귀 또는 어떤 감각기관을 통해서든지 받아들여지며, 자극은 동시적 형태(simultaneous method)나 연속적 형태(successive method) 중의 한 형태로 제시된다. 이렇게 해서 들어온 자극은 감각등록기에 전달되는데, 자극이 전달될 때에는 두 가지 형태, 즉 동시적 형태나 연속적 형태 한 형태를 취한다. 그리고 나서 자극은 중앙처리기로 넘어가는데, 감각등록기에서 중앙처리기로 자극이 넘어가는 방식은 두 가지가 있을 수 있다. 중앙처리기가 감각등록기에 자극이 있는가를 살펴보고 전달할 것을 요청하여 자극이 전달되거나, 감각등록기가 중앙처리기에게 자극을 받아들이라고 명령하여 전달되는 방식이 있을 수 있다. 그런데 이 중에서 감각정보는 지연되지 않기 때문에 전자보다는 후자의 경우가 더 자주 사용될 것이다.

중앙처리기에 들어온 정보는 감각 형태에 영향을 받지 않는다. 즉, 시각 정보가 연속으로 처리되기도 하고, 청각 정보가 동시에 처리되기도 한다. 이렇게 해서 중앙처리기를 통과한 정보는 산출기를 통해 반응되어 나오는데, 반응의 형태도 동시적 형태나 연속적 형태의 어떤 식으로든지 나타난다.

산출은 과제가 요구하는 바에 맞추어 수행을 결정한다. 즉, 순서대로 제시된 자극이라도 과제가 동시적 통합을 요구하면, 반응은 동시적 연합 형태로 나타난다.

후에 부위이론이나 동질이론보다 오히려 분리된 뇌의 특성(hemispheric specialization) 및 뇌의 기능 분화 연구가 더 강조되고 있는데, 이러한 뇌 기능 분화에 관한 증거는 뇌 기능에 관한 앞 절의 많은 연구에서 볼 수 있었다. 다음은 이 같은 뇌 기능 분화이론에 따른 좌 · 우뇌의 정보처리 과정을 살펴본다.

분할뇌 환자를 대상으로 한 실험에서 피험자가 자신의 손이 보이지 않는 상태에서 오른손에 한 물체를 받았을 때 그는 그 물체에 대해 묘사하고 이름을 말할 수 있었다. 그러나 물체가 왼손에 놓여 있을 때는 아무것도 말할 수 없었다. 그리고 손 안에 있던 것을 포함한 일련의 물체를 보여 주고 전에 받았던 것을 왼손으로 집어들라고 하면 자기가 하고 있는 것을 말로 설명하지 못하면서도 지시대로 할 수는 있었다(Springer & Deutsch, 1985). 즉, 자기의 왼손에 무엇이 있었는지는 알지만 그것을 말로 표현하지는 못하였는데, 이는 곧 좌뇌가 언어적인 정보처리를 담당하고 있음을 의미한다. 그런데 우뇌가 언어적인 정보처리를 전혀 담당하지 않는 것은 아니다. 왜냐하면 만일 '스푼'이라는 낱말을 왼쪽 시야에 순간적으로 제시하였을 때, 피험자는 그 낱말을 봤다고는 말하지 못하면서도 감추어진 여러 물건 중에서 왼손으로 그 스푼을 집을 수는 있다(Springer & Deutsch,

1985). 그러나 그때 왼손에 쥐고 있는 것이 무엇인가라는 질문에는 대답을 못한다. 따라서 우뇌는 '스푼'이라는 낱말을 알아보고 실제 스푼을 찾을 수 있으면서도, 그것을 언어적으로는 표현할 수 없었던 것이다.

한편, 정상인을 대상으로 한 실험에서도 두뇌반구는 들어온 정보를 기본적으로 다른 방식으로 처리함을 보여 준다.

본래 감각적 자극은 한 번에 하나씩 처리하는 연속적 처리방식과 한 번에 전체를 처리하는 동시적 또는 전체적 처리방식에 의해 처리된다. 이것은 시각적인 탐색 과제의 해결에 소요되는 시간 양의 측정과 과제 수 증가에 따른 시간 양의 증가를 측정해 확인할 수 있다. 즉, 시각적 탐색 과제의 해결에 소요되는 시간 양이 연속 처리의 경우는 항목 수가 증가함에 따라 증가되는 반면, 동시 처리의 경우는 항목 수가 증가해도 같다는 것이다.

Cohen(1973)은 정상인에게 문자를 제시하여 모든 문자가 같은지 여부를 결정하는 데 걸리는 반응시간을 측정한 실험에서, 오른쪽 시야(좌뇌)에 제시된 것은 연속방식으로 처리되는 반면, 왼쪽 시야(우뇌)에 제시된 것은 동시방식으로 처리됨을 확인하였다. 또한 좌뇌는 자료를 연속적으로 거쳐서 각각의 문자를 내적 음성신호(이름)로 변형시키는 반면, 우뇌는 형체의 변화를 찾으면서 동시에 문자 모양을 찾고 있음을 나타냈다. 이러한 이름과 모양의 이분은 분할뇌 환자에게서도 볼 수 있다. 어느 그림 속에 있는 물체와 비슷한 물체의 그림을 선택하도록 하였을 때, 두뇌반구는 다른 기준에 의해 서로 다른 선택을 한다. [그림 8-2]는 좌뇌는 포크, 실패와 바늘, 모자 등을 각각 선택함으로써 기능 면에서 비슷한 물체를 선택하는 경향인 반면, 우뇌는 모자, 스푼과 포크, 실패와 바늘 등을 각각 선택함으로써 구조나 모양 면에서 유사한 물체를 선택하는 경향을 보여 준다(Springer & Deutsch, 1981).

또 다른 실험에서는 형태가 같은 2개의 문자(A, A)가 오른쪽 시야에 제시되었을 때보다는 왼쪽 시야에 제시되었을 때 '같다'고 하는 데 더 빠른 반응을 보인 반면, 같은 이름이지만 형태가 다른 두 문자(A, a)가 왼쪽 시

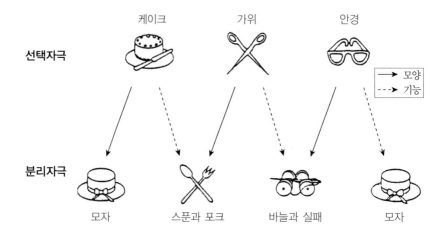

케이크   가위   안경

선택자극

→ 모양
---> 기능

분리자극

모자   스푼과 포크   바늘과 실패   모자

[그림 8-2] 분할뇌 환자의 자극과 선택 경향

출처: Springer, S. P., & Deutsch, G. (1981). p. 49.

야에 제시되었을 때보다는 오른쪽 시야에 제시되었을 때 더 빠른 반응을
보였다(고영희, 1986). 이 같은 결과는 뇌반구들이 시각적으로 제시된 언
어 자료를 처리하는 방식에 차이가 있다는 것을 알게 해 준다.

한편, Williams(1983)는 〈표 8-2〉와 같이 좌 · 우뇌의 정보처리 과정을
정리하여 제시하고 있다(고영희 외, 1986).

〈표 8-2〉 좌 · 우뇌의 정보처리 과정

좌뇌	우뇌
• 구성요소에 흥미를 갖고 특징을 탐색하는 정보처리 • 분석적 정보처리 • 순서적 정보처리 • 계열적 정보처리 • 시간적 정보처리 • 언어적 정보처리 • 연속적 정보처리	• 전체와 형태에 관심을 갖고 구성요소를 통하여 하나의 전체로 조직하는 정보처리 • 관계적 · 구조적 · 유형적 정보처리 • 동시적 정보처리 • 병렬적 정보처리 • 공간적 정보처리 • 시각적 정보처리 • 음악적 정보처리

앞 결과에서 뇌반구의 좌 · 우측은 서로 다르게 정보를 처리함을 알 수 있다. 곧 좌뇌반구는 심상보다는 언어에 더 의존하며, 자료를 다루는 데 있어 분석적이고 연속적으로 처리하는 반면, 우뇌는 언어보다는 심상에 더 의존하며, 자료를 다루는 데 있어 종합적이고 동시적으로 처리한다고 볼 수 있다.

이상에서 살펴본 뇌의 인지 특성을 요약하여 비교하면 〈표 8-3〉과 같다.

〈표 8-3〉 좌 · 우뇌의 인지 특성

좌뇌	우뇌
1. 주지적이다.	1. 직관적이다.
2. 언어적인 지시와 설명에 잘 반응한다.	2. 시범, 도해 기타 상징적인 지시에 더 잘 반응한다.
3. 문제를 부분적으로 나누어 순서에 따라 이론적으로 해결해 간다.	3. 문제를 전체적인 패턴을 보고 예감이나 육감으로 해결해 간다.
4. 논리적인 문제해결을 좋아한다.	4. 직관적인 문제해결을 좋아한다.
5. 객관적으로 판단한다.	5. 주관적으로 판단한다.
6. 계획적이고 구조적이다.	6. 유동적이며 자발적이다.
7. 확고하고 확실한 정보를 좋아한다.	7. 알쏭달쏭하고 확실하지 않은 정보를 좋아한다.
8. 분석적으로 독서한다.	8. 통합적으로 독서한다.
9. 사고와 기억활동에서 주로 언어에 의존한다.	9. 사고와 기억활동에서 주로 심상에 의존한다.
10. 말하고 글쓰는 것을 좋아한다.	10. 그림 그리기나 조작하기를 좋아한다.
11. 주의깊게 계획된 연구나 작업을 좋아한다.	11. 자유개방적인 연구나 작업을 좋아한다.
12. 선택형 질문을 좋아한다.	12. 주관식 질문을 좋아한다.
13. 감정을 쉽게 자제한다.	13. 감정표현을 쉽게 한다.
14. 몸짓언어로 표현하는 것을 잘 이해하지 못한다.	14. 몸짓 언어를 잘 이해한다.
15. 은유법이나 유추는 거의 사용하지 않는다.	15. 은유법나 유추를 자주 사용한다.
16. 이름을 잘 파악한다.	16. 얼굴을 잘 파악한다.

3) 뇌 선호도 진단검사

뇌 선호도 진단검사(Brain Preference Indicator: BPI)는 당신이 어느 쪽 뇌를 더 선호하여 사용하는지를 알아보는 것이다.

질문을 분석하려고 하지 말고, 처음에 느껴지는 답을 선택하여 해당 번호에 표시(V)하라.

물론 정답은 없으며, 가능한 한 빨리 풀어 보자. 이깃에도 헤당되고, 저 것도 해당될 때는 당신의 태도나 행위에 좀 더 가까운 쪽에 표시한다.

---

1. 당신은 문제를 해결해야 할 경우 어떻게 하는가?

① 산책하면서 곰곰이 생각한 다음 최상의 것을 고른다.

② 모든 선택 가능성을 적어 놓은 뒤, 중요성이 큰 것부터 순서를 매긴 다음 제일 좋은 것을 고른다.

③ 성공적이었던 과거 경험을 되살려서 그것을 보충한다.

④ 자연스럽게 사태가 호전되는 것을 기대하며 지켜본다.

2. 공상에 빠지는 것은?

① 시간 낭비이다.

② 즐거우며 긴장을 풀어 준다.

③ 문제해결과 창조적 사고에 도움을 준다.

④ 나의 미래 계획에 실행 가능성 여부를 부여하는 수단이 된다.

3. 다음의 그림을 얼른 보고 질문에 대답하라.

그려져 있는 얼굴은 웃고 있는가?

① 예

② 아니요

4. 예감에 대해 당신은 어떻게 생각하는가?

　① 자주 강한 예감을 느끼며, 그것에 따른다.

　② 강한 예감을 느끼기는 하나, 의식적으로 그것에 따르지는 않는다.

　③ 때로는 예감을 느끼나, 그것을 많이 믿지는 않는다.

　④ 중요한 결정을 내리기 위해 예감에 의존하고 싶지는 않다.

5. 평상시 당신의 행동에 대해 생각해 본다면, 당신은 어떠한 유형이라고 생각하는가?

　① 내가 해야 할 일, 만나야 할 사람들의 목록을 만든다.

　② 내가 갈 곳, 만날 사람, 할 일을 마음속에 그린다.

　③ 일이 일어나게 내버려 둔다.

　④ 각각의 목록과 활동에 필요한 적당한 시간을 대략 적으면서 하루 일과표를 짠다.

6. 당신은 모든 물건을 일정하게 두는 장소를 정하며, 일을 할 때 언제나 정해진 방식대로 하며, 정보나 자료를 정리하는 타입인가?

　① 예　　　　　　　　　② 아니요

7. 당신은 가구를 옮기고, 집이나 사무실의 장식을 바꾸기를 좋아하는가?

　① 예　　　　　　　　　② 아니요

8. 다음에서 당신이 좋아하는 것들에 모두 표시(∨)하라.

① 수영	② 테니스	③ 골프
④ 야영/도보 여행	⑤ 스키	⑥ 낚시
⑦ 노래 부르기	⑧ 정원 가꾸기	⑨ 악기 연주
⑩ 집안 꾸미기	⑪ 바느질/뜨개질	⑫ 독서
⑬ 미술/공작	⑭ 요리	⑮ 사진 찍기
⑯ 아무것도 하지 않는다.	⑰ 여행	⑱ 자전거 타기
⑲ 수집	⑳ 글쓰기	㉑ 장기/바둑

㉒ 카드 놀이　　　　㉓ 도박　　　　　㉔ 몸짓 놀이

㉕ 춤추기　　　　　㉖ 걷기　　　　　㉗ 달리기

㉘ 껴안기　　　　　㉙ 입맞춤　　　　㉚ 접촉

㉛ 잡담하기　　　　㉜ 토론하기

9. 운동과 춤을 배울 때 어떤 방법이 좋은가?

① 음악이나 율동에 맞춰 적당히 흉내 내며 배운다.

② 순서를 잘 익혀 스텝을 마음속에서 반복하며 배운다.

10. 운동을 하거나 여러 사람 앞에서 연극을 할 때, 연습 때 익힌 실력이나 그 이상 힘을 발휘하는 일이 자주 있는가?

① 예　　　　　　　　② 아니요

11. 당신은 말로 자신을 잘 표현하는가?

① 예　　　　　　　　② 아니요

12. 당신은 모든 일에 목표를 세워서 하는가?

① 예　　　　　　　　② 아니요

13. 지시사항, 이름, 새 소식 등을 기억하려고 할 때 어떻게 하는가?

① 정보를 마음속에 그려 본다.

② 기록한다.

③ 입으로 몇 번이고 되뇌이며 외운다.

④ 과거의 정보와 관련지어 기억한다.

14. 당신은 사람의 얼굴을 잘 기억하는가?

① 예　　　　　　　　② 아니요

15. 당신은 말을 할 때?

　① 낱말을 멋있고 아름답게 꾸며 한다.

　② 은유적인 표현을 자주 사용한다.

　③ 정확하고 적절한 표현을 선택한다.

16. 다른 사람과 이야기할 때 어떤 쪽이 편안한가?

　① 듣는 쪽　　　　　　　　② 말하는 쪽

17. 모임에서 연설을 하게 된다면?

　① 주장이 관철될 때까지 말한다.

　② 주장을 뒷받침해 줄 수 있을 만한 권위자를 찾는다.

　③ 뒤로 물러나 앉는다.

　④ 의자나 탁자를 밀거나 큰 소리를 친다.

18. 시계를 보지 않고 시간이 얼마나 지났는지 정확하게 맞힐 수 있는가?

　① 예　　　　　　　　　　② 아니요

19. 당신은 다음의 사회적 상황 중 어떤 상황을 좋아하는가?

　① 미리 계획된 상황　　　② 즉흥적인 상황

20. 새로운 일이나 어려운 일에 대비할 때 어떻게 하는가?

　① 그 일을 능률 있게 처리하고 있는 자신의 모습을 마음속에 그린다.

　② 비슷한 경우에는 성공한 때를 기억해 낸다.

　③ 그 일에 관한 광범위한 자료를 준비한다.

21. 혼자서 일하는 것이 좋은가, 여럿이 모여서 일하는 것이 좋은가?

　① 혼자　　　　　　　　② 여럿이 모여서

22. 규칙을 왜곡하거나 또는 회사의 방침을 바꿔야 하는 것에 대해서 어떻게 생각하는가?

　① 규칙과 방침에 따라야 한다.

　② 체계화된 것의 도전은 새로운 진보를 낳는다.

　③ 규칙과 방침은 변경되기 위해 존재한다.

23. 수학(산수) 과목에서 다음 중 어느 것이 더 좋은가?

　① 계산 문제　　　　　　② 도형 문제

24. 글자를 쓸 때 연필을 어떻게 잡는가?

　①　　　　　　　②　　　　　　　③　　　　　　　④

25. 필기할 때 정자체로 쓰는 때가 있는가?

　① 예　　　　　　　　　② 아니요

26. 어떤 경우에 손짓이나 몸짓을 하는가?

　① 요점을 강조하기 위해서

　② 느낌이나 감정을 표현하기 위해서

27. 어떤 결과가 맞거나 옳음을 본능적으로 느끼는가, 아니면 어떤 정보에 기초하여 결정을 내리는가?

① 본능적으로　　　　　　② 정보에 기초하여

28. 모험하기를 좋아하는가?

① 예　　　　　　　　　　② 아니요

29. 뮤지컬 관람 후 곡과 가사 중 어느 것이 더 머릿속에 남는가?

① 곡　　　　　　　　　　② 가사

30. 연필을 잡고 연필 잡은 손을 몸 앞으로 뻗어라. 연필이 마루에 수직이 되도록 하여 눈앞에 가지고 온다. 조금 떨어져 있는 액자, 흑판, 문 등의 세로선과 맞추어라. 그대로 하고 왼쪽 눈과 오른쪽 눈을 교대로 감아라.

① 왼쪽 눈을 감았을 때 연필이 움직이는 것같이 보였다.

② 오른쪽 눈을 감았을 때 연필이 움직이는 것같이 보였다.

③ 두 경우 모두 움직이는 것같이 보였다.

31. 편안한 자세로 앉아 손을 깍지 끼어 무릎 위에 놓아라. 어느 쪽 엄지손가락이 위로 가는가?

① 왼쪽　　　　　② 오른쪽　　　　　③ 양쪽 나란히

32. 보디랭귀지(몸짓으로 의사 표시하는 것)에 대해서 어떻게 생각하는가?

① 보디랭귀지에 대해서는 별로 의식하지 않고 상대가 말하는 것에만 귀를 기울인다.

② 보디랭귀지를 잘 읽는다.

③ 사람의 말도 또 그들이 사용하는 보디랭귀지도 잘 이해한다.

33. 기분이 자주 변하는가?

① 자주 변한다.

② 거의 변하지 않는다.

34. 자신에게 해당된다고 생각되는 항목을 모두 선택하라.

① 계약서, 지도서, 법률 관계 서류 등의 의미를 적절히 파악할 수 있다.

② 모형과 도식을 이해할 수 있다.

③ 등장인물, 무대장치, 연출법을 대담하게 마음속에 그려 낼 수 있다.

④ 친구가 방문하기 전에 미리 전화해 주는 것을 좋아한다.

⑤ 전화로 잡담하는 것을 싫어한다.

⑥ 여행의 세부사항을 계획하고 정리하는 것에 만족을 느낀다.

⑦ 전화하기를 좋아한다.

⑧ 사전에서 단어(낱말)를, 전화번호부에서 이름을 잘 찾는다.

⑨ 말장난을 좋아한다.

⑩ 회의나 공부 시간에 필기를 많이 한다.

⑪ 스트레스 속에서 기계를 조작할 때는 긴장한다.

⑫ 아이디어가 종종 어디선지 모르게 떠오른다.

뇌 선호도 진단검사 채점표

NO	①②③④	NO	①②③④	NO	①②③④
1	①-7 ②-1 ③-3 ④-9	⑰ 여행-5		16	①-6 ②-3
2	①-1 ②-5 ③-7 ④-9	⑱ 자전거 타기-8		17	①-1 ②-6 ③-9 ④-4
3	①-3 ②-7	⑲ 수집-1		18	①-1 ②-9
4	①-9 ②-7 ③-3 ④-1	⑳ 글쓰기-2		19	①-1 ②-9
5	①-1 ②-7 ③-9 ④-3	㉑ 장기/바둑-2		20	①-9 ②-5 ③-1
6	①-1 ②-9	㉒ 카드 놀이-2		21	①-3 ②-7
7	①-9 ②-1	㉓ 도박-7		22	①-1 ②-5 ③-9
8	① 수영-9	㉔ 몸짓 놀이-5		23	①-1 ②-9
	② 테니스-4	㉕ 춤추기-7		24	①-1 ②-7 ③-9 ④-3
	③ 골프-4	㉖ 걷기-8		25	①-1 ②-9
	④ 야영/도보 여행-7	㉗ 달리기-8		26	①-2 ②-8
	⑤ 스키-7	㉘ 껴안기-9		27	①-9 ②-1
	⑥ 낚시-8	㉙ 입맞춤-9		28	①-7 ②-3
	⑦ 노래 부르기-3	㉚ 접촉-9		29	①-9 ②-1
	⑧ 정원 가꾸기-5	㉛ 잡담하기-4		30	①-8 ②-2 ③-5
	⑨ 악기 연주-4	㉜ 토론하기-2		31	①-1 ②-9 ③-5
	⑩ 집안 꾸미기-3	9	①-9 ②-1	32	①-1 ②-7 ③-5
	⑪ 바느질/뜨개질-3	10	①-9 ②-1	33	①-9 ②-1
	⑫ 독서-3	11	①-1 ②-7	34	①-1 ②-7 ③-9 ④-2
	⑬ 미술/공작-5	12	①-1 ②-9		⑤-3 ⑥-1 ⑦-7 ⑧-1
	⑭ 요리-5	13	①-9 ②-1 ③-3 ④-4		⑨-3 ⑩-1 ⑪-3 ⑫-9
	⑮ 사진 찍기-3	14	①-7 ②-1		
	⑯ 아무것도 하지 않는다-9	15	①-0 ②-5 ③-1		

채점한 점수를 합쳐서 당신이 체크한 답안의 수로 나누어라(답안의 숫자는 8번과 34번 질문이 다수의 항목을 차지하고 있기 때문에 개인에 따라 다를 것이다. 예를 들면, 만약 40개의 답안을 합한 총점이 300이면 당신의 뇌 선호도(BPI)는 7.5가 될 것이다.

$$\frac{채점한\ 점수\ 합계}{체크한\ 답안\ 수} = \boxed{}$$

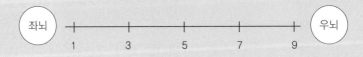

만일 당신의 뇌 선호도가 3 이하면 좌뇌가 우세하고, 7 이상이면 우뇌가 우세하다. 4~6 사이라면 양쪽 뇌가 조화롭게 발달한 균형 있는 사람이다. 균형 있는 사람은 우뇌 방식이나 좌뇌 방식, 어느 쪽 방식대로 가르쳐도 공부를 잘할 수 있다. 그러나 좌뇌가 우세한 사람은 좌뇌 방식으로 가르치거나 공부해야 성공적으로 공부할 수 있으며, 우뇌가 우세한 사람은 우뇌 방식으로 공부해야 하고 가르쳐야 하는데, 좌뇌 방식으로 가르치는 학교교육에서는 실패하는 경우가 많다.

3. 창의력과 우뇌 기능

인간이 기억하고 사고하고 문제를 파악하고 처리하는 과정 등을 담당하는 것은 바로 인간의 대뇌이다. 이 대뇌는 크기나 모양이 같은 좌·우 대칭 형태로 나뉘어 있으며, 뇌량이라는 신경섬유 다발로 연결되어 있다. 그런데 앞서 살펴보았듯이 뇌 기능 분화론에 의하면 우뇌와 좌뇌의 기능이 다르다. 즉, 비언어적이고 시·공간적인 정보를 처리한다거나, 직관적이고 확산적·감각적인 사고를 하는 두뇌활동은 오른쪽 대뇌에서 담당하고, 언어적이고 수리적인 정보를 처리하거나, 논리적이고 분석적·수렴적 사고를 하는 두뇌활동은 왼쪽 대뇌에서 담당한다.

이와 같이 우뇌와 좌뇌의 기능이 각기 다른데, 창의적인 사고력과 같은 고차적인 지적 활동을 위해서는 우뇌와 좌뇌의 기능이 모두 필요하다.

Wallas는 창의적인 문제해결의 과정을 준비(preparation), 부화(incubation), 발현(illumination), 검증(verification)의 4단계로 나누는데, 여기서 준비, 검증의 단계는 좌뇌의 기능이라 할 수 있고, 부화, 발현의 단계는 우뇌의 기능이라 할 수 있다.

실제 한 실험 연구의 결과에서도 좌뇌 기능보다 우뇌 기능이 열세인 학생들에게 우뇌 기능 훈련을 실시한 결과, 우뇌 기능이 향상되었음은 물론 창의적인 문제해결력도 향상되었음을 밝힌 바 있다(하종덕, 1992). 따라서 창의성 계발은 좌·우뇌가 균형 있게 발달할 수 있는 방법을 통해서 이루어질 수 있다.

그런데 현재 우리의 환경, 곧 각종 학습 형태나 내용, 활동은 대부분 좌뇌 기능과 관련된 것이다. 그러다 보니 한쪽 뇌(좌뇌)만 발달하는 반쪽 두뇌 개발이 되고 만다. 그 같은 현상은 어렸을 때는 우뇌와 좌뇌가 거의 균형 상태였다가 점점 자라면서 좌뇌가 더 우세해져 감을 밝힌 연구 결과에서도 엿볼 수 있다(고영희, 1993). 그렇기 때문에 우뇌를 개발해야 한다. 이는 우뇌가 더 중요하다는 의미가 아니고 좌·우뇌가 모두 중요하다는 의미이다.

따라서 평소 좌뇌 위주의 환경에서 균형된 두뇌 개발을 위해서는 우뇌를 발달시키는 활동을 강조할 필요가 있다. 우뇌 기능을 촉진 또는 개발시킬 수 있다는 여러 학자의 주장을 요약 정리하면 〈표 8-4〉와 같다(김종안, 1987).

〈표 8-4〉 우뇌 기능의 촉진활동

연구자	내용
Gowan(1978, 1979) Grigsby & Harshaman(1984)	우뇌활동을 위해서는 좌뇌활동을 멈추게 하는 상황이 필요한데, 그것은 명상·이완 훈련을 통해서 가능하다.
Gowan(1978) Hershey & Kearns(1979) Nancy & Kane(1979)	상상 또는 심상훈련은 우뇌를 직접적으로 자극 및 활성화시켜 새로운 통찰을 가져온다.
Rubenzer(1979) Schwartz, Davidson & Maer(1975)	과거의 사건 중 좋은 경험을 회상하여 긍정적인 기분을 갖도록 하고, 긍정적인 상태를 생산적으로 활용하도록 한다. 이와 같은 감정의 통제는 우뇌의 기능에 속한다.

Blakeslee(1980) 고영희(1982, 1983)	뇌의 각 반구는 서로 반대편 신체를 관장하므로, 왼손을 사용하는 활동은 우뇌를 자극한다.
Khatena(1977) Krippner, Dreistadt, & Hubbard(1972)	평범한 형태의 감각처리가 아니라 오감에 걸쳐 새롭고도 민감하게 경험하도록 하는 감각훈련은 우뇌를 직접적으로 자극한다.
Gowan(1978), Rose(1976) Nancy & Kane(1979)	환상 또는 공상을 유도하여 우뇌를 활동하게 할 수 있다.
Krippner, Dreistadt, & Hubbard(1972) Shepard(1978) Sladeczek & Domino(1985)	꿈에 대한 해석, 처치 및 꿈에 대한 계획 등의 활동을 통해 우뇌에 존재하는 무의식을 밝힐 수 있으며, 꿈이 우뇌활동의 결과임은 뇌전도검사, 눈의 움직임 검사, 꿈과 창의적 사고 및 문제해결에 관한 연구 등에서 나타났다.

한편, Williams(1983)는 우뇌 개발을 위한 교수기법으로 ① 시각적 사고(visual thinking), ② 공상(fantasy), ③ 환기적 언어(evocative language), ④ 은유(metaphor), ⑤ 직접 경험(direct experience: 실험조작, 현장답사, 제1차 자료와 실물, 시뮬레이션, 역할놀이), ⑥ 복합감각적 학습(multi-sensory learning), ⑦ 음악(music) 등을 제시하고 있다. 품천(品川, 1982)도 우뇌의 훈련 방식으로 ① 좌반신의 감각신경 연마, ② 형태 인식력 훈련, ③ 도형 인식력 연마, ④ 회화적 감각 연마, ⑤ 영상력 연마, ⑥ 공간 인식 연마, ⑦ 오감 연마, ⑧ 운동신경과 감각신경 연마, ⑨ 음악 감상, 무언어, 무의식 상태, 상상력 연마 등 열한 가지 원칙을 제시하고 있다.

또한 '우뇌 기능훈련 프로그램'에서 사용된(Zdenek, 1985) 열 가지 우뇌 경험(the right-brain experience)활동은 다음과 같다.

좌뇌활동 줄이기(outsmarting the left brain)

수용적인 정신상태에 도달하도록 도와주는 훈련으로, 하나의 중심점을 갖는 대칭 도형인 만다라(mandala)를 응시하는 활동이다. 만다라의 중심을 응시하는 동안 좌뇌활동은 멈추게 되고 공간 기능을 맡는 우뇌가 활동할 준비를 하게 된다.

이완훈련(biofeedback training)

육체의 긴장을 풀게 하여 우뇌가 무의식적인 생각에 민감한 상태가 되도록 하는 활동이다. 신체의 각 부위를 의도적으로 힘을 주어 긴장시킨 다음 이완시켜 나가는 방법, 빛을 상상하며 이완시키는 방법, 상상 속의 인물로 하여금 이완시키도록 하는 방법 순으로 점점 심화시켜 나간다.

상상하기(guided imagery)

환상이나 꿈에서처럼 마음속으로 상을 그려 가도록 유도하는 활동이다. 각 코스별로 숲속 산책하기, 원하는 좋은 장소를 선정하기, 고민거리에서 벗어나기, 동굴 탐험하기, 과거로 연결된 계단 내려가기 등의 내용이 있다.

과거 회상하기(transitional objects)

어린 시절에 덮고 잤던 이불, 장난감 등 어린 시절에 대한 회상을 촉진하는 물건 혹은 당시에 맡았던 냄새 등을 되살림으로써 당시의 기분과 사건으로 돌아가 어떤 영감을 얻도록 하는 활동이다. 코스별로 옛날에 살았던 집과 교실 회상, 어린 시절의 신발을 신고 산책하기, 성공이나 즐거웠던 시절로 돌아가기, 동굴벽화 관찰하기, 실패를 성공으로 바꾸기, 회상 촉진물 찾기 등이 있다.

왼손으로 쓰기(left hand writing)

왼손을 사용하는 활동을 하면 우뇌가 활동하게 되어 무의식적인 생각이나 욕구 등을 도출하게 된다. 코스별로 자신에 대해 표현하기, 목표 설정하기, 판단 보류하기, 걱정에서 벗어나기, 원하는 생활 형태로의 변화, 불편한 관계에 있는 사람에 대해 묘사하기 등의 활동이 있다.

감각 자극하기(sensory stimulation)

새로운 감각으로 주변 세계를 느낌으로써 즐거움을 갖게 되어 우뇌활동을 자극하는 활동이다. 코스별로 시각, 청각, 미각, 후각, 촉각 전반에 걸쳐 활동하게 한 다음, 한 감각씩 집중적으로 활동하게 한다.

공상하기(fantasy)

공상은 선입견의 장벽을 무너뜨리고 현재의 행동이나 미래의 행동 결과를 보여 줌으로써 올바른 계획 수립을 돕는다. 공상을 통해 과거의 실패를 성공으로 변화시켜 얻은 좋은 기분을 건설적으로 다루게 한다. 또한 떠오른 아이디어에 대해 좌뇌의 분석적 판단에 맡기는 과정도 거친다. 코스별로 영상활동, 미래의 삶, 미지의 세계여행, 소설 쓰기, 과거 수정, 우주여행에 대한 공상활동을 한다.

꿈에 대한 활동(dreams)

꿈은 우뇌활동의 산물로서 무의식이 표현되는 것이다. 꿈을 통해 전달되는 뜻을 알아내어 현실에서 당면한 상황에 적용하도록 한다. 세노이 족의 '꿈을 다루는 기법'도 활용하는데, 이 기법은 상상 속에서 하게 되며 자신의 꿈에서 나타난 적과 싸워 이기도록 함으로써 공포에서 벗어나고 승리감과 즐거움을 느끼게 하여 긍정적인 성취를 위한 기초를 마련해 준다. 꿈의 연출자와의 대화, 꿈의 등장인물과의 대화, 꿈 계획하기 등의 활동이 있다.

자유연상하기(free association)

논리적인 연결 없이 일련의 생각을 써 내려가는 활동으로서, 좌뇌를 이완시키고 우뇌가 활동하게 되어 무의식이 표현되며, 그 내용 중에서 건설적으로 활용할 내용을 찾게 한다.

자기긍정하기(self-affirmations)

긍정적인 생각과 느낌을 제공하는 활동이다. 각 코스마다 내용이 다른 자기긍정문 3개가 주어진다. 각 긍정문의 빈칸에 자기 이름을 적은 후, 그 내용을 마음속으로 다짐하며 읽고 씀으로써 시각적 상상을 통해 긍정적인 자기확신을 갖는 활동이다.

4. 창의력 향상을 위한 전뇌 개발

보통 사람은 일생 동안 쉬지 않고 활동하는 뇌의 잠재 능력을 10%도채 활용하지 못한다고 한다. 노력하기에 따라 얼마든지 엄청난 일을 해낼수 있는 능력을 인간의 뇌는 갖고 있는 것이다.

앞서 뇌는 모양이 같은 대칭 형태의 좌뇌와 우뇌로 구분되어 각기 다른기능을 담당하고 있음을 알았다. 즉, 좌뇌는 언어적 · 계열적 · 시간적 · 논리적 · 분석적 · 이성적인 기능을 담당하고, 우뇌는 비언어적 · 시, 공간적 · 동시적 · 형태적 · 직관적 · 형태적 · 종합적이고 감성적인 기능을 맡고 있다.

이 같이 각기 다른 역할을 맡고 있는 좌뇌와 우뇌를 균형 있게 발달시킴으로써 전뇌(全腦, whole brain)가 될 수 있고, 결국 뛰어난 지적 능력과창의력을 기를 수 있다. 다음은 전뇌 개발을 위한 몇 가지 방법이다.

왼손을 사용한다

우리 신체의 움직임은 반대편 뇌에서 관장한다. 즉, 오른손을 움직인다든가, 오른발을 사용한다든가, 오른쪽 귀로 듣는 것 등은 모두 좌뇌의 명령을 받고, 반대로 왼쪽 신체 부위의 움직임은 우뇌의 명령을 받는다. 그래서 왼손을 사용하면 우뇌를 자극하고 활성화시키기 때문에 우뇌를 발달시킬 수 있는 것이다. 물론 손만이 아니라 발, 귀, 눈, 코 등도 마찬가지이다.

따라서 평소 생활에서 의식적으로 왼손을 자주 사용할 것을 권한다. 왼손으로 할 수 있는 일은 얼마든지 있다. 버스나 전철 안에서 왼손으로 손잡이를 잡고 가기, 전화기를 왼손으로 들고 위쪽 귀로 듣기, 왼손으로 성냥, 가스레인지, 전기 스위치 등을 켜기, 왼손으로 찻잔 들고 마시기 등이다.

이미지 활동을 한다

이미지는 패턴이나 도형을 추상화하여 만들어진다. 일반적으로 이미지는 영상적(시각적) 이미지를 가리키지만, 그 외에도 음악을 통해서 얻는 청각적 이미지, 맛을 통한 미각적 이미지, 냄새를 통한 후각적 이미지 등도 있다.

가령 음악을 듣고 '바다의 이미지가 떠오른다.'라고 할 때 광활하게 펼쳐진 모래사장, 파도, 따스한 햇빛 등이 머릿속에 그려질 것이다. 머릿속으로 그림을 그려 보는 것, 바로 그런 활동은 우뇌의 기능이다.

이미지 훈련으로는 냉장고 안에 무엇이 들어 있을까를 생각해 본다거나, 자신이 토끼가 되었다고 생각하고 자유로운 행위를 연출해 보는 것이 있다. 또 빈 깡통의 그림을 보고 어떤 소리가 날까, 어떤 음식의 사진을 보고 무슨 냄새가 날까, 맛이 있을까 등을 생각해 볼 수 있다.

긴장이완활동을 한다

대체로 학교나 사회에서는 논리적이고 체계적인 사고를 강요하는 활동에 치우쳐 있기 때문에 우뇌의 활동 기회가 별로 없다. 그런데 신체적으로나 정신적으로 이완 상태가 되면 우뇌가 활발해진다.

이완활동을 위해서는 여러 방법이 있다.

- **심호흡 방법:** 천천히 코로 숨을 들이마셨다가 잠시 멈춘 다음 천천히 입을 통해 내뱉는 방법으로 5~6회 정도 한다.
- **근육이완방법:** 신체의 일정 부위를 천천히 힘을 주었다가 잠시 멈춘 다음 서서히 힘을 푼다. 그런 후 다른 부위를 역시 힘을 주었다가 푸는 방법으로 신체 곳곳을 돌아가면서 한다. 이때 심호흡도 병행하면 더욱 효과적이다.
- **기타:** 정신적으로 이완하는 방법으로서 참선, 명상, 요가, 생체리듬 조절(바이오피드백), 단전호흡 등을 통하여 이완활동을 할 수 있다.

오감을 연마한다

한 송이 붉은 장미, Schubert의 〈자장가〉, 달콤한 오렌지 주스, 국화 향기, 보드라운 양탄자를 생각하면 붉은색, 감미로운 소리, 독특한 맛, 향기로운 냄새, 손가락에 와 닿는 촉감 등이 생각난다. 이를 오감이라고 한다.

우리 뇌는 외부에서 오는 감각자극을 받아들여 반응하는 과정에서 발달한다. 그러므로 오감을 연마하면 뇌가 활성화된다. 그런데 사람은 오감을 통해서 끊임없이 외부로부터 자극을 받고 대처하면서 살고 있다.

뇌는 하나하나의 미묘한 감각을 동시에 받는다. 예를 들면, 우리는 매일 식사를 한다. 식사를 할 때 맛만이 아니고 눈으로도 음식을 먹는다고 한다. 음식을 담은 그릇, 색 또는 상차림의 방법도 식욕에 영향을 준다. 고기를 굽는 냄새를 맡으면 침을 흘리며 입맛을 다시기도 하고, 사이다 따르는 소리에 시원함을 느끼기도 한다. 때로는 누구와 함께 식사하느냐에 따라 입맛이 좌우된다. 이같이 음식의 맛은 다양한 감각자극이 뇌에 동시적으로 전달됨에 따라 뇌의 반응의 일환으로 결정된다.

오감의 경험은 주로 우뇌를 자극하고, 우뇌로 하여금 새로움을 느끼게 해 준다. 그러므로 우리는 주위의 색깔이나 향기, 소리, 냄새, 촉감 등에 관심을 가지고 느껴 보는 훈련을 쌓도록 한다.

패턴 인식력을 높인다

어떤 형태의 특징을 끌어내 전체로 통합하는 능력을 패턴 인식력이라한다. 길게 늘어진 코를 보고 코끼리임을 판별하거나 몇 개의 줄무늬를보고 얼룩말의 형태를 인식하거나, 어린아이가 엄마의 얼굴을 구별해 내는 것이 모두 패턴 인식력이다.

우리는 사람의 얼굴을 기억할 때 얼굴 전체를 동시에 기억하는 것이 아니라 눈매, 코의 모양, 얼굴의 윤곽 등 어떤 특징을 패턴으로 파악하게 된다. 패턴 인식의 훈련으로 우선 그림책 등 눈으로 보는 재료를 사용하는경우를 생각할 수 있다. 예를 들면, 일종의 '숨은그림찾기'와 같이 정글이나 초원에 어떤 동물들이 숨어 있는지를 찾아내게 하는 것이다. 또는 이와 비슷한 것으로 숲속의 그림 안에 몇 마리의 원숭이가 숨어 있는지 등을 찾아내도록 한다.

이와 같이 혼동하기 쉬운 형태 안에서 정확한 모양을 상상시키는 것도패턴 인식의 바람직한 훈련이 된다. 동물의 일부분만을 보인 뒤 전체를상상하게 하는 그림 등도 패턴 인식의 전형적인 훈련 방법이다.

가정에서 자녀와 즐기면서 패턴 인식력을 증진시키는 것으로는 바둑과 장기를 들 수 있다. 장기와 바둑은 형태를 기억하는 것이므로 우뇌의패턴 인식력을 높이는 데 최고의 방법이다. 패턴 인식력을 향상시키는 일은 곧 우뇌 개발법이지만 결국은 좌뇌를 개발하는 방법도 된다.

우뇌 음악을 듣는다

최근에는 스트레스, 정신불안증, 대인공포증 등의 정신치료는 물론 태아에서부터 죽음을 앞둔 환자를 위한 호스피스케어(임종 환자 치료)에 이르기까지 인간이 전 생애에 걸쳐 겪을 수 있는 문제에 대해 '음악요법'(음악을 이용한 치료 방법)을 시행하고 있다.

　음악은 사람의 마음을 평안하게 하고 정신을 안정시킨다. 아름다운 멜로디는 뇌를 이완시켜 마음을 온화하게 하며 정신을 안정시킨다. 그래서 음악을 들려주면서 치료하면 통증을 줄일 수 있다. 음악에 의해 형성되는 이미지의 힘으로 병의 치료를 빠르게 하는 치료법이 개발된 것이다.

　대체로 음악은 우뇌와 관련 있다. 그렇다고 모든 음악이 우뇌적인 것은 아니다. 대중가요는 우뇌적이라기보다는 좌뇌적이다. 가사가 있는 음악도 좌뇌적이다. 조용하고 가벼운 클래식 음악은 우뇌를 자극해서 뇌력을 향상시킬 수 있다.

　참고로 우뇌를 활성화시키는 음악을 소개하면 다음과 같다.

- 드뷔시(Debussy)　　　〈바다〉
- 쇼팽(Chopin)　　　　〈강아지 왈츠〉
- 슈트라우스(Strauss)　〈아름다운 도나우 강〉
- 드보르자크(Dvořák)　〈유모레스크〉
- 브람스(Brahams)　　　〈자장가〉
- 바흐(Bach)　　　　　〈브란덴브르크 협주곡〉, 〈G선상의 아리아〉
- 비발디(Vivaldi)　　　〈사계〉
- 모차르트(Mozart)　　〈아이네 클라이네 나하르 뮤직〉
- 헨델(Handel)　　　　〈라르고〉
- 알비노니(Albinoni)　〈아다지오〉

제9장
창의적 사고 계발 기법

제9장 **창의적 사고 계발 기법**

1. 창의적 아이디어 증진을 위한 기법

1) 브레인스토밍

창의적으로 일을 하는 사람들의 대부분은 의식적으로 또는 무의식적으로 아이디어를 찾는 기법을 사용하고 있다. 그중에서도 브레인스토밍(brainstorming)은 가장 효과적이고 널리 사용되는 방법이다. Osborn에 의해 처음 소개된 브레인스토밍은 뇌에 폭풍을 일으킨다는 뜻으로, 특정한 주제에 대해 뇌에서 폭풍을 휘몰아치듯이 생각나는 아이디어를 짧은 시간에 밖으로 많이 내놓는 것이다.

효과적인 브레인스토밍을 위한 네 가지 기본 규칙이 있다.

- 아이디어를 내놓는 동안 어떤 아이디어라도 절대로 비판하거나 평가하지 않는다.
- 아이디어가 비현실적이거나 터무니없는 것일지라도 모두 받아들여야 한다.
- 좋은 아이디어를 얻기 위해서는 가능한 한 많은 아이디어가 요구된다.

• 2개 이상의 아이디어를 결합하여 제3의 아이디어를 내놓을 수 있다.

이와 같은 규칙과 함께 아이디어가 다 정리된 다음에 하나씩 평가하는 과정을 거쳐서 좋은 아이디어를 결정하게 된다.

브레인스토밍은 6~8명으로 구성된 집단의 토의에 적합하다. 회의가 시작되기 전에 집단의 리더를 정해야 한다. 리더는 도우미 역할을 하는데, 회원들로 하여금 진징한 문제가 무엇인지 깨닫게 해 주고, 새로운 아이디어를 내도록 격려하며, 회의에 계속 집중할 수 있도록 힘써야 한다. 이와 더불어 서기는 개인이 내놓은 아이디어를 참석자들 앞에서 모두 기록해야 한다. 작은 집단에서는 리더가 동시에 서기의 역할을 할 수도 있지만, 가능한 한 리더와 서기는 다른 사람이 하는 것이 바람직하다.

이와 같은 브레인스토밍 기법을 근간으로 다양하게 변형해서 실시할 수 있는 방법이 있다.

• ABC 브레인스토밍(ABC brainstorming): 알파벳을 순서대로 제시하고, 그 알파벳으로 시작하는 단어를 몇 가지 나열한다. 예를 들면, A는 'apples, airplanes, ashtrays……'를 떠올린다. 그런 다음 브레인스토밍 주제와 관련하여 그 단어들로부터 새로운 아이디어를 찾아낸다. 사전을 사용할 수도 있다.

• 종이 돌리기 브레인스토밍(circular file brainstorming): 원형으로 둘러앉은 참가자 전원에게 '아이디어 기록 용지'를 한 장씩 나누어 준다. 각자 한 가지씩 아이디어를 적어서 다른 사람(왼쪽 또는 오른쪽 방향으로)에게 넘긴다. 종이를 받으면 앞 사람의 아이디어를 조용히 읽은 다음 자신의 아이디어를 적고 다음 사람에게 돌린다.

• 걸어 다니면서 하는 브레인스토밍(walk around brainstorming): 큰 종이를 여기저기 붙여 놓고 사람들이 걸어 다니면서 그 종이마다 주제에 적합한 아이디어를 적는다.

- 멈추었다 시작하는 브레인스토밍(stop and go brainstorming): 집단의 참가자
  들이 한동안 다 함께 브레인스토밍을 하다가, 얼마간은 개인이 주어
  진 문제에 관한 아이디어를 혼자서 종이에 적는 시간을 갖는다. 그
  런 다음 다시 개인의 아이디어를 집단에서 발표한다. 이와 같은 방
  법을 계속한다. 이는 특별히 내성적이거나 수줍어하는 성격의 참가
  자가 있을 경우 그들을 전체 회의에 적극적으로 참여시키는 데 도움
  이 되는 방법이다.

주어진 활동을 효과적으로 운영하기 위해 어떤 방법이라도 그 상황에
맞게 변형해서 활용할 수 있다. 보다 더 흥미 있는 방법으로 개선해서 활
용하는 것도 리더의 창의적인 능력이다.

2) 브레인라이팅

브레인라이팅(brainwriting)은 집단활동에서 참가자들이 조용히 종이
위에 자신의 아이디어를 적는 방법이며, 브레인스토밍의 기본 규칙을 따
른다. 즉, 평가시간이 되기 전까지는 아이디어에 대한 평가를 보류한다.
브레인라이팅의 주요 장점은 참가자들이 진행자에게 불공평한 대접을
받을 염려가 없다는 점이다. 반면 자발성이 결여된 방법이라는 단점도
있다.

이 기법을 실시할 때는 21개(가로 3개×세로 7개: [그림 9-1] 참조) 혹은
28개(가로 4개×세로 7개)의 정사각형으로 나눠진 종이를 참가자 수보다
한 장 많이 가지고 시작한다. 이 한 장은 가장 먼저 아이디어를 적은 사
람이 종이를 교환할 때 가져간다. 6~8명의 참가자들은 탁자에 둘러앉아
종이를 한 장씩 받고 탁자 가운데 한 장을 둔다. 각자 윗줄에 가로로 3개
(혹은 4개)의 아이디어를 적고 탁자 가운데 있는 종이와 교환한다. 가져온
종이에 있는 아이디어를 읽고 나서 3개(혹은 4개)의 아이디어를 더 적는

문제(주제)		
A-1	A-2	A-3
B-1	B-2	B-3
C-1	C-2	C-3
D-1	D-2	D-3
E-1	E-2	E-3
F-1	F-2	F-3
G-1	G-2	G-3

[그림 9-1] 브레인라이팅

다. 모든 종이가 다 채워질 때까지 혹은 아이디어가 더 이상 나오지 않을 때까지 계속한다. 도중에 아이디어 생성 속도가 느려지기 시작하면 앞에 나온 아이디어들을 훑어 보고 새로운 방향으로 변화를 시도한다.

생성된 아이디어들은 다음과 같이 두 가지 방법으로 처리할 수 있다.

• 훌륭한 아이디어에 점찍기: 각 구성원은 아이디어가 적힌 종이를 한 장씩 받고, 그중 가장 훌륭한 아이디어 5개(혹은 3개)를 골라 점을 찍는다. 즉, 한 장에 5개(혹은 3개)의 점을 찍는다. 훌륭하다고 생각되는 아이디어가 하나밖에 없으면 그 아이디어에 5개(혹은 3개)의 점을 모두 찍어도 좋다. 점을 찍은 후에는 종이 윗쪽(혹은 다른 적당한 곳)에 자기 이름 첫 글자를 적고 오른쪽 사람에게 넘긴다. 모든 종이에 참가자 전원의 이름이 적힐 때까지 계속한다. 종이를 한군데 모아 점을 가장 많이 얻은 아이디어가 무엇인지 살펴본다.

- 아이디어 분류하기: 종이에 적은 아이디어를 1개씩 잘라 탁자 위에 펼쳐 놓는다. 참가자들은 탁자 주위를 옮겨 다니면서 같은 부류의 아이디어끼리 한군데 모은다. 남는 것들은 제거한다. 이렇게 함으로써 새로운 아이디어나 변형된 아이디어 생성이 촉진된다.

3) 스캠퍼

청바지 모양의 화분, 선풍기가 달린 볼펜, 위아래가 거꾸로 된 마요네즈 병 등 기존의 사물에 조금씩 변화가 가해지면서 새로운 물건으로 바뀌는 것을 우리 주위에서 흔히 볼 수 있다. 이런 새로운 상품 개발을 위한 아이디어나 어떤 상황의 문제해결을 위해 스캠퍼(SCAMPER)를 활용할 수 있다.

아이디어를 자극하는 질문들의 체크리스트인 스캠퍼는 이 기법을 배운 사람 중 약 절반은 매우 유용하다고, 나머지 절반 정도는 불편하다고 한다. 후자는 구조의 미약함 때문에 또는 그 과정이 요구하는 만큼의 자발성을 가지기 어려워서일 것이다. 그러나 유용하다고 느끼는 사람들에 의해 매우 광범위하게 활용되고 있다.

스캠퍼는 Osborn이 제안한 동사 체크리스트를 보완하여 Bob Eberle이 고안하였다. 스캠퍼는 일련의 사고 과정에 대한 약어로, 특정 대상이나 특정 문제에서 출발해서 그것을 변형시키는 방법이다.

이 기법을 이용할 때는 먼저 문제나 주제를 확인한다. 그런 다음 문제나 주제에 스캠퍼 질문을 적용하여 어떤 새로운 아이디어가 나오는지 살펴본다. 마지막으로 그중에서 가장 활용 가능한 아이디어를 결정하면 된다. 다음은 스캠퍼가 나타내는 내용이다.

- S(substitute): 무엇으로 대체할 수 있나?
- C(combine): 무엇을 결합할 수 있나?

- A(adapt): 어떻게 하면 조건이나 목적에 맞도록 조절할 수 있나?
- M(modify): 색, 모양 등을 어떻게 바꾸나?
- M(magnify): 보다 크게, 강하게 만들 수 있을까?
- M(minify): 보다 작게, 가볍게 만들 수 있나?
- P(put to other uses): 다른 용도로 사용할 수는 없나?
- E(eliminate): 무엇을 제거할 수 있을까?
- R(reverse): 어떻게 하면 돌리거나 원래의 위치와 반대되는 곳에 놓을 수 있나?
- R(rearrange): 어떻게 하면 형식, 순서, 구성을 바꿀 수 있나?

[그림 9-2]는 우산을 개선하는 방법을 스캠퍼 기법으로 생각해 본 것이다.

S(substitute)	C(combine)	A(adapt)	M(modify)
무엇을 대신 사용할 수 있을까?	무엇을 덧붙일 수 있을까?	조건이나 목적에 맞도록 어떻게 조절할 수 있을까?	색, 모양, 형태를 어떻게 바꿀 수 있을까?

P(put to other uses)	E(eliminate)	R(reverse)
다른 용도로 사용할 수 없을까?	무엇을 삭제하거나 떼어낼 수 없을까?	어떻게 하면 돌리거나 원위치와 반대되는 곳에 놓을까?

[그림 9-2] 우산 개선을 위한 스캠퍼

앞의 보기처럼 스캠퍼를 이용해 이미 존재하는 것에 변화를 준 다음 독창적인 아이디어가 나올 때까지 또 다른 변화를 계속 시도함으로써 문제를 해결할 수 있다.

4) 형태학적 분석

형태학적 분석(morphological analysis)은 Zwicky에 의해 개발되었으며, 〈표 9-1〉과 같은 매트릭스를 이용한다. 이 기법은 보통 집단활동으로 수행하지만 먼저 개인별로 수행한 후 진행자가 개별 자료를 통합하여 보다 포괄적인 매트릭스로 발전시키기도 한다.

형태학적 분석을 실시할 때는 먼저 문제를 확인한 후 문제의 속성 영역들을 선택하여 종이의 윗부분에 가로로 적는다. 속성 영역은 중요한 것을 우선적으로 정하되, 그것이 선택될 정도로 중요한가를 결정하기 위해서 "이 속성 영역이 없이도 문제가 존재할 수 있는가?"를 자문한다. 그다음에 각 속성 영역 아래 원하는 만큼의 속성들을 열거한다. 속성 영역의 수와 속성의 수는 매트릭스의 복잡성을 결정해 준다. 예컨대, 10개의 속성 영역을 가지고, 각 속성 영역에 대해 10개의 속성을 가지는 매트릭스는 100개의 가능한 결합을 제공한다. 일반적으로 복잡한 구조에서보다는 단순한 구조에서 새로운 아이디어를 발견하기 쉽다. 매트릭스가 완성되면, 2개 이상의 속성을 골라 결합한다. 이 결합에서 아이디어가 나오는지 살펴보고 아이디어가 나오면 기록한다.

이 시점에서 비현실적인 아이디어라 할지라도 일단은 모두 받아들이고 나중에 아이디어 다듬기 과정을 거친다. 충분한 수의 아이디어를 얻을 때까지 속성 결합을 계속한다. 예컨대, 세탁물 바구니를 제조하는 회사에서 새로운 디자인의 바구니를 개발하고 싶다고 하자. 이 경우 문제는 "어떻게 하면 새로운 세탁물 바구니를 디자인할 수 있을까?"로 표현된다. 이 문제를 해결하기 위해 먼저 〈표 9-1〉과 같이 세탁물 바구니를 분석해서

〈표 9-1〉 세탁물 바구니의 디자인 개선

재료	모양	마감	위치
나무	삼각기둥	자연 그대로	마룻바닥
플라스틱	원통형	페인트칠함	천장
종이	오각기둥	니스칠함	벽
금속	육각기둥	다듬어 윤을 냄	욕실
망사	입방체	액세서리 부착	문

그것의 기본적 속성 영역을 재료, 모양, 마감, 위치로 결정하고 그 아래 각각 5개의 속성을 열거한다. 이 4개의 속성 영역 아래 속성들을 열거할 때는 다음과 같이 자문한다.

- 바구니를 만들기 위해 어떤 재료를 이용할 수 있는가?
- 바구니를 어떤 형태로 만들 수 있는가?
- 바구니 마감을 어떻게 할 것인가?
- 바구니를 어디에 설치할 수 있는가?

다음 단계는 2개 이상의 속성을 임의로 선택하고 결합하여 새로운 아이디어나 가능한 해결책을 생성한다. 예를 들면, 망사, 원통형, 페인트칠함, 문을 임의로 결합하여 다음과 같은 새로운 세탁물 바구니를 생각할 수 있다.

- 약 1m 길이의 농구 골대처럼 생긴 세탁물 바구니를 원통형 테에 붙여 문에 부착된 등판에 건다. 아이들은 더러워진 옷가지를 농구하듯이 바구니 속으로 던져 넣는다. 바구니가 꽉 차면 끈을 세게 잡아당겨 옷이 나오게 한다.

형태학적 분석의 장점은 짧은 시간에 많은 아이디어가 생성되며 뜻밖의 아이디어가 쉽게 나온다는 점이다. 10×10 매트릭스에서 100개의 아이디어가 생성된다. 만약 3차원 매트릭스를 이용한다면 10×10×10 매트릭스에서 1,000개의 아이디어가 나온다.

5) 강제 결합법

독창적인 아이디어를 얻기 위해서는 언제나 마음속에 새로운 패턴을 형성할 필요가 있다. 이렇게 하기 위한 방법 중 한 가지가 바로 관계없는 것들끼리의 강제 결합이다. 강제 결합을 하면 존재하지 않던 아이디어가 보이기 시작한다.

전통적인 사고에 익숙한 사람은 흔히 책상과 의자, 숟가락과 젓가락, 스승과 제자, 돈과 직업 등 명백한 관계를 가진 것들 간의 결합만을 생각한다. 그러나 예술의 세계에서는 관계없는 것들끼리의 강제 결합으로 새로운 아이디어를 촉진시키는 일이 흔하다.

강제 결합법은 명백한 관계가 없는 두 사물을 짝짓고 어떤 결과가 나타나는지 봄으로써, 당연하지 않은 관계에서 뭔가를 배우게 해 준다. 강제 결합으로 뭔가를 얻으려고 할 때는 먼저 단어를 임의로 선택한다. 의도적으로 문제와 관련지어 단어를 골라서는 절대로 안 된다. 임의의 단어들을 가지고 결합해야 새로운 아이디어를 얻을 수 있다.

단어를 임의로 선택하는 방법을 몇 가지 살펴보자.

- 임의의 단어 목록을 만들어 놓고, 두 눈을 감은 채 연필로 가리킨 곳의 단어를 선택한다.
- 사전을 아무 곳이나 펼쳐서 임의의 단어를 선택한다. 어떤 문제에 대해 하루에 1개의 단어만 사용한다.
- 사전의 쪽수 또는 선택할 단어의 위치를 결정하기 위해 임의의 숫자를 생각하거나 숫자판을 사용한다.

앞의 방법이 아니더라도 의도적인 단어 선택만 피한다면 어떤 방법이
든 상관없다. 그다음 선택한 단어와 관련된 것들을 생각하고, 이것들을
문제와 강제 결합한다. 예컨대, '병'이라는 임의의 단어를 선택했다면, 병
을 그림으로 나타낸 다음 병의 특징, 용도 등을 생각해 본다.

- 병은 뭔가를 담을 수 있다.
- 병은 모양과 크기가 나양하다.
- 병에 라벨이 붙어 있다.
- 병은 화병 혹은 장식품으로 사용된다.
- 한 병만 살 수도 있고 묶음으로 살 수도 있다.

이번에는 해결해야 할 문제와 임의로 선택한 단어를 강제 결합한다. 예
컨대, 문제가 "어떻게 하면 이번 달 매출을 증가시킬 수 있을까?"라고 하
자. 그러면 앞에서 임의로 선택한 '병'과 '매출 증가시키기'와의 유사성,
관계 그리고 연상에 관해 생각한다.

- 병에는 뭔가를 담을 수 있다: 고객의 요구사항을 모을 의견함을 만들
  면 어떨까?
- 병은 모양과 크기가 다양하다: 고객의 요구를 바탕으로 다양한 포장
  을 하여 서로 다른 가격을 책정할까?
- 병에는 라벨이 붙어 있다: 경쟁 제품들 속에서 눈에 잘 띄도록 제품
  의 라벨을 바꾸어 볼까?
- 빈 병은 화병 혹은 장식품으로 사용된다: 포장 용기를 버리지 않고
  다시 사용할 수 있는 용도를 개발할까?
- 한 병씩 혹은 묶음으로 판매된다: 고객의 요구를 반영하여 판매 단위
  를 다양화하면 어떨까?

마지막으로 아이디어를 정리하고 평가한 후 실행 계획을 세운다.

6) 괴상하게 생각하기

누구나 자신의 내면을 깊숙이 들여다보면 그 속에 뭔가 많은 것이 숨겨져 있음을 발견한다. 자기 자신 또는 절친한 친구 몇 명만 아는, 일상적인 생활에서 절대 내색하지 않는 그런 특이한 사고방식 말이다.

괴상하게, 익살맞게, 우스꽝스럽게 생각하고 말하고 행동함으로써 새로운 눈으로 문제를 바라볼 수 있다. 이러한 점에 착안하여 개발된 괴상하게 생각하기(get crazy) 기법은 구체적으로 다음과 같이 실시한다.

먼저, 생각해 낼 수 있는 해결책 중 가장 이상하고 우스꽝스러운 아이디어들을 적어 본다. 그다음 이상한 아이디어가 어떤 현실적인 해결책을 제시해 주는지 검토한다. 현실적인 해결책으로 발전되지 않는 아이디어도 있겠지만 최선을 다한다. 예컨대, 사람들이 당신 회사 제품을 더 많이 구입하도록 만들고 싶다면, 우선 이상한 사람이 되어 다음과 같이 우스꽝스러운 아이디어를 생각해 내자.

- 이 제품을 사지 않으면 오랫동안 귀양을 보내 버릴 거라고 사람들을 협박한다.
- 구매자에게 제품의 가격 천 원당 백만 원을 지급해 준다.
- 제품을 사면 마법의 힘으로 세 가지 소원을 들어주겠다고 약속한다.
- 사람들이 텔레비전을 켜면 우리 제품 광고가 나오는 장치를 부착한다.
- 사촌을 시켜 사람들을 일일이 방문하도록 한다.
- 제품을 지구상의 모든 집에 명절 선물로 보내고 대금을 청구한다.

이런 생각은 그 자체로는 너무나 우스꽝스럽다. 이 아이디어를 자극제로 이용해 현실적인 해결책을 모색해 보자.

- 대량 주문 고객에게 여행비를 보조해 준다.
- 10일간 매일 천 원씩 벌도록 해 주는 소원 등의 '소원 목록'을 만들어 놓고 고객들이 추첨을 통해 한 가지씩 뽑도록 한다.
- 현금으로 구입하는 사람에게 할인 혜택을 준다.
- 단체 고객에게 할인 혜택을 준다.
- 명절을 주제로 한 신제품을 개발한다.

7) 꿈꾸며 해결하기

아주 간단하면서도 의외로 큰 효과를 볼 수 있는 꿈꾸며 해결하기(the sleeping/dreaming on it) 기법을 이용하여 아이디어를 얻음으로써 많은 사람이 창의적인 업적을 남겼다.

이 기법은 다음과 같은 요령으로 문제에 접근한다. 첫째, 잠자리에 들기 전, 어떤 문제에 대하여 오랫동안 합리적으로 생각한다. 다른 모든 것을 잊고 그 문제에만 몰두해서 열심히 생각하고 또 생각한다. 그러고는 마음을 비우고 잠든다. 둘째, 만약 잠을 자다가 그 문제에 대한 해결책이나 아이디어가 떠오른 상태에서 잠이 깨면 곧바로 메모지에 적는다. 이를 위해 머리맡에는 언제든지 사용할 수 있는 종이와 연필을 준비해 둔다. 셋째, 아침에 일어나면 꿈의 내용과 전날 저녁의 문제를 연관지어 다시 생각해 본다. 만약 어떤 해결책이 떠오르면 곧바로 그것을 메모지에 기록한다.

사실 많은 사람이 어떤 문제를 해결하기 위해 종일 고민하다가 그 걱정을 그대로 안은 채 잠자리에 든다. 그러면 꿈속에서 유사한 일들이 벌어지든가, 누군가가 나타나서 도움을 주거나, 문제해결에 힌트가 되는 영상을 보는 경험을 한다. 어떤 문제 때문에 많이 고민하고 잠든 다음 날, 잠에서 깨어났을 때 신기하게도 그 문제에 관련된 일련의 해결책을 얻게 되는 수가 있다. 이런 현상은 단순한 우연이 아니다. 실제로 개인의 잠재의식은 잠자고 있는 동안에도 계속 작용하여 고민하는 문제로 시름에 잠긴다. 꿈꾸며 해결하기 기법이 문제해결에 기여하는 것은 바로 이런 인간의 잠재의식의 활동 덕분이다.

발명왕 Edison은 새로운 아이디어가 필요할 때 또는 문제가 뒤얽혀 실마리를 찾을 수 없을 때 잠시 자는 시간을 가지곤 했다. 어느 날, 그는 의자에 눈을 감고 앉아 문제에 관해서 생각하다가 스르르 잠에 빠졌다. 이때 손에 쥐고 있던 조약돌이 마룻바닥의 양철 그릇에 떨어졌고, 순간 그는 깜짝 놀람과 동시에 새로운 아이디어가 번쩍 떠올랐다.

이 밖에도 문제해결을 위한 잠재의식의 노력 덕택에 복잡한 문제에 대한 해결책이 꿈속에서 이루어진 예는 많다. 독일의 화학자 Kelkule는 벤젠 분자의 형태에 관해 연구하던 중 꿈속에서 해결의 실마리를 얻게 되었다. 그는 꿈속에서 뱀이 자기 꼬리를 물어 몸이 동그란 고리 모양이 된 상태에서 빙글빙글 도는 모습을 보고, 벤젠의 분자가 반듯한 직선형이 아니라 동그란 고리 형태일 것이라고 결론짓게 되었다.

또 작가 Stevenson도 소설에 필요한 아이디어를 얻기 위해 종종 잠재의식을 활용했다. 그 유명한 『지킬 박사와 하이드』는 바로 그가 꿈속에서 본 인물을 토대로 만든 작품이다.

8) 마인드 맵핑

1960년대 후반 영국 학습방법연구회의 Tony Buzan이 고안한 마인드 맵핑(mind mapping)은 두뇌활동이 주로 핵심 개념들을 상호 관련시키거나 통합하는 방식으로 이뤄진다는 연구 결과를 바탕으로 하는 시각적 사고기법이다. 마인드 맵핑은 배우기도 쉽고 조금만 연습하면 스스로 활용할 수 있다. 아이디어를 생성된 순서대로 열거하는 전통적인 방식과는 달리, 그것들을 주제별로 묶고 선으로써 관계를 나타낸다. 또한 정보를 비선형으로, 색상별로, 상징적인 형태로 조직하므로 복잡한 아이디어들을 빠르고 쉽게 파악할 수 있고 아이디어들 간의 관계를 확인하기 편리하다.

  마인드 맵핑 기법을 시작하기 위해서는 먼저 대상이나 문제를 종이의 중앙에 적고 원으로 둘러싸거나 때로는 그림을 그린다. 대상이나 문제의 주요 사항들을 하나씩 생각하고, 도심에서 뻗어 나간 길처럼 바깥쪽으로 선들을 그려 그 위에 적는다. 좀 더 상세히 생각하면서 각각의 선에 가지들을 그려 넣을 수도 있다. 주된 선들을 먼저 모두 생각하고 나서 잘게 그린 선들을 생각(또는 브레인스토밍)해도 좋고, 주된 선 하나를 생각한 다음 바로 그 선에 붙은 가지들을 그려 넣을 수도 있으며 혹은 생각날 때마다 옮겨 다니면서 해도 된다.

  이 기법을 더욱더 유용하게 하기 위해서 주요 가지들을 각각 다른 색으로 그리는 방법도 있다. 또 가지가 뻗어 나가면서 관련된 주제들이 다른 가지에서 나타나는 것을 발견하는 경우도 있다. 이것들은 동그라미 또는 밑줄로 강조하거나 선으로 연결하여 서로 관련 있음을 표시해 준다. 마지막으로, 이렇게 완성된 마인드 맵을 검토하여 상호관련성을 찾고 어떤 해결책이 나오는지 결정한다.

  [그림 9-3]은 새로운 침대 개발을 위한 마인드 맵의 예이다.

9) 연꽃기법

  연꽃기법(lotus blossom technique)은 일본의 클로버 경영 리서치의 Matsumura Yasuo 소장에 의해 개발되었으며, MY법이라고도 부른다. 이 기법은 일본 사람들이 기존의 기술이나 제품을 새롭게 응용하고자 할 때 특히 효과적으로 사용해 왔다. 마인드 맵의 자유로움과 뒤에 소개할 스토리보드의 구조가 결합된 이 기법은 미래의 시나리오를 만드는 데 유용하게 쓰이는 것으로 밝혀졌다. 이 기법은 한가운데에 기록된 문제를 읽고 그것을 둘러싼 꽃잎 안에 생각나는 아이디어를 적어 나간다. 가운데에 있는 문제에 관한 이 아이디어들은 각각 다시 또 다른 중심 문제가 된다. 개인별 또는 집단으로 수행하면서 꽃잎에서 꽃잎으로 아이디어가 빠르게

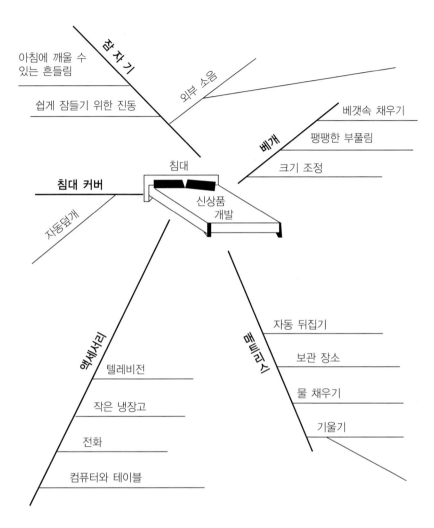

아침에 깨울 수
있는 흔들림

잠 자 기

외부 소음

쉽게 잠들기 위한 진동

베개

베갯속 채우기

팽팽한 부풀림

크기 조정

침대 커버

침대

신상품
개발

자동덮개

가 구 설치

텔레비전

작은 냉장고

전화

컴퓨터와 테이블

매 트 리 스

자동 뒤집기

보관 장소

물 채우기

기울기

[그림 9-3] 침대 개발을 위한 마인드 맵

퍼져 나가는 이러한 과정에 큰 흥미를 느끼게 된다.

　연꽃기법을 실시할 때는 [그림 9-4]와 같은 다이어그램의 가운데에 중심 문제나 주제를 적어 참가자들에게 한 장씩 나누어 준다. 참가자들은 중심 문제 또는 주제와 관련된 아이디어를 생각해서 둘레에 있는 8개의 상자(box) 안에 적는다. 예컨대, 중심 문제 또는 주제가 초전도성이라면 자기부상열차, 축전기, 전기 전도체, 컴퓨터 보드 라이팅과 같은 상업적인 응용을 생각할 수 있고, 이 아이디어들을 A~H 안에 적는다. 그리고 이 8개의 아이디어를 새로운 연꽃의 중심 주제로 활용한다. 전기 전도체 라고 A에 써 넣었다면 전기 전도체는 다시 A 바로 밑에 있는 8개의 빈칸에 대한 중심 주제가 된다. 참가자들은 이 새로운 중심 주제에 관련하여 원래의 문제에 대한 8개의 아이디어를 생각하고 둘레에 있는 8개의 빈칸에 적는다. 주어진 보기에서는 전기 전도체에 있어서 초전도성의 새로운 응용을 여덟 가지 생각하여 A 둘레에 있는 빈칸 1~8 안에 써 넣는다. 이 과정을 다이어그램이 완성될 때까지 계속한다. 필요하면 전문가에게 자문을 구한다. 마지막으로, 얻어진 아이디어를 서로 토의하고 평가한다.

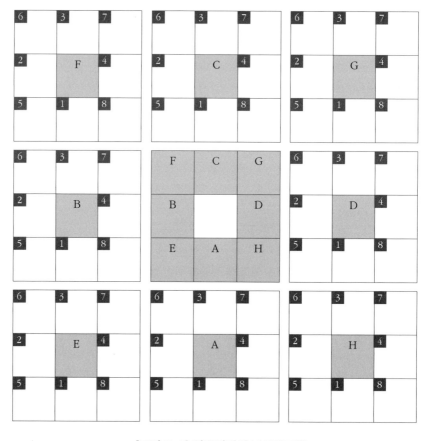

[그림 9-4] 연꽃기법의 다이어그램

10) 스토리보드

스토리보드(story boards)는 1928년 Walt Disney와 동료들이 모체를 고안하였다. Disney는 만화영화의 주요 장면들을 보여 주는 일련의 그림을 그리고, 나중에 각각의 장면을 중심으로 하여 줄거리를 완성하였다. 이 기법은 지금까지 아이디어 생성을 위한 다양한 방법으로 발전되어 왔다. 여러 방법 간에 상당한 차이가 있긴 하지만, 예외 없이 Disney가 이용한 특징을 공통으로 갖고 있다. 즉, 전체 줄거리를 형성하는 핵심 개념들을 전시한다.

스토리보드 기법의 대표적인 실시 과정은 다음과 같다. 먼저, 참가자들은 문제의 해결책 영역(속성)들을 생각해서 큰 카드 한 장에 한 가지씩 적는다. 그다음 각 영역을 문제해결책을 위한 자극제로 이용하고 떠오르는 해결책들을 마찬가지로 카드 한 장에 한 가지씩 적는다. 그 카드를 모두 해당 영역 카드 아래에 붙이거나 핀으로 꽂는다. 마지막으로, 각각의 해결책으로부터 다른 아이디어를 얻거나, 서로 다른 영역의 해결책들을 결합함으로써 새로운 아이디어를 자극한다. 충분한 수의 아이디어를 얻을 때까지 또는 시간이 종료될 때까지 해결책의 개선 및 결합을 계속한다.

예컨대, 자동차 제조업체의 사장이 자동차 도난을 방지하기 위한 방법을 찾고 있다고 하자. 사장은 뛰어난 엔지니어들을 모아놓고 그들과 함께 스토리보드를 이용하여 이 문제를 해결하기로 한다. 먼저, 참가한 사람들은 [그림 9-5]에서와 같이 자동차, 경보장치, 도난방지라는 3개 영역을 카드에 적을 수 있다. 그다음, 각 영역을 아이디어 자극제로 이용한다. 여기서는 각 영역마다 속성에 대해 각각 세 가지 해결책을 얻었다. 마지막으로, 모든 해결책을 검토하면서 어떤 새로운 아이디어가 더 나올 수 있는지 생각한다. [그림 9-5]에 열거된 9개의 아이디어를 결합하여 다음과 같은 해결책을 더 얻을 수 있다.

- 창문을 깨려고 하는 사람은 감전된다('강화유리' '건드리면 감전시킴'으로부터).
- 자동차 주변 5cm 이내에 누가 접근하면 차가 자동으로 사진을 찍는다('섬광'/'자동 음성'으로부터).

[그림 9-5] 스토리보드

2. 창의적인 사람들의 창의적 아이디어 기법

역사 속의 훌륭한 인물 중에서 창의적인 사람은 무수히 많다. 그중에서 Edison, Einstein, Freud, Newton, Franklin, Mozart, Picasso, da Vinci 등은 빼놓을 수 없는 창의적인 인물들이다. 만약 당신이 기자가 되어 그들과 인터뷰를 한다면 가장 먼저 어떤 질문을 하겠는가? 또 어떻게 그런 생각을 하게 되었는지를 물었을 때 그들은 어떻게 대답할까?

다행히도 미국 캘리포니아 벤 레몬드의 다이내믹 학습센터의 공동 설립자인 Robert Dilts는 역사적으로 위대한 천재들의 사고 전략에 대해 연구논문을 써 왔다. 그는 신경언어학자로서 언어적 형태와 비언어적인 의사소통을 분석하여 뇌가 어떻게 움직이는지를 알아내고자 하는 데 관심을 갖고 da Vinci, Disney, Einstein과 같이 특출한 재능을 가진 사람들의 성공적인 사고 전략에 관해 연구했다. 다음은 그의 연구에서 발견한 인물들의 창의적인 사고 전략이다.

1) Walter Elias Disney

세계적으로 유명한 꿈과 환상의 공원인 디즈니랜드는 가난한 화가의 작은 아이디어에서 탄생되었다. 그 아이디어맨은 바로 미국의 Walter Disney이다. 그는 미키마우스라는 아이디어 하나로 일약 억만장자가 되어 세계적 명물인 디즈니랜드까지 건설하기에 이른다.

디즈니랜드를 건설할 당시의 것으로서 Disney만의 비상한 아이디어 기법을 보여 주는 유명한 일화가 있다. 디즈니랜드에 캐리비언 해적선이 막 개장할 무렵, Disney는 그 배를 둘러보고 무언가 만족스럽지 못한 것을 느꼈지만 그것이 무엇인지 끄집어낼 수 없었다. 그는 그것을 찾기 위해 정비 담당과 식당 종업원에 이르기까지 가능한 한 많은 직원을 모아 그들로부터 육감적인 힘을 이끌어 냈다.

"이게 맞습니까?" Disney가 물었다. 의상과 관목 숲은 확실하고 건물들은 뉴올리언즈 프랑스 촌의 복잡하고 정교한 금속장식에서 본뜬 것이었다. 그것들 모두가 맞는 듯 보였다. "이 소리가 맞아요?" Disney는 마지막까지 목소리, 배, 심지어 캐리비언과 관계 있는 동물들의 소리까지 정확하게 재생하여 음향장비들을 설치했다. "예, 이 소리가 맞습니다." "이 느낌이 맞아요?" 그는 온도와 습도도 무더운 뉴올리언즈의 밤과 맞췄다. "예, 이 느낌이 맞습니다." "이 향기가 맞아요?" 정성들여 만든 향기 생산 기계는 화약, 이끼, 소금물을 혼합하여 케이전(아카디아 출신 프랑스인의 자손인 루이지애나 주의 주민) 음식 냄새를 만들어 냈다. "예, 이 냄새가 맞아요."

그러나 무엇인가 아직 부족했다. 그것이 무엇일까? Disney는 궁금했다. 마지막으로 마루를 닦고 있던 젊은이가 말했다. "Disney 씨, 저는 남부에서 쭉 자랐어요. 그런데 여름밤에는 반딧불 같은 것이 있었다고 문득 생각나는군요." Disney의 얼굴이 밝아졌다. "됐어, 바로 그거야!" 젊은이에게는 충분한 보상이 주어졌고, Disney는 반딧불을 기계적으로 모방하는 방법을 알아낼 때까지 실제로 반딧불을 옮겨와서 살게 만들었다.

이 일화를 통해 창의적인 문제해결을 위해서는 '사소한 일에 주목하라.' '직관을 따르라.' '다양한 관점을 통합하라.' '주위 사람에게서 최고의 것을 얻으라.'라는 교훈을 얻을 수 있다.

본질적으로 Disney는 독특한 창의력과 문제해결 방법의 기초를 구체화하는 세 가지 사고의 방법이 있다. 그것은 바로 ① 모든 감각을 사용하라. ② 큰 문제와 창의적인 일들을 다루기 쉽게 작게 분할하라. ③ 다른 사람의 관점을 받아들여라. 이들 세 가지 전략에 이르게 하는 Disney의 방법은 스스로를 서로 다른 세 사람에서 한 사람으로 되게 하는 것이다. Disney와 함께 일했던 한 사람은 "거기에는 실제로 여러분이 만나면서 알지 못했던 Disney의 세 가지 다른 점이 있습니다."라고 말한다. Robert Dilts는 이들 세 가지 다른 Disney를 공상가, 현실주의자 그리고 비평가로 명칭을 붙였다. 다음에 설명하는 이 세 가지는 모두 기업가들이 궁극적으로 성공에 이르는 데 중요한 역할을 한다.

공상가

Disney는 꿈을 매우 진지하게 여겼다. 그가 생각에 깊이 빠졌을 때는 때때로 눈썹을 내리깔고, 눈을 가늘게 뜨고, 턱을 아래로 떨군 채 허공의 한 점을 뚫어져라 몇 분씩 쳐다본다. 이때는 어떤 말도 그의 명상을 깰 수 없다. 그런 상황에서 그는 중요한 심리 현상으로 알려진 공감각에 빠져드는 것이다. 공감각은 사람이 보는 것을 느끼거나 듣는 소리의 이미지를 볼 때처럼 둘이나 그 이상의 감각이 겹쳐질 때 나타난다. Disney는 그의 필름 판타지아 서문에 음악을 들을 때면 마음속에서 영상이 형성된다고 적고 있다.

따라서 더 참되고 심오한 상상력을 갖기 위해서는 모든 감각을 쓰도록 노력해야 한다. 만약 시장 전략을 세운다면 Beethoven의 5번 교향곡 같은 구성을 고려해 보고, 드라마틱하고 강력한 처음 몇몇 소절을 떠올려라. 만약 당신이 연설을 한다면 멋진 어투로 그림을 그려 보라.

현실주의자

잠시 당신이 생동감 있게 해 줬으면 하는 극중 인물의 육체적 행동들을 믿을 수 없을 만큼 아주 세밀하게 분석해 주는 장치를 개발할 것을 요구받았다고 하자. 하나의 움직이는 장면은 초당 24개의 화면으로 구성되기 때문에 등장인물의 행동에는 매 초마다 24개로 분리된 그림들이 필요할 것이다.

Disney가 스크린상의 매 초를 나눠 24개의 분리된 그림으로 나눌 수 있게 도움을 주었던 비결 중 하나는 처음에 고무밴드 위에 등장인물들을 그려 넣는 것이었다. 그러고는 단지 고무밴드를 다른 방향으로 밀고 당기고 하면서 등장인물의 다른 신체 부위를 움직일 수 있었다. 그래서 가장 정확하게 그릴 수 있는 방법의 아이디어를 얻었다.

그의 상상력이나 창의적 능력을 운용하기 쉽고 다룰 수 있게끔 작게 만드는 이 능력이 Disney의 현실주의적인 진면목이다. Disney는 기본적인 밑그림을 그리며 시작했다. 그리고 나서, 그는 이런 각각의 행동을 구성하는 구체적인 동작들을 그렸다. 그리고 마침내 이런 각각의 행동을 구성하는 정확한 움직임을 그릴 수 있었다.

비평가

공상가가 아이디어를 제시하고, 현실주의자는 그 아이디어를 현실화시키는 방법을 안다면, 그 아이디어가 훌륭한 것이 되는지 여부에 대한 마지막 결정은 비평가에 달려 있다. 자기 자신에게는 물론이고 타인의 일에도 진정으로 유익한 비평가가 되기 위해서는 상당히 심리적인 거리감이 필요하다. Disney가 말한 것처럼 어떤 일이든 객관적으로 충분한 거리를 두고 있어야 한다. 역설적이게도 Disney가 비평가로서 심리학적 거리를 유지하는 데 사용했던 기술 중 하나가 바로 공상가이자 현실주의자로서 성공의 길잡이였던 '타인의 역할을 해내는 것'과 같은 것이다.

Disney는 자신이 창조한 등장인물이 됨으로써 타인의 역할을 할 수 있었다. 그의 조수 중 한 명이 말하듯 "미키의 목소리를 항상 Disney가 해냈다. 그리고 그는 미키의 대사와 상황을 너무나 완벽하게 알고 있기 때문에 그 대사를 말할 때 그의 몸짓까지도 정확하게 제대로 연기할 수 있었다."

분명히 자신이 창조한 등장인물과 완전히 동일시함으로써 그는 공상가와 현실가로서의 모든 면을 제대로 수행할 수 있었다. 하지만 비평가로서의 면은 어떠한가? 그렇게 완전히 동일시하는 것이 객관성에 방해가 되지는 않는가? 그렇다. Disney가 타인이 될 수 있는 능력 그리고 그것을 또 다른 타인, 즉 관객이 될 수 있는 능력을 갖고 있지 못했더라면 어떻게 되었을까? 그는 최고의 세일즈맨처럼 자기가 팔고 있는 물건을 고객(관객)의 관점에서 볼 수 있었다.

2) Leonardo da Vinci

천재 화가, 조각가, 과학자, 기술자, 철학자로 알려진 Leonardo da Vinci는 르네상스 시대의 전형적인 만능인으로 평가되고 있다. 그가 수습생이었을 때 그의 아버지 Ser Piero는 방패 하나를 주고는 그 위에 뭐든지 그려 보라고 했다. da Vinci는 '적을 깜짝 놀라게' 할 것을 그리기로 결심하고 도마뱀, 영원(newts), 귀뚜라미, 뱀, 나비, 메뚜기, 박쥐와 다른 동물들을 방으로 데려왔다. 이 동물들 중에서 그는 무섭고 깜짝 놀랄 만한 끔직한 괴물을 만들어 냈는데, 그 괴물은 독성이 있는 숨을 내쉬며 불을 뿜었다.

da Vinci는 실제 동물에서 상상의 동물을 만들어 내기 위해 '조합의 전략'을 이용하였다. 여러 동물의 부분 부분을 조합해서 새로운 상상의 동물을 만들어 낸 것이다. 그의 공책에 있는 기계 발명품들을 보면, 그가 상상 속의 동물을 만들어 냈었던 것처럼 이러한 발명품들을 고안해 내기 위해 동일한 전략을 이용했음을 알 수 있다. 말하자면, 일반적인 형태를 밝히고 새롭고 유용한 방식으로 이러한 형태들을 조합했다.

이와 더불어 da Vinci는 세 가지 매우 구체적인 기법, 즉 여명 기법(the twilight technique), 세 가지 관점 기법(the three-view technique), 그리고 잠재의식 자극 기법(the subconscious trigger technique)을 발전시켰다.

여명 기법

밤에 잠에 곯아떨어지기 직전과 아침에 완전히 깨어나기 직전을 심리학적 용어로 '여명'이라고 부른다. 해결해야 할 문제의 가장 심오한 본질을 파악하기를 원하는 경우, 예를 들어 어떻게 형태가 기계의 복잡한 부분들의 기능과 관련이 있는지, 어떻게 각각의 시스템이나 부분들이 복잡한 제조 과정의 전체에 기여하는지 등을 알아내는 데 여명기는 가장 적절한 시기인 것처럼 보인다. 논리적이고 의식적인 정신적 능력과 무의식의 환상적인 소망으로 동시에 접근하고 싶다면 여명에 일어나 생각을 해야 한다. 그래야만 문자 그대로 양쪽 세계의 최상의 것을 얻을 수 있다는 것이다.

보다 깊은 상상을 발전시키기를 바라는 사람들에게 여명기는 하루 중 가장 간편하고 가장 생산적인 시간인 것처럼 보인다.

세 가지 관점 기법

da Vinci 공책에 있는 해부학적인 그림들을 보는 즉시 한 가지 사실이 명백해진다. 그는 늘 적어도 세 가지 관점, 즉 밑에서, 위에서 그리고 옆에서 그림을 그렸다. 왜냐하면 그는 인간의 모습에 대한 진실로 완전한 지식을 알고 싶었기 때문이다.

본질적으로 da Vinci는 세 가지 다른 관점의 최소한의 것으로부터 뭔가를 인식하고 그릴 수 있을 때까지는 이것을 이해하기 위한 기초를 가지고 있지 않았다. 하나의 "진실로 완전한 지식"은 이러한 다른 관점들을 합성하여 공감각 내의 전체로부터 오기 때문에 적어도 세 가지 다른 관점에서 하나의 문제를 바라보는 방법을 찾아야 한다는 것이다. 그래서 세 가지 필수적인 요소들을 통합하여 하나의 일관된 선체를 만들었다.

잠재의식 자극 기법

da Vinci는 아이디어를 얻기 위해 종종 다음과 같은 방법을 활용한다. 먼저, 눈을 감고 충분히 휴식을 취하면서 마음을 비운다. 그리고는 종이에 아무렇게나 되는 대로 선을 긋는다. 눈을 뜨고 무작정 그려진 그 선들에서 어떤 이미지나 패턴, 사물, 얼굴, 심지어 사건의 실마리까지 찾는다.

그 밖에도 물감을 묻힌 스펀지를 벽에다 던진 후 나타나는 모양이나 여러 종류의 얼룩을 보고서 새로운 발명품이나 문제해결의 아이디어를 찾는다. 이와 같은 방법은 현대의 로르샤흐 테스트(rorschach test)에서 사용하는 것과 흡사하다. da Vinci는 이 기법을 창조적인 목적으로 잠재의식의 과정을 일깨워 아이디어를 끄집어 내기 위한 하나의 방식으로 이용했다. 즉, 그는 형태 없는 자극으로부터 잠재의식의 창조적 과정을 만들어 냈다. 하늘 위의 구름, 벽 위에 찍혀 있는 점들, 포장도로의 깨진 부분들 등 그에게는 이런 아주 사소한 것까지 창조적인 것으로 연상되는 소재가 되었다.

그의 발명품은 체인이 연결된 자전거와 같은 일상용품에서 낫 모양 무기가 장착된 전차 설계, 교량의 설계, 자동차 공학 분야의 선구적 연구, 정확한 시간 측정을 위한 기구에 이르기까지 다양하다. 그는 새의 비행 상태와 생리학을 연구하여 비행 기구에 관한 연구까지 몰두했을 정도로 다방면에 관심과 능력이 많았던 만능인이었다.

3) Albert Einstein

- "상상은 지식보다 더 중요하다."
- "모든 것은 가능한 한 단순하게 만드는 것이 좋다. 그러나 너무 단순 하지는 말아야 한다."

이 인용은 20세기 최고로 인정받은 천재 Albert Einstein의 말로, 그의 문제해결 스타일을 잘 요약한다. Einstein은 "항상 같은 방법으로 생각 해서는 문제를 해결하지 못하고 오히려 문제를 야기한다."라는 말을 자 주 했다. 이는 Einstein의 독창적인 천재 전략의 기본 개념을 이해하게 해 준다. 이는 단지 물리학에서뿐만 아니라 다른 어떤 분야에도 적용되는 말 이다.

창의성을 최대화하는 방법 중 하나는 '친근한 것 낯설게 만들기'이다. 일반적으로 사람들은 어떤 것에 익숙해지면 나름의 가설을 세우고 선입 관을 갖게 되는데, 이는 우리가 사물을 새롭고 흥미 있는 방식으로 바라 보는 것을 방해한다. 반면 친근한 것을 낯설게 만들 때 참신하고 새롭고 순수한 관점으로 대상을 다시 바라보고 독특한 발견을 할 수 있게 된다.

다음은 선입관이나 친근함 같은 것들이 창의적 사고와 문제해결력의 범위를 얼마나 제한하는가 하는 간단한 예이다.

다음 중에서 가장 다른 것 하나를 고르시오.

① One
② Thirteen
③ Thirty-one

여러분은 몇 번을 택했는가? 대부분의 사람은 앞의 문제를 '1' '13' 그 리고 '31'이라는 숫자를 생각하면서 답하려고 노력할 것이다. 그래서 많은 사람은 ②와 ③은 십 단위이기 때문에 ①이 정답이라고 생각한다. 또는 ②와 ③은 '1'과 '3'으로 구성되었으나 ①은 단지 '1'밖에 없으므로 답이라고 생각한다. 이들은 모두 앞의 단어 뜻을 숫자로 풀어서 해결하려 한다.

그러나 다른 각도에서 문제를 접근해 보자. 앞의 단어를 숫자로 보지 말고 그대로 영어 알파벳 형태로 보자. ①과 ③은 'e'로 끝났으며, ②와 ③은 'T'로 시작했다. 또는 ③만 하이픈(-)을 갖고 있으며, ②만 'one'이 들어가지 않았다. 이렇게 다양한 답이 나올 수 있다.

앞 예가 보여 주듯 Einstein은 추상적인 의미를 전달하는 언어가 오류의 근원이 될 수 있다고 느꼈다. 그는 언어에 내재하는 기존 가정을 넘어서서 새로운 각도에서 문제를 바라보고자 했다. 즉, 이미지와 직관을 통해서 느낌의 세계에 몰입하여 문제를 해결하고자 했다.

Einstein은 '실체'와 우주의 본질에 관한 기본적인 가정들을 질문하기 위한 하나의 방편으로서 그의 마음속에 자기 나름의 이미지들을 만들곤 했다. 그가 문제해결 전략으로 사용하여 독창적이고 가치 있는 일을 이루어 낸 이미지 구축에는 세 가지 중요한 특징이 있다.

첫째, 이미지는 본질적으로 시각적이다. 시각적인 것을 이용하여 Einstein은 친근한 것을 낯설게 만들 수 있었으며, 수학 언어를 주로 다루는 물리학자들과는 전적으로 다른 사고방식을 가지고 물리학의 문제들에 접근했다. 시각적 활용은 전적으로 다른 견해를 가능하게 한 것이다.

둘째, 이미지들은 여러 요소로 구성되는데, 기차, 엘리베이터, 조약돌, 빛의 입자 혹은 거울 같은 일반적이고 일상생활에서 아주 친근하게 접하는 것들이다. 이렇게 매일 보는 이미지, 사물 그리고 상징들을 이용하여 Einstein은 우뇌의 구체적이고 시각적인 언어, 즉 우리가 꿈에서 사용하는 것과 같은 언어를 사용했다.

셋째, 이미지 구축을 통한 Einstein의 사고 방법은 그가 자기 자신을 상상력을 통하여 은유적으로 그림 그리는 것이었기 때문에 직접 경험을 할 수 있게 해 주었다. 이미지 구축에 역할놀이와 느낌을 추가하여 Einstein 은 자신의 사고행위를 보다 현실감 있게 했다. 이는 문제해결의 실마리를 쉽고 구체적으로 만들어 주는 강력한 힘을 발휘했다.

예를 들면, 당신이 그리던 이상적인 집을 짓는다고 가정해 보자. 그냥 설계를 하여 건축가에게 맡기는 대신, 설계사의 청사진을 컴퓨터의 가상 현실 속에 도입하여 그 집의 기능이나 모습을 시각화시켜 보자. 그리고 본인이 직접 그 집에서 생활하는 것처럼 행동해 보고 마음껏 상상하면서 느껴 보라. 실제로 경험하고 역할놀이를 해 봄으로써 자신이 생각했던 이상적인 집을 좀 더 새로운 각도에서 볼 수 있고, 설계된 집의 문제점을 개선하고 보다 좋은 아이디어를 도입할 수 있을 것이다.

3. 발명가들을 만나자

발명가들에게서 우리는 무엇을 배울 수 있을까? 남들이 생각하지 못한 새로운 물건을 만들기까지 성격이나 태도 그리고 의지가 다른 사람들과는 달랐다. Bryan Mattimore가 소개하는 발명의 천재들이 주는 감동적이고 교훈적인 이야기를 들어 보자.

1) Calvin MacCracken: 탐정 같은 발명가

Calvin MacCracken은 100개가 넘는 발명품을 만들었다. 그는 경기 장에서 볼 수 있는 핫도그롤러 조리기와 우주비행사의 우주복에 달려 있는 난방 및 냉방장치 그리고 신을 묶는 새로운 방법을 발명했다. MacCracken은 그가 불과 세 살이었을 때 구두끈을 쉽게 매는 법을 개발했을 정도이다.

MacCracken이 Anthony Nerad와 함께 제2차 세계대전 중 제트엔진을 디자인하던 시기의 일이다. 어느 날, MacCracken은 Nerad의 집에 저녁 식사 초대를 받아 갔는데, 식사 바로 직전에 그들은 V-1 로봇 폭탄이 런던을 강타했다는 실황 보도를 듣게 되었다. Nerad는 로봇 폭탄 소리를 더 잘 듣기 위하여 라디오 소리를 높였다. 그러고는 곧장 피아노로 달려가서 그 소리에 맞는 음조를 찾았다. 이 소리로 Nerad는 육군성의 최고 과학자들까지 놀랄 정도로 정확하게 폭탄의 기본적인 메커니즘과 작동 원리를 추론할 수 있었다. 사실 Nerad는 파이프 오르간 디자인을 공부했었기 때문에 원하는 음조를 내려면 일정량의 공기가 필요하다는 것을 알고 있었다. 음조가 다를 때마다 필요한 공기량이 다르므로 이와 같은 소리를 내는 로봇 폭탄의 크기와 모양을 알 수 있었다. Nerad와 MacCracken은 크기와 모양에 대한 정보를 가지고 밤을 꼬박 세워 이 기구의 실제 다이어그램과 설계도를 만들어 냈다. 그들은 너무나 흥분해서 저녁을 먹는 것도 잊을 정도였다.

이 일을 통해 MacCracken은 창조적 사고의 비결 중 하나로 때로는 탐정처럼 생각하는 능력이 얼마나 중요한가를 배웠다. 그는 많은 발명품을 내놓으면서 여러 가지 문제에 부딪힐 때마다 탐정처럼 결과로부터 역행하는 작업을 시도했고, 가능한 원인을 폭넓게 상상했다. 그가 발명에 성공한 또 다른 비결은 가능한 해결책을 상상하는 데 필요한 충분한 정보를 수집했으며, 주변 세계의 불완전성이나 모호함과 모순에 불편해하지 않고 오히려 이를 호기심으로 탐색하는 탐정과 같은 태도를 가졌다는 데 있다.

2) Howard Wexler: 영감은 모든 곳에 있다

Tic-tac-toe 게임인 Connect Four의 창안자로 유명한 Howard Wexler는 수천만 달러에 달하는 여러 가지 장난감과 게임을 발명하였다. 그의 발명품 중 양말인형과 크런치 볼의 유래에 대하여 살펴보자. 만약 천재적 재능이 사물을 너무 명확히 보는 능력이어서 다른 모든 사람에게는 보이지 않는 것이라면 Wexler가 발명한 양말인형은 정말로 천재적인 것이다. 양말인형은 양말 끝에 캐릭터를 그려 넣거나 혹은 수를 놓은 아동용 양말이다. 아이들은 그것을 손에 끼고 스스로 또는 부모에게 자랑하며 놀기도 한다. Wexler는 아들이 양말을 가지고 흉내를 내며 노는 것을 보다가 아이디어가 떠올랐다. 그것은 사업에 대한 영감이었는데, 아주 단순하고 또렷하게 그의 머리를 스쳤다. 사실 얼마나 많은 사람이 아이들이 한 손에 양말을 끼고 흉내 내는 놀이를 지켜보았는가? 하지만 지금까지 누구도 그런 단순한 놀이를 사업화할 생각은 하지 못했다. 그러나 Wexler는 달랐다. 그는 늘 새로운 제품에 관한 아이디어를 개발하는 데 지속적으로 관심을 가져왔기 때문에 남들에게는 평범하게 보이는 것이 그에게는 달리 보였다. 이것은 사고방식과 주의력의 문제이다.

다른 종류의 사고방식의 좋은 예는 Wexler가 개발한 크런치 볼이다. 그는 짜증나게 하는 물건들에 계속 주의를 기울였고, 나중에는 그것을 성공적인 발명품으로 바꿔 놓았다. 상자를 비우려고 할 때 아무 데나 돌아다니는 그 끔찍한 스티로폼 포장 '껍데기'를 얼마나 자주 접하게 되는가? Wexler는 쓰레기로밖에 보이지 않는 스티로폼 포장 재료가 너무나 짜증이 나서 어떻게든 빨리 처리해야 하겠다고 결심했다. 그래서 스스로에게 중요한 질문을 했다. 이 재료로 어떤 장난감을 만들 수 있을까? 이에 대한 대답은 그것을 손으로 잡기 쉽게 뭉쳐서 일종의 실내용 공인 크런치 볼을 만드는 것이었다! 예쁜 색깔로 다양하게 만들어진 크런치 볼은 세계 시장에서 흔히 볼 수 있는 인기 있는 장난감이 되었다. 이와 같이 올바른 질문을 하면 아이디어에 대한 영감은 어디에서나 나오게 되어 있다.

3) Steven Chelminski: 불가능은 없다

Steven Chelminski의 가장 성공적인 발명품은 바다 밑바닥의 지형을 도표로 그릴 수 있는 기구이다. 본질적으로 이 기구는 매우 압축된 공기를 방출하여 필요할 때 반복하여 폭발하도록 고안되어 있다. 바다 밑바닥을 도표화할 수 있는 이 기구의 발명으로 지질학자들은 바다 지형의 형태에 기초하여 가능한 석유 매장량에 대한 기록을 분석할 수 있다.

이 발명품은 석유탐사기업을 혁신시켰다. Chelminski의 발명 이전에 석유 탐사선은 탐사를 위해 다이너마이트를 이용했는데, 이는 위험하고 비용이 많이 드는 데다가 신뢰도도 떨어졌다. 가장 효율적인 탐사선조차도 분당 하나의 다이너마이트를 폭발시켜야 했다. Chelminski의 공기압축 기구로 값싸며 안전하고 통제된 '폭발'은 매 8~10초 사이에 가능했다. 그 결과 보다 세부적이고 정확하며 신뢰할 수 있는 지도를 만들 수 있었다.

그는 이러한 발명품 외에도 보다 단순한 로켓부스터(로켓 발사의 추진력이 되는 로켓)와 새로운 신발을 발명하기도 했다. 불행히도 그는 그 신발로 돈을 벌지는 못했다.

Chelminski의 발명 영역이나 열정은 여기서 그치지 않는다. 당시 그의 아버지가 암으로 죽어 가고 있었다. 의사는 모든 것-수술, 화학요법-을 다했지만 종양은 악화되어 갔다. Chelminski는 아버지를 결코 포기할 수 없었다. 그는 만약 의사가 더 이상 조치를 취할 수 없다면 암 치료약을 만드는 것은 이제 자신에게 달려 있다고 생각했다. Chelminski가 생각해 낸 아이디어는 종양 부위를 수술하여 은이나 금으로 된 정제를 삽입하여 종양을 중화시키는 것이었다. 라디오파의 지속적인 흐름에 노출되면 그 정제는 열을 내고 주위의 건강한 근육조직을 손상시키지 않으면서 암세포의 성장을 태워 없앤다. 아주 평범하고 단순한 생각이었다.

그러나 불행하게도 그는 이 아이디어를 실천하지는 못했다. 아버지의 병이 급속히 악화되어 곧 사망했기 때문이다. 그러나 예일 뉴 해븐 병원의 의사들은 Chelminski의 아이디어가 이론적으로 효과가 있을 것이라고 생각했다. 그리고 최근에 한 의료연구센터에서 유사한 방법으로 암치료 실험에 성공했다는 소식이 들린다.

Chelminski는 새로운 문제를 해결하기 위하여 계속 주의를 기울인다. 이것은 성공적인 발명가들에게 공통으로 나타나는 사고방식 중 하나이다. Chelminski에게서 배우는 중요한 교훈은 불가능은 없다고 생각하는 그의 인식이다. 그리고 해결될 것 같지 않은 문제에 대한 답을 찾으려는 Chelminski의 의지에 경탄한다.

창의적인 문제해결이나 창의적인 생산품을 위한 특별한 기법이나 전략은 하나의 편리한 수단일 뿐이다. 이에 앞서 문제를 창의적으로 해결하려는 의지나 태도가 더 중요하다. 풍부한 상상력과 매사 호기심으로 똘똘 뭉쳐 있는 탐정 같은 태도, 작은 일도 그냥 넘기지 않고 꼼꼼히 살피는 주의력, 하찮은 일에서 상품으로 연결시키는 풍부한 아이디어 그리고 어느 분야나 발명에는 불가능은 없다고 달려드는 성격 등이 바탕이 될 때 창의적인 전략도 빛을 발하게 된다.

창의적 문제해결력

제10장 창의적 문제해결력

1. 창의적으로 문제해결하기

창의적 문제해결(Creative Problem Solving: CPS)은 일상생활에서 겪는 작은 고민부터 복잡한 갈등이나 문제들을 해결하는 데 활용할 수 있는 체계적인 문제해결 방법이다. 특히, CPS는 기업, 정부 그리고 교육 분야 등에서 폭넓게 사용하고 있다. 다음과 같은 상황에서 CPS를 유용하게 적용할 수 있다.

- 우리 가족이 좀 더 많은 시간을 보낼 수 있는 방법을 찾고 싶다.
- 우리 반 학생들이 재미있는 학교생활을 하고, 수업에 흥미를 북돋을 수 있도록 돕고 싶다.
- 우리 팀은 프로젝트 수업에서 의미 있는 주제와 방법으로 진행하려면 어떻게 해야 할까?
- 지역 주민들이 함께 참여할 수 있는 흥미롭고 유익한 프로그램에 관한 아이디어가 필요하다.
- 독창적인 신상품을 개발하고 싶다.
- 우리 회사 상품을 많이 팔기 위해 혁신적인 영업 전략을 수립해야 한다.

CPS를 활용하여 문제를 해결하기 이전에 다음 사항들을 충분히 고려해야 한다. 첫째, 직면한 문제가 CPS를 적용하기에 적합한지, 둘째, 문제의 본질을 정확하게 파악했는지, 셋째, CPS가 가장 효율적인 해결 방법인지를 확인해야 한다.

문제의 유형 평가하기

문제의 유형과 해결의 방향성을 충분히 이해한 후, CPS를 적용하는 것이 과연 적합한지를 평가해야 한다. 문제의 유형은 구조화 정도에 따라 '구조화된 문제(well-structured problem)'와 '비구조화된 문제(ill-structured problem)'로 구분된다. '구조화된 문제'는 현 문제 상황과 해결되고자 하는 상황의 간극이 좁고, 단 하나의 정답이 있고, 문제해결에 필요한 모든 자료가 제시되어 있는 경우이다(예: 단순한 수학 연산 문제). 반면에, '비구조화된 문제'는 평소에 끊임없이 부딪히는 문제로서 현 문제 상황과 해결되고자 하는 상황의 간극이 넓기 때문에 한 가지가 아닌 다양한 접근으로 문제를 해결해야 한다(예: 미래교육의 방향성). 즉, 문제의 구조화 범위에서는 CPS는 구조화된 문제보다는 복잡하고 다양한 해결책을 제시할 수 있는 비구조화된 문제를 해결하는 데 유용하게 활용될 수 있다.

문제의 본질을 정확하게 파악하고 진술하기

CPS 적용을 통해 문제를 효율적으로 해결하기 위해서는 먼저 문제 상황에 대한 이해와 해결해야 할 문제의 목표가 명확하게 진술되어야 한다. 우리는 종종 문제를 제대로 파악하지 못하여 생긴 잘못된 문제를 가지고 해결하려다 실패하곤 한다.

예를 들면, 어떤 자동차 회사에서 영업사원들의 이직 문제로 골치가 아프다. 영업사원의 50% 이상이 입사한 후 6개월 이내에 회사를 떠나고 있다. 이 경우에 CPS를 이용해서 해결해야 할 문제의 목표 진술은 어떻게 해야 할까? 만약 "어떻게 하면 많은 영업사원을 보충할 수 있을까?"라고 하면, 이 문제를 해결하기 위한 아이디어는 인원 보충하는 방법에 초점을 둘 것이다. 이 문제 진술로는 근원적인 문제를 해결할 수 없다. 이 상황에서 보다 더 정확한 진술은 "어떻게 하면 현재의 영업사원이 오랫동안 근무하게 할 수 있을까?"이다.

창의적 문제해결이 가장 효과적인 방법인지 확인하기

만약 문제를 정확하게 파악하고 제대로 진술했다면, 그다음은 현재의 문제를 해결하기 위해 CPS가 가장 효과적인 방법인지를 결정해야 한다. 여기에서 문제를 해결하는 데 CPS 방법보다 더 효율적인 방법이 있다면, 그것을 사용해도 된다. 단, 나에게 익숙하고 오랫동안 활용해 왔던 해결 방식만이 가장 적절한 방법은 아니라는 것을 명심해야 한다.

다음 문제를 풀어 보자. "지름이 2cm인 원을 그리시오. 그리고 펜이나 연필로 원 안을 칠해 보시오." 이 지시에 따라 여러분이 그린 것은 다음 그림 (a)와 (b) 중 어느 것과 비슷한가?

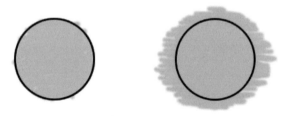

[그림 10-1] 사고의 습관 예

또 두 그림 중 어느 것이 정답일까? 원의 내부를 칠하라는 지시에 둘 다 어긋나지 않았기 때문에 모두 옳다. 그러나 (a)와 같은 전통적인 방법을 사용한 사람은 원 밖으로 벗어나지 않으려고 많은 노력을 해야 했을 것이다. (b)는 이보다 훨씬 효율적인 해결 방법이다. 즉, 특별히 조심할 필요 없이 원을 가로지르면서 자유롭게 칠하면 되기 때문에 (a) 방법보다 훨씬 빠르고 쉽다.

대부분의 사람은 (a)와 같은 방법으로 해결하는데, 그 이유는 두 가지로 생각해 볼 수 있다. 첫째, 필요도 없는 가정을 스스로 만들어 내는 경향이 있기 때문이다. 원 안을 칠하라고 하면, 지시 내용에 있지도 않은 기준을 만들어 원 밖으로 나가서는 안 된다고 생각한다. 그러나 지시와 생각은 엄연히 다르다. 둘째, 우리는 (a)와 같은 방법으로 답하도록 학습되었다. 아주 어릴 때부터 안을 칠하라고 하면 선 밖으로 벗어나서는 안 된다고 배워 왔고, 깨끗하게 칠할수록 점수를 더 받았다. 물론 이런 습관은 그 기준이 아주 분명하게 밝혀진 상황에서는 도움이 되지만, 창의적인 해결책이 요구되는 상황에서는 오히려 방해가 된다.

2. 문제해결 스타일

본격적으로 창의적 문제해결에 관한 내용으로 들어가기 전에 여러분은 문제나 도전적인 상황에 부딪혔을 때, 어떻게 대처하고 해결하는지를 살펴보고자 한다. 다음은 미국의 창의성 전문가 Puccio 교수(1999)가 개발한 문제해결 스타일을 알아보는 검사이다.

다음 문항들은 문제나 갈등 상황을 해결할 때의 행동들을 기술한 것입니다. 각 문항을 읽고 1점부터 5점까지의 점수 중 가장 자신을 잘 나타내는 점수에 O표 합니다.

문항 내용	전혀 그렇지 않다	그렇지 않다	보통 이다	그렇다	매우 그렇다
	1	2	3	4	5
1 나는 최종 결과물이 나오기 전까지 내 아이디어를 검토하고 수정한다.					
2 나는 문제의 본질을 명확히 밝혀내기 위해 많은 시간을 보낸다.					
3 나는 아이디어를 실행에 옮기는 것을 선호한다.					

4	나는 다른 사람에 비해서 많은 아이디어를 생각한다.					
5	나는 여러 가지 일을 하는 것을 선호한다.					
6	나는 큰 그림을 가지고 상황을 이해한다.					
7	나는 문제의 원인에 대해 세부적으로 살펴보고 고민하는 성향이다.					
8	나는 문제를 독특한 방식으로 생각하는 것을 즐긴다.					
9	나는 해결책에 대한 모든 장점과 단점을 파악하는 것을 선호한다.					
10	나는 문제와 가장 밀접한 사실들을 밝혀내는 것을 선호한다.					
11	나는 아이디어 실행을 위해 필요한 모든 것에 대해 파악하는 것을 선호한다.					
12	나는 대안을 선별하는 데 사용될 수 있는 기준을 만드는 것을 선호한다.					
13	나는 문제를 다양한 관점에서 바라보려고 노력한다.					
14	나는 문제를 명확하게 정의하는 데 많은 시간을 보낸다.					
15	나는 아이디어를 현실의 문제에 적용하는 것을 선호한다.					
16	나는 불명확하고 새로운 문제들을 다루는 것을 선호한다.					
17	나는 아이디어를 완벽하게 만들기 위한 시간을 즐긴다.					
18	나는 다듬어지지 않은 아이디어를 구체적인 결과물로 만든다.					
19	나는 진술된 문서를 명확하게 만드는 것에 집중한다.					
20	나는 많은 아이디어를 생각해 내기 위해 상상력을 펼치는 것을 즐긴다.					
21	나는 복잡한 상황에서도 문제의 핵심을 잘 파악한다.					

22	나는 불명확한 개념을 실행 가능한 아이디어로 만들기 위해 분석한다.					
23	나는 아이디어를 잘 현실화한다.					
24	나는 문제해결을 위한 독특한 아이디어를 떠올리는 것이 어렵지 않다.					
25	나는 해결책을 실행에 옮기기 전에 실행 계획을 구체적으로 정하는 것을 선호한다.					
26	나는 아이디어를 절차나 단계에 따라 실행에 옮긴다.					
27	나는 일을 진행하기 전에 문제에 대해 명확히 이해하려고 한다.					
28	나는 새롭고 독특한 아이디어를 가지고 일하는 것을 선호한다.					
29	나는 아이디어를 현실로 구체화하는 것을 선호한다.					
30	나는 잠재적 해결책의 강점과 약점을 분석하는 것을 선호한다.					
31	나는 특정 문제의 근본 원인을 알아내기 위한 정보를 수집하는 것을 즐긴다.					
32	나는 문제를 가장 잘 표현하거나 기술할 수 있는 방법을 찾아내려고 한다.					
33	나는 광범위한 문제를 세분화하여 다양한 각도에서 살펴보는 것을 선호한다.					
34	나는 새로운 아이디어를 생성해 내기 위해 은유와 유추를 활용한다.					
35	나는 아이디어를 개선하거나 정교화하기 위한 노력을 기울인다.					
36	나는 빠르게 해결책을 찾은 후 더 이상 신경 쓰지 않는다.					

　　검사의 각 문항에 대한 점수를 모두 기입한 후, 4개의 문제해결 스타일에 해당하는 문항의 점수를 합산한다(〈표 10-8〉, p. 233 참조). 전체적으로 문제해결 스타일 점수를 살펴보고, 가장 높은 점수와 낮은 점수의 스타일

은 무엇인지 파악한다. 각 문제해결 스타일은 다음과 같은 특징이 있다.

　문제해결의 네 가지 스타일 문제확인자(clarifier), 아이디어생산자(ideator), 개발자(developer), 실행자(implementor)에 대한 특징을 자신의 실생활 모습과 연결시켜 보자. 그리고 나의 강점 스타일을 더 향상시킬 방법과 약점 스타일은 어떤 점을 보완하면 좋을지에 대한 계획을 세우고 실천해 보자.

스타일	내용	
	강점	약점
문제 확인자	• 도전과 기회를 탐구함 • 세부 내용을 분석함 • 문제를 분명하게 이해함 • 문제해결을 위한 방법론적 접근	• 너무 많은 질문을 함 • 방해물(단점)을 지적함 • 사람들에게 많은 정보를 전달함 • 과도한 생각이 일을 추진시키는 데 방해가 됨
아이디어 생산자	• 큰 그림을 보는 것을 선호함 • 아이디어와 가능성에 대한 탐색 즐김 • 상상의 나래를 펼치는 것을 선호함	• 자신이 관심의 대상이 되어야 함 • 너무 추상적임 • 세부사항을 간과하기도 함
개발자	• 현실 가능한 해결책을 만듦 • 여러 해결책을 비교 및 분석하여 평가함 • 아이디어를 실행 가능한 단계로 계획함	• 완벽한 해결책 개발을 하고자 해서 신속성이 부족함 • 너무 세부적인 부분까지 확인함 • 다른 사람들의 아이디어에서 문제점을 발견함
실행자	• 아이디어가 현실화되는 것을 좋아함 • 가능한 해결책에 관심을 둠 • 혁신에 대한 나이키적인 접근(Just Do it)	• 여러 가지 일을 동시에 추구하는 과정에서 실수를 범함 • 빠른 행동과 결정을 내림 • 다른 사람들이 빨리 움직이지 않을 때 불만을 표현함

3. 문제해결을 위한 확산적 사고와 수렴적 사고

1) 사고의 균형

문제를 창의적으로 해결하기 위해서는 확산적 사고와 수렴적 사고가 조화롭게 이루어져야 한다. 확산적 사고는 가능한 한 많은 아이디어와 가능성을 찾아내는 것이고, 수렴적 사고는 가장 적합하고 유용한 아이디어를 선택하는 것이다. 이 두 사고는 각각 독립적으로 최적의 기능을 발휘하면서, 서로 간의 유기적이고 균형 있는 관계일 때, 가장 효과적으로 문제를 해결할 수 있다. 다시 말하면, 새로운 아이디어를 내고 있을 동안에는 그 아이디어를 비판하거나 평가해서는 안 되고, 아이디어를 평가하는 동안 새로운 아이디어를 내서는 안 된다. 창의적인 문제해결을 위해서는 이 관계를 반드시 염두에 두어야 한다.

앞의 관계를 '아이디어의 산'이라는 개념으로 생각해 보자. [그림 10-2]에서 보는 것처럼 산의 기슭에 해당하는 왼쪽 끝부분, 즉 처음에는 아이디어가 거의 없는 상태이다. 산을 점점 오르면서, 확산적인 사고가 진행되면서 많은 아이디어를 얻는다. 산의 정상에 올랐을 때 가장 많은 아이

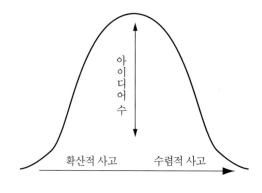

[그림 10-2] 아이디어 산

디어가 축적된다. 이 시점부터는 산을 내려오듯이 수렴적인 사고로 많은 아이디어를 계속 비교·분석하면서 최선의 아이디어가 선택된다.

2) 확산적 사고의 일반적인 규칙

확산적 사고를 증진시키기 위한 방법은 창의적 문제해결의 각 단계마다 활용 방법이 다르지만, 가능한 한 많고 다양한 아이디어를 내고자 하는 목표에 있어서는 다음과 같은 규칙이 공통적으로 요구된다.

아이디어에 대한 판단을 보류하고 받아들이기

어떤 아이디어든지 마음을 열고 받아들이는 자세가 필요하다. 비판함으로써 아이디어 산출 가능성을 제한하거나 한 아이디어에 너무 확신을 가져서는 안 된다. 확산적 사고에서는 자신이나 타인의 아이디어에 대해서 비판과 칭찬하지 않는 '판단의 보류'가 중요하다. 그리고 모든 아이디어를 거절하지 말라. 엉뚱한 아이디어가 문제해결에 독창적이고 실용적인 아이디어로 변할 수 있고, 어리석어 보이는 아이디어가 정말 놀라운 영감을 가져다줄 수 있다.

많은 아이디어를 추구하기

'양(良)이 질(質)을 낳는다.'라는 말은 아이디어 생성에도 적용된다. 즉, 아이디어의 수를 많이 낼수록 선택의 폭이 넓어지므로 동시에 아이디어의 질도 높아진다고 볼 수 있다. 예를 들어, 브레인스토밍 시간에 나온 의견 중 10%가 실시 가능하다면 10개가 아니라 100개의 아이디어를 만들어 내는 것이다. 그 100개 중에서는 10개가, 10개 중에서는 1개만 실시 가능하다. 양을 추구함으로써 최상의 결과를 얻는 경우가 많다. 대표적인 예로 혁신적인 전기 상품 중 다이슨의 무선 청소기와 날개 없는 선풍기는 약 천여 개의 시제품 속에서 하나가 선택된 것이다.

결합하거나 빌려오기

이미 나와 있는 아이디어들을 서로 결합하거나 빌려서 새롭고 독창적인 아이디어로 만들어 내는 것이다. 기존의 아이디어에서 창의적인 아이디어가 비롯된다는 관점에서 빌려오기(borrowing)를 하는 것이다. 그 예로 연꽃잎의 초발수(super hydropbic) 원리를 빌려서 우산, 방수 페인트, 안경의 김 서림 방지 등의 창의적인 산출물을 개발한 것을 들 수 있다. 여기에서는 자연의 원리를 빌려서 다른 영역에 결합하여 새롭고 독창적인 제품을 만들어 냈다고 볼 수 있다.

3) 수렴적 사고의 일반적인 규칙

수렴적 사고는 확산적 사고에서 나온 아이디어 중에 최선의 아이디어를 선택하는 데 사용된다. 확산적 사고와 마찬가지로 문제해결 단계마다 수렴적 사고를 도와주는 기법들이 다르게 활용되지만 기억해야 할 공통된 규칙이 있다.

긍정적 판단의 감각 키우기

아이디어를 평가하는 모든 수렴적 사고의 활동들은 유용한 아이디어를 찾을 수 있도록 도와준다. 수렴적 사고 과정의 목표는 좋은 아이디어를 찾는 것이지, 나쁜 아이디어를 비판하기 위한 것이 아니라는 점을 반드시 명심해야 한다.

신중하게 결정하기

아이디어를 평가하기 위한 구체적인 계획을 만들어라. 수렴적 사고에서는 독단적인 결정을 하는 것이 아니라 잘 조직화되고 논리적인 과정을 거쳐 아이디어를 신중하게 선택해야 한다.

명확한 기준 정하기

수렴적 사고를 하는 동안 아이디어를 공정하게 평가하기 위해서는 문제해결의 목표와 관련하여 평가 기준을 객관적이고 구체적이며, 분명하게 정해야 한다. 그렇지 않으면 감정이나 취향에 의해 판단의 오류가 발생할 수 있다.

대충 끝내지 않기

모든 아이디어가 충분히 검토될 때까지는 평가를 끝내지 않는다. 첫 번째 아이디어가 괜찮다고 그냥 결정해 버리는 경우가 종종 있는데, 항상 마지막 아이디어까지 검토하는 습관을 들여야 한다. 마지막 순간에 의외의 수확을 찾을 수도 있다.

4. 문제해결을 위한 기법

1) 확산적 사고를 돕는 기법

아이디어를 가능한 한 많이, 다양하게 낼 수 있도록 도와주는 기법들에는 브레인스토밍(brainstorming), 스캠퍼(SCAMPER), 강제 결합법(forced connection) 등 여러 가지가 있다. 구체적인 내용은 제9장 '창의적 아이디어 증진을 위한 기법'에 설명되어 있다.

2) 수렴적 사고를 돕는 기법

많은 아이디어 중에서 가장 적합한 아이디어를 선택하기 위해서는 각각의 아이디어를 비교 및 분석하고 평가하는 과정인 수렴적 사고가 필요하다. 여기에서는 수렴적 사고를 돕는 기법으로 쌍으로 비교 분석하기,

아이디어 평가 매트릭스, 스크리닝 매트릭스 기법을 소개한다.

쌍으로 비교 분석하기

쌍으로 비교 분석하기(Paired Comparison Analysis: PCA)는 여러 가지 산출된 아이디어 또는 문제해결을 위한 조건이나 기준 등을 한 쌍씩 비교·평가하여 중요한 것의 우선순위를 결정하는 기법이다.

이 기법을 실시할 때는 먼저 다음 표에 아이디어나 기준을 나열한다.

아이디어 : A _____   B _____

　　　　　　 C _____   D _____

　　　　　　 E _____   F _____

이 아이디어들은 차례로 쌍을 만들어 다른 모든 아이디어와 서로 비교한다. 이때 더 중요한 아이디어가 다른 것에 비해 어느 정도로 중요한가에 따라 '조금 중요하면 1점' '중요하면 2점' '매우 중요하면 3점'을 부여한다. 점수를 기록하는 방법은, 가령 A와 B를 비교해 볼 때 A가 B보다 매우 중요하다고 여겨지면 'A3'라고 상자 안에 써 넣으면 된다.

A/B	A3	A/C		A/D		A/E		A/F	
		B/C		B/D		B/E		B/F	
				C/D		C/E		C/F	
						D/E		D/F	
								E/F	

모든 비교가 끝나면 각 아이디어별로 총점을 계산한다.

A _____ B _____ C _____ D _____ E _____ F _____

마지막으로, 총점에 따라 중요성의 순서를 정한다.

가장 중요한 것	_____
두 번째 중요한 것	_____
세 번째 중요한 것	_____
네 번째 중요한 것	_____
다섯 번째 중요한 것	_____
여섯 번째 중요한 것	_____

PCA는 다양한 상황에서 우선순위를 결정할 때 활용할 수 있다. 예컨 대, 집을 살 때 여러 가지 기준 중에서 어떤 것을 우선적으로 고려할 것인 가를 알아보기 위해 PCA를 사용해 보자. 〈표 10-1〉은 경제적 능력을 비 롯한 아홉 가지 기준을 이용하여 비교·분석한 결과의 예이다.

〈표 10-1〉 집을 사기 위한 기준의 PCA

		B	C	D	E	F	G	H	I	점수 합계
경제적 능력	A	A2	C2	D2	E1	F1	G1	H3	I1	A=2
주위 환경		B	B1	D1	B2	B1	B3	H1	B1	B=8
통근거리			C	D3	C2	F1	C1	H1	C2	C=7
학군				D	D3	D1	D2	D1	D1	D=14
크기(평수)					E	F1	G1	H3	I1	E=1
주차시설						F	F2	H1	F1	F=6
내부구조							G	H3	I1	G=2
관리비								H	H2	H=14
투자가치									I	I=3

※ 1: 조금 중요함, 2: 중요함, 3: 매우 중요함

이 예에서는 점수 합계를 볼 때 D와 H, 즉 학군과 관리비가 가장 중요

한 기준이고, 주위 환경, 통근거리, 주차시설의 순서로 중요하게 여기고 있음을 알 수 있다. 이와 같은 결론을 가지고 실제로 집을 구입할 때 참고하면 된다.

아이디어 평가 매트릭스

아이디어 평가 매트릭스(idea evaluation matrix)는 일반적으로 평가 기준이 정해진 후에 그 평가 기준에 근거하여 각각의 아이디어가 얼마나 좋은 것인지를 평가하기 위해 사용되는 기법이다.

먼저 〈표 10-2〉와 같은 평가 매트릭스의 왼쪽에 아이디어를 한 칸에 하나씩 나열하고, 기준 칸에 고려해야 할 평가 기준을 적는다. 그리고 각각의 아이디어를 기준에 맞추어 1~5점(또는 1~10점)으로 평가한다. 이때 주의할 것은 한 가지 평가 기준에 대하여 모든 아이디어를 평가한 후 다른 평가 기준으로 넘어가야 한다.

〈표 10-2〉 아이디어 평가 매트릭스

예를 들면, 〈표 10-3〉은 집을 구입하려는 사람이 PCA로 평가 기준(학군, 관리비, 주위 환경, 통근거리, 주차시설)을 정하고, 어떤 집으로 결정할 것인가를 알아보기 위해 아이디어 평가 매트릭스를 활용한 것이다.

〈표 10-3〉 아파트 구입을 위한 평가 매트릭스

	학군	관리	주위 환경	통근 거리	주차 시설	합계	판단		
							결정	보류	제외
아파트 A	3	2	1	3	1	10			V
아파트 B	4	5	1	2	1	13			V
아파트 C	2	5	4	4	3	18		V	
아파트 D	5	3	2	4	3	17		V	
아파트 E	4	2	5	5	5	21	V		

이 평가 매트릭스 결과로 판단할 때 우선 아파트 E가 가장 이상적인 것이 되고, C, D는 이차적으로 구입을 고려해 볼 수 있다.

스크리닝 매트릭스

많은 아이디어 중에서 일차적으로 좋은 아이디어를 선별하려고 할 때 유용하게 활용할 수 있는 스크리닝 매트릭스 기법(screening matrix for ideas)은 컨설턴트인 Simon Majaro에 의해 개발되었다. 스크리닝 매트릭스의 두 축은 평가 기준을 나타낸다([그림 10-3] 참조). 가로축의 독창성은 아이디어가 얼마나 새롭고 매력적인가를 의미한다. 세로축의 유용성은 집단의 목적에 따른 아이디어의 적합성과 실용성을 나타내며, 재정적·인적 자원의 이용 가능성 등을 포함한다.

40개의 아이디어가 [그림 10-3]과 같이 독창성과 유용성 평가 기준을 상위, 중간, 하위 등급으로 평가되었다. 예컨대, 30번 아이디어는 독창성과 유용성 면에서 하위 등급이고, 6번 아이디어는 독창성이 상위, 유용성이 중간 등급이다.

구체적인 평가 기준 〈표 10-4〉로 아이디어를 더 정확하게 평가할 수 있는 복합적이면서 정교한 스크리닝 매트릭스로도 활용할 수 있다.

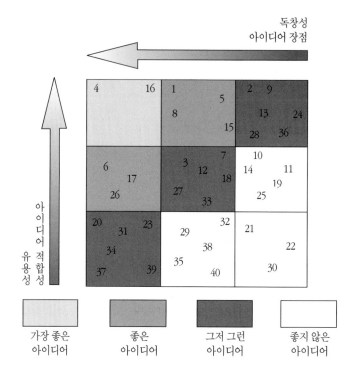

[그림 10-3] 아이디어에 대한 스크리닝 매트릭스

〈표 10-4〉 아이디어 평가 기준

아이디어 매력도	아이디어 적합성
예: 독창성	예: 회사 재정
실행의 용이성	인적 자원
소비자 친근성	회사 이미지
간결성	문제 개혁 필요성

앞의 구체적인 기준들을 고려하여 아이디어의 상대적 가치를 계산할 수 있다(〈표 10-5〉 참조). 그리고 [그림 10-4]와 같이 아이디어들을 배치하여 평가 결과를 한눈에 볼 수 있다.

제품 혁신의 경우 매트릭스의 두 축은 이 특수한 혁신과 관련된 회사의 잠재력과 아이디어의 시장성이다. 표준 제너럴 일렉트릭 포트폴리오 매트릭스법을 이용한 방법에 해당하는 구체적인 기준을 〈표 10-6〉에 제시하였다. 이 기준들로 대처하여 〈표 10-5〉에서의 과정을 거치면 [그림 10-4]와 유사한 매트릭스상에 아이디어를 배치할 수 있다.

〈표 10-5〉 아이디어에 대한 복합적인 스크리닝 매트릭스

아이디어 평가 기준		가중치	A 10	9	8	7	B 6	5	4	3	2	1	0	AXB 점수
아이디어 매력도	독창성	0.10												
	실행의 용이성	0.15												
	소비자 친근성	0.10												
	간결성	0.10												
아이디어 적합성	회사 재정	0.20												
	인적 자원	0.15												
	회사 이미지	0.05												
	문제 개혁 필요성	0.15												
		1.00					합계							

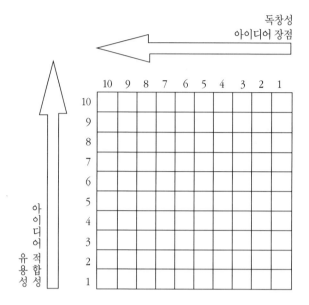

[그림 10-4] 정교화된 스크리닝 매트릭스

〈표 10-6〉 사업 단위 평가 기준

제품의 우수성/경쟁적인 위치 시장성	시장성
예: 규격	예: 규모
성장성	시장의 성장성, 가격
점유율	시장의 다양성
위치	경쟁 구조
수익성	수익성
마진	기술 등급
기술 수준	사회적 요소
이미지	환경 요소
공해	법률 요소
대중성	인간 요소

5. 창의적 문제해결 모델

1) 창의적 문제해결 모델의 개념

Treffinger, Isaksen과 Dorval(2000)은 개인 또는 집단이 문제나 갈등을 해결하기 위하여 창의적으로 사고하는 과정을 'CPS' 모델로 구현화했다.

CPS 모델은 구조화되지 않은 문제를 인식하고, 자료를 탐색하여 문제를 구성하고, 그 문제를 해결하기 위한 아이디어와 해결책을 찾는 과정이다. 이 과정의 특징은 각 단계마다 확산적 사고와 수렴적 사고가 함께 이루어지며, 각 단계가 분절된 과정이 아니라 서로 상호작용하며 순환적으로 진행된다는 점이다. CPS 모델은 1952년 1.0 버전(1942)부터 가장 최신 6.1버전(2000)까지 지속적인 수정을 거치며 보완되고 있다.

CPS 6.1 버전은 [그림 10-5]와 같이 'CPS 운영요소(CPS management component)'와 'CPS 과정요소(CPS process component)'로 구분된다. CPS

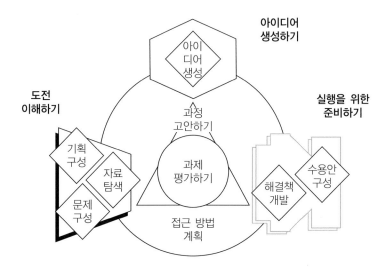

[그림 10-5] CPS 모델 6.1 버전(Treffinger, Isaksen,& Dorval, 2000)

운영요소에서 '접근 방법 계획하기(planning your approach)' 단계는 CPS 모델의 중심에서 사고의 흐름을 살펴보면서 CPS의 과정이 이 목적에 맞게 진행되는지 모니터하고 관리하는 역할을 하는데, 이 단계는 '과제 평가하기(appraising tasks)'와 '과정 고안하기(designing process)' 두 가지 하위단계로 이루어진다.

문제를 창의적으로 해결하는 과정이 포함된 CPS 과정요소는 '도전 이해하기(understanding the challenge)' '아이디어 생성하기(generating ideas)' '실행을 위한 준비하기(preparing for actions)' 세 단계로 구성된다. 도전 이해하기 단계에서는 문제해결자가 다루고 있는 문제를 도전 또는 기회로 올바르게 진술하며, 하위단계로는 '기회 구성(constructing opportunity)' '자료 탐색(exploring data)' '문제 구성(framing problems)'이 포함된다. 아이디어 생성하기 단계에서는 문제를 해결하고자 하는 다수의 다양한 또는 독특한 아이디어를 생성한다. 마지막으로 실행을 위한 준비하기 단계에서는 유용한 해결책을 구체적으로 실천할 수 있도록 분석 및 개발하고, 하위단계는 '해결책 개발(developing solution)'과 '수용안 구성(building acceptance)'으로 구성된다.

2) 창의적 문제해결 모델의 단계

CPS 모델의 단계를 구체적으로 살펴보면(〈표 10-7〉 참조), '접근 방법 계획하기'에서 '과제 평가하기'는 문제와 관련된 핵심적인 사람들, 바라는 결과, 문제의 맥락을 확인하는 과정이다. '과정 고안하기'는 CPS 단계들을 효과적으로 적용하기 위한 계획을 세우고, 그 단계들이 잘 이루어지고 있는지 평가한다.

〈표 10-7〉 CPS 모델의 단계

요소	단계	하위단계	내용
CPS 운영 요소	접근 방법 계획하기	과제 평가하기	• 문제와 관련된 사람들, 성취하고자 하는 결과들, 상황이나 맥락 파악하기
		과정 고안하기	• CPS 모델의 단계에 대한 계획 구성하기
CPS 과정 요소	도전 이해하기	기회 구성	• D: 갈등 및 문제들에 대해서 탐색하기 • C: 문제를 기회와 도전으로 고려하며, 추구해야 할 목적 확인하기
		자료 탐색	• D: 여러 관점에서 문제에 관한 자료 조사하기 • C: 문제나 상황의 가장 중요한 요소들에 초점화하기
		문제 구성	• D: 여러 개의 가능한 문제 진술 생성하기 • C: 하나의 특정한 문제 진술에 초점화하기
	아이디어 생성하기	아이디어 생성	• D: 문제를 해결하기 위한 다수의 새로운 아이디어 생성하기 • C: 가능성 있는 아이디어 파악하기
	실행을 위한 준비하기	해결책 개발	• D: 아이디어 분석 및 평가 기준 생성하기 • C: 주요한 기준을 선택하고 아이디어 평가해서 해결책 선택하기
		수용안 구성	• D: 해결책을 실행하기 위한 방법 생성하기 • C: 실행 방법을 명료하게 계획하기

　다음은 CPS 과정요소에서 6개의 하위단계 '기회 구성' '자료 탐색' '문제 구성' '아이디어 생성' '해결책 개발' '수용안 구성'에 대해서 살펴보겠다. 6개의 하위단계는 문제 유형이나 상황에 따라 모든 하위단계를 이행하지 않고, 문제 구성이나 아이디어 생성부터 시작할 수도 있다. 이는 문제에 대한 많은 정보를 갖고 있는가, 문제를 해결하는 데 시간이 충분한가 등에 따라 CPS 모델을 융통성 있게 활용할 수 있다.

기회 구성

기회 구성은 직접 해결해야 할 문제를 찾는 것이 아니라 현재 직면하고 있는 문제의 영역을 결정한다. 먼저 개인적인 일이나 집단에서 겪고 있는 걱정이나 갈등 등의 모든 문제의 목록을 작성한다. 이때 문제는 구체적으로 진술하지 않아도 된다. 그 문제의 목록 중에서 자신 또는 우리에게 가장 중요하고 관심이 있는 문제를 선택한다. 즉, CPS를 적용할 문제를 고르기 위해 수렴의 과정을 거치는 것이다. 목록의 내용을 평가하기 위한 기준은 자신(우리)이 그 문제를 해결하고 싶은 동기가 얼마인가를 생각하는 '문제에 대한 소유감', 그 문제가 얼마나 중요한가를 고려해야 하는 '중요도' 그리고 이 문제를 얼마나 신속하게 해결해야 하는가를 생각하는 '긴급성'이다.

자료 탐색

자료 탐색은 진정한 문제(true problem)를 찾기 위해 타당한 정보를 수집한다. 이는 문제를 더 잘 이해하기 위해 그 문제를 둘러싼 정보, 지식, 사실, 느낌 등에 대해 수집하고 검토하는 것이다. 먼저 문제와 관련해서 알고 있는 모든 것을 육하원칙(누가, 언제, 어디에서, 무엇을, 어떻게, 왜)에 따라 질문을 만들고, 각각의 질문에 답하는 형식으로 목록을 작성한다. 다음에는 목록들 사이에서 내용이 비슷한 것끼리 범주화하고, 그중에서 중요한 자료를 찾는다.

문제 구성

문제 구성은 자료 탐색에서 찾은 중요한 자료를 가지고 문제를 정의한다. 이를 위해 이전 단계에서 선택한 중요한 자료를 활용해 문제를 "어떻게 하면 나(우리)는 ……할 수 있을까?"의 형태로 다양하게 진술한다. 그리고 다양하게 진술된 문제들 중에서 긍정적이고 주요한 것을 선택하거나 2개 이상의 문제 진술을 결합해서 문제를 구성할 수도 있다.

아이디어 생성

아이디어 생성은 이전 단계에서 선택된 문제를 해결하기 위한 아이디어를 산출한다. 이 단계에서의 목표는 다양한 창의적 사고 계발 기법(9장 참조)을 사용해서 가능한 한 많은 아이디어를 찾는 것이다. 그리고 여러 가지 아이디어 중에서 독창적이고 유용한 것을 선택한다.

해결책 개발

해결책 개발은 아이디어 생성에서 선택된 아이디어들을 평가하기 위해 다양한 기준을 만든다. 예를 들면, "아이디어의 장점과 단점을 결정하기 위해서는 어떤 기준들이 적합할 것인가?" "어떤 기준들이 가장 유망한 아이디어를 선택할 수 있고, 이익과 한계를 알 수 있을까?" 등을 고려하여 평가 기준을 만든다. 그중에서 중요하고 필요하다고 생각하는 기준을 선택한 후, 그에 따라 아이디어들을 하나씩 체계적으로 분석하여 문제해결을 위한 가장 유용한 해결책을 선택한다.

수용안 구성

수용안 구성은 유용한 해결책을 성공적으로 활용할 수 있는 구체적인 방법을 찾는다. 먼저, 해결책을 실행할 때 "도움이나 방해물은 어떤 것인가?" "어떤 절차로 진행해야 하는가?" 등을 고려한 내용을 나열한다. 이 내용을 바탕으로 단기 · 중기 · 장기적 실행 계획을 구성한다.

6. 창의적 문제해결 모델의 적용 사례

다음은 대학생들이 고민하는 문제에 CPS 모델을 적용한 내용을 소개하겠다.

기회 구성

확산	고민, 갈등 그리고 문제에 대해서 나열하기 ① 스마트폰 보는 시간이 많다. ② 다이어트에 실패한다. ③ 앞으로 내가 무엇을 해야 할지 고민이다. ④ 아침잠이 많다. ⑤ 아르바이트 때문에 학업에 집중할 수 없다. ⑥ 다툰 친구와 어떻게 화해해야 할지 모르겠다. ⑦ 학점 관리를 못 하고 있다.
수렴	문제에 대한 소유감, 중요도, 긴급성 기준을 고려하여 선택하기 ③ '앞으로 내가 무엇을 해야 할지 고민이다.' 선택하기

자료 탐색

확산	'앞으로 내가 무엇을 해야 할지 고민이다.'와 관련된 자료 살펴보기 ① 누가: 나, 부모님, 학교 선배, 친구, 교수님 ② 무엇을: 진정으로 하고 싶은 것, 경제적 도움, 사회의 명예 ③ 언제: 신입생, 대학 시절, 대학 졸업 후, 평생 ④ 어디서: 학교, 집, 동아리, 아르바이트, 해외연수 ⑤ 왜: 내가 하고 싶은 것이 무엇인지가 명확하지 않다. 　　　졸업이 다가오는데, 어디에 취업할 것인지 정해야 한다. 　　　친구들 중에서 이미 취업한 경우를 보면 조급해진다.
수렴	가장 중요한 자료는 무엇인지 선택하기 학교 선배(누가), 진정으로 하고 싶은 것(무엇), 내가 하고 싶은 것이 무엇인지가 명확하지가 않다(왜).

문제 구성

확산	"어떻게 하면 내가 ……할 수 있을까?" 형태로 문제 구성하기 ① 어떻게 하면 내가 하고 싶은 것을 찾을 수 있을까? ② 어떻게 하면 나는 일을 하면서 만족할 수 있을까? ③ 어떻게 하면 나는 행복한 삶을 만들 수 있을까? ④ 어떻게 하면 나는 원하는 직장에 취업할 수 있을까? ⑤ 어떻게 하면 나는 나만의 고유한 일을 할 수 있을까? ⑥ 어떻게 하면 나는 발전하는 사람이 될 수 있을까?
수렴	문제 진술 중에서 선택하기 또는 2개 이상을 결합해서 문제 구성하기 "어떻게 하면 나는 행복한 삶을 위해 하고 싶은 일을 만들어 낼 수 있을까?"

아이디어 생성

확산	문제를 해결하기 위한 아이디어 생성해 내기(브레인스토밍, 스캠퍼, 강제 결합법 등 사용하기) [문제] "어떻게 하면 나는 행복한 삶을 위해 하고 싶은 일을 만들어 낼 수 있을까?" ① 내가 좋아하는 일에 대해서 목록화하기 ② 자신의 일에 대해서 성공한 사람 자서전 읽기 ③ 취업한 학교 선배에게 상담하기 ④ 다양한 심리검사를 통해 나에 대해서 알기 ⑤ 혼자 여행을 통해 자아 찾기 ⑥ 나와 같은 고민을 하고 있는 사람들과 모임을 가져 공유하기 ⑦ 인턴 체험하기 ⑧ 진로 및 취업 프로그램에 참여하기 ⑨ 교수님과 면담하기 ⑩ 내가 흥미롭게 생각하는 직종에 대한 자료 수집 및 분석하기 ⑪ 나에게 어울리는 일을 주변 사람들에게 물어보기 ⑫ 나의 강점과 약점 파악하기 ⑬ 내가 싫어하는 일 해 보기

수렴	아이디어 중 가장 독창적이고 실현 가능성 있는 것 선택하기
	① 내가 좋아하는 일에 대해서 목록화하기
	③ 취업한 학교 선배에게 상담하기
	⑦ 인턴 체험하기
	⑫ 나의 강점과 약점 파악하기
	⑬ 내가 싫어하는 일 해 보기

해결책 개발

확산	아이디어 평가 기준 생성해 내기
	① 비용이 적게 드는가? (비용)
	② 문제를 해결하는 데 효과적인가? (효과)
	③ 시간이 적게 소요되는가? (시간)
	④ 내가 만족하는가? (만족도)
	⑤ 나의 행복을 증가시킬 것인가? (행복감)
	⑥ 나에게 필요한 방법인가? (필요성)

수렴	가장 중요한 기준들을 선택한 후, 선택한 기준에 의해 아이디어를 비교 및 분석하여 해결책 내기(쌍으로 비교 분석하기, 아이디어 평가 매트릭스, 스크리닝 매트릭스 등 사용하기)

• 중요한 기준: ① 비용, ② 효과, ④ 만족도

아이디어	기준			총점	사용	유지	거부
	비용	효과	만족도				
내가 좋아하는 일 목록화하기	5	4	2	11		V	
취업한 학교 선배에게 상담하기	3	4	3	10		V	
인턴 체험하기	5	5	5	15	V		
나의 강점과 약점 파악하기	4	2	2	8			V
내가 싫어하는 일 해 보기	2	3	1	6			V

5점: 매우 좋음, 4점: 좋음, 3점: 보통, 2점: 좋지 않음, 1점: 매우 좋지 않음

[해결책]: 인턴 체험하기

수용안 구성

확산	해결책을 수행하는 데 도움과 방해가 되는 요소 파악하기	
	도움이 되는 요소	방해가 되는 요소
	• 인턴 후기 찾아서 읽기 • 학교 선배나 동료들의 체험 공유하기 • 사회생활 미리 연습하기 • 경제적 이익 추구	• 학업과 인턴의 불균형 초래 • 체력적 고갈 • 사회적 대인관계의 어려움 • 여가시간의 부족

수렴	해결책을 위한 실행 계획 구성하기	
	단기	• 내가 가고 싶은 인턴 체험 회사 목록 만들기 • 회사의 인턴 모집 공지사항 찾기
	중기	• 이력서, 자기소개서, 포트폴리오 등 작성하기 • 인턴 지원하기
	장기	• 인턴 생활하면서 다이어리 적기 • 내가 하고 싶은 일에 대해서 찾기

〈표 10-8〉 문제해결 스타일의 문항 구성 및 점수표

스타일	문항 수 및 점수 범위	문항 번호	나의 점수
문제 확인자	9(9~45점)	2, 7, 10, 14, 19, 21, 27, 31, 32	
아이디어 생산자	9(9~45점)	4, 6, 8, 13, 16, 20, 24, 28, 34	
개발자	9(9~45점)	1, 9, 12, 17, 22, 25, 30, 33, 35	
실행자	9(9~45점)	3, 5, 11, 15, 18, 23, 26, 29, 36	

제11장

창의적 행동의 저해요인

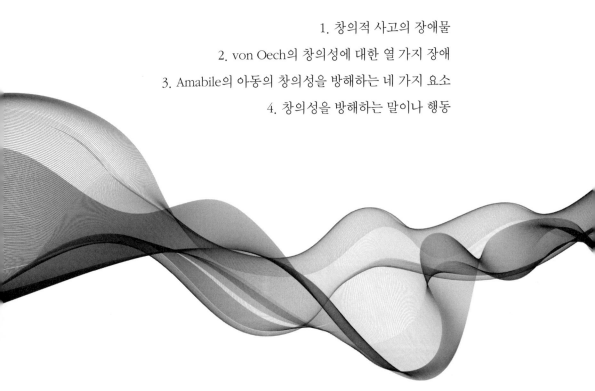

제11장 창의적 행동의 저해요인

1. 창의적 사고의 장애물

1) 습관이나 경험

다음과 같이 해 보라. 먼저, 두 손을 깍지 끼어 보라. 어느 엄지손가락이 위에 있는가? 이번에는 반대로 끼어 보라. 어떤 느낌인가? 팔짱을 끼어 보라. 어떤 손목이 위에 있는가? 이번에도 다른 쪽 손목이 위에 보이도록 반대로 끼어 보라. 어떤가? 쉽게 바꿀 수 있었는가? 다리 꼬기도 그와 같이 해 보라. 무척 어색하고 불편한 느낌이 들어 다시 옛 방식으로 돌아가고 싶어질 것이다.

어떤 것을 갑자기 새롭게 바꾼다는 것은 어려운 일이다. 그것이 더 유익하든 아니든 간에 우리는 늘 해 왔던 방식대로 계속하려 한다. 한번 길들여진 습관은 오래 신은 구두와도 같이 편하게 느껴지기 때문이다. 이 세상에서 바꾸는 것을 좋아하는 사람은 축축하게 젖은 기저귀를 차고 있는 아기밖에 없을 것이라는 우스갯소리도 있다. 이 같이 오래된 습관이 새로운 행동을 어렵게 하듯이, 습관화된 사고방식은 새로운 형태의 사고를 방해할 뿐만 아니라 창의적인 행동에도 걸림돌이 된다. 습관의 속성을 좀 더 잘 이해하기 위해 다음 문제를 풀어 보자.

🗍 2분 동안 다음의 문제들을 풀어 보라. 단, +는 나누기, ×는 빼기, ÷는 더하기, −는 곱하기를 각각 의미한다.

$4 + 2 =$	$9 \times 2 =$	$10 \div 2 =$
$2 \div 1 =$	$6 \div 2 =$	$4 \times 2 =$
$7 - 3 =$	$7 \times 2 =$	$5 \times 3 =$
$8 + 2 =$	$4 - 2 =$	$8 \div 2 =$
$8 \times 3 =$	$8 + 4 =$	$4 + 2 =$
$5 - 4 =$	$10 + 5 =$	$10 + 2 =$
$6 \div 3 =$	$6 \times 3 =$	$3 \times 2 =$
$4 \div 2 =$	$12 \times 1 =$	$10 - 2 =$
$9 \div 3 =$	$8 - 2 =$	$7 - 2 =$
$6 - 3 =$	$3 - 2 =$	$10 \times 2 =$
$8 \div 4 =$	$12 + 2 =$	$7 + 1 =$
$9 + 3 =$	$6 + 3 =$	$7 + 3 =$

모두 풀었는가? 풀기 전에 지시문을 끝까지 읽었는가? 실제로 많은 사람이 지시문을 읽지 않고 문제를 푼다. 지시문을 읽지 않는 이유 중 하나는 일반적으로 이미 치뤄 온 많은 시험에서 대부분의 지시문이 그다지 중요하지 않았던 경험 때문일 것이다. 또한 제한시간 내에 과제를 빨리 수행하고 싶은 마음에 지시문을 읽기 싫었을지도 모른다.

이 계산 문제는 습관적인 행동의 한 예이다. 수학기호처럼 이미 학습된 의미를 새로운 의미로 대체하는 것은 어려운 일이며, 시간제한 등의 부담이 있을 때는 특히 심하다.

한편, 지시문을 끝까지 읽고 문제를 풀었다면, 문제를 보다 쉽게 해결하기 위한 방법을 생각해 보았는가? 가령, + 부호로 된 문제들을 모두 푼 후 또 다른 부호 풀기에 들어가는 등의 시도를 해 보았는가? 아니면 그냥 왼쪽 줄 맨 위에서 아래로 풀어 나갔는가? 잘 알다시피, 우리는 위에서 아래 그리고 왼쪽에서 오른쪽으로 해 나가는 데 익숙해져 있기 때문에 습관처럼 그렇게 문제를 풀어 간다. 이러한 습관이 새로운 방법으로 쉽게 문제를 해결해 보겠다는 생각을 방해한다. 대부분의 사람은 한 문제 풀고 지시문의 부호 설명을 읽고, 또 한 문제 풀고 지시문을 읽는 행동을 부호의 변화가 암기될 때까지 계속한다.

이와 같이 과거의 경험이나 습관은 새로운 방향에서 문제를 접근하려는 것을 방해하여 창의성 발달에 장애요인이 될 수 있다.

2) 지각장애

지각장애는 오래된 습관이나 경험, 학습의 영향을 받아 이루어진다. 일반적으로 어떤 사물이나 상황 등을 지각할 때 선입관을 가지고 지각하거나, 그동안 자신이 좋아하는 방법이나 자신에게 익숙한 방법으로 지각하거나 틀에 박힌 사고 안에서 지각하기 때문에 문제해결에 방해를 받는다. 지각장애를 좀 더 구체적으로 살펴보면 다음과 같다.

선입관
다음 문제를 풀어 보라.

🗐 사고 신고를 받은 경찰이 체육관 안으로 들어갔다. 그곳에는 5명의 레슬링 선수들이 있었다. 그때 막 죽어 가고 있는 사람이 눈은 천장을 향한 채 "그자짓이오."라고 중얼거렸다. 그러자 경찰은 즉시 레슬링 선수 중 한 사람을 체포했다. 경찰은 범인을 어떻게 알았을까?

쉽게 답을 찾지 못했다면 레슬링 선수는 남자일 것이라는 선입관 때문이다. 정답은 5명의 레슬링 선수 중 1명만 남자고 4명은 여자였다. 그동안 경험에 의해 레슬링 선수는 남자라고 생각해 온 사람일수록 어떻게 범인을 찾았을까를 더 의아해한다. 이와 같이 잘못된 선입관은 문제해결을 방해한다.

만약 남자가 하이힐을 신는다든지, 여자아이가 칼이나 총을 장난감으로 즐겨 사용하는 것이 자연스럽지 못하고 거부감이 드는 것은 사회가 남자와 여자에 관해 각각 기대하는 선입관 때문이다.

[그림 11-1]을 보라. 보라색 강아지를 본 적이 없고, 그런 색의 강아지가 있다고 배운 일이 없는 아이로서는 당연한 행동이다. 강아지는 반드시 존재하는 강아지 색으로만 칠해야 한다는 생각은 자신의 경험과 학습에 의해 이루어진 강아지에 대한 선입관이 상상의 세계를 이해할 수 없게 한다. 상상력은 창의성의 바탕이다. 현실에서 보기 힘든 것을 생각할 줄 아는 힘이 독창성의 근원이 된다. 그런데 이런 여러 가지 선입관은 상상력을 제한하고 창의적으로 문제를 해결할 수 없게 한다.

[그림 11-1] 강아지에 대한 선입관

문제 인지의 어려움

지각장애의 한 예로 [그림 11-2]의 복잡한 그림을 자세히 살펴보라. 무엇이 보이는가? 물론 폭스바겐 자동차이다. 그러나 복잡하고 혼란스러운 선들 사이에서 확실한 사물을 독립적으로 떼어 내어 찾아내는 일은 쉽지 않다.

우리가 직면하는 많은 문제가 부적절한 내용이나 잘못된 정보로 인해 애매해지고 해결을 더 어렵게 할 수 있다. 만약 진짜 문제가 무엇인지 정확하게 파악하지 못한다면 문제를 제대로 해결할 수 없다. 예를 들면, 외과 의사나 자동차 수리공이 여러 가지 복잡한 상황에서 자신에게 익숙한 증상에만 관심을 가졌기 때문에 진짜 문제를 제대로 판단하지 못한다면 그들은 수술이나 수리를 엉뚱하게 잘못할 수밖에 없다는 것이다. 문제해결을 위해 가장 중요한 것은 역시 문제가 무엇인지를 명확하게 파악하는 것이다.

지각장애는 또한 자신만의 세계나 한 가지 좋아하는 아이디어에 푹 빠져서 다른 가능한 상황을 깨닫지 못할 때 발생한다. 예를 들면, IQ에 크게 의존하는 교사는 창의적이고 예술적이고 어떤 특정 영역에만 영재인 아이들을 알아차리지 못하고 간과할 수 있다. 또는 특정한 교수기법을 오랫동안 성공적으로 활용한 교사는 훨씬 좋은 교수기법이 존재함을 깨닫지 못할 수 있다. 이런 상황에서는 자신의 문제가 무엇인지조차 깨닫지 못하는 것이다.

[그림 11-2] 퍼즐 속의 폭스바겐 자동차(Conceptual Blockbusting, Adams, 1986)

스스로 만든 한계와 틀에 박힌 사고방식

다음은 사람들 스스로 한계를 만들고, 융통성 없이 틀에 박힌 사고를 하기 때문에 문제해결에 방해를 받는 것을 보여 주는 아주 잘 알려진 문제이다.

다음에 있는 9개의 점을 연필을 떼거나 되돌아가지 않고 4개의 직선을 이용하여 모든 점을 통과하도록 해 보라.

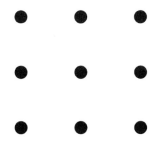

대부분의 사람은 이 점들을 보고 실제 존재하지도 않는 정사각형을 생각하기 때문에 문제를 쉽게 풀지 못한다. 점들이 이차원 공간에 떠 있다. 위 · 아래 · 변의 경계가 없다. 이렇게 보면 어떻게 달라지는가? 그래도 점들을 연결할 수 없으면 다음을 보라.

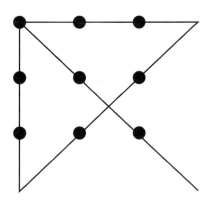

이 문제의 열쇠는 경계선처럼 보이는 점 바깥으로 나가는 데 있다. 흔히 우리는 사실은 그렇지 않은데도 경계선이 존재한다고 생각한다. 대부분의 사람은 지시에 없는 내용임에도 점들이 형성하는 정사각형 내에서 벗어나지 않은 채 풀려고 한다. 점들 안에서만 해결하려는 스스로 만든 한계에서 벗어나 융통성 있는 사고를 할 때 문제가 해결된다.

이번에는 선을 3개만 이용하여 해결해 보라. 이 문제에서도 점 밖으로 선을 확대해서 그릴 수 있는 융통성과 더불어, 점이 일정한 면적을 가지고 있음을 모르고, 동시에 선은 점들의 한가운데만을 반드시 통과해야 한다는 고착된 사고에서만 벗어나면 쉽게 해결할 수 있다.

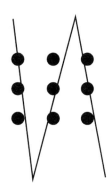

사실상 틀에 박힌 사고에서만 벗어나면 이 문제는 선 하나만으로 해결할 수 있는 여러 가지 방법이 있다. 그야말로 고정된 사고를 깰 때 가능한 답들이다.

첫 번째는 그림과 같이 9개의 점을 하나의 일직선이 되도록 엇갈리게 접어서 해결하는 것이다.

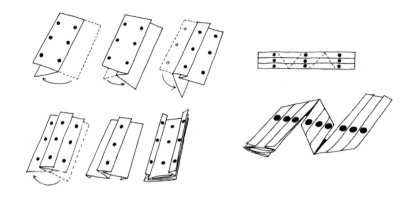

두 번째는 점들을 잘라서 그림과 같이 나란히 붙인 후 선을 긋는 방법이다.

그다음 가능한 답으로는 문제를 그림과 같이 말아서 나선형으로 선을 그어서 점들을 통과해야 한다.

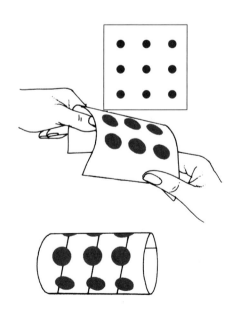

그 밖에도 그림과 같이 정말 놀라운 방법으로 해결할 수 있다.

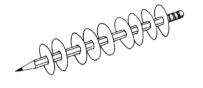

9개의 점을 한 번에 모두 통과할 수 있는 큰 붓을 사용한다.

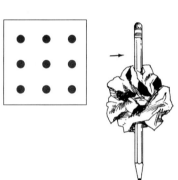

점을 가능한 한 크게 그린다. 종이를 그림과 같이 구겨서 연필을 꽂는다. 종이를 펴서 연필이 9개의 모든 점을 통과했는지 살펴보고, 제대로 되지 않았으면 될 때까지 계속한다.

또 다른 방법이 생각날 경우는 필자에게 연락을 바란다.

선입관이나 틀에 박힌 사고는 창의적 사고를 방해하는 가장 큰 적이고, 이들을 깨뜨리는 일은 쉽지 않다. 오랫동안 우리 머릿속에 깊숙이 자리하고 있기 때문에 그것에서 벗어나기 위해서는 의도적인 노력이 필요하다. 만약 어떤 한 아이디어에만 깊숙이 빠져 있다면 또 다른 대안을 볼 수 있는 능력이 저하된다. 인생을 살아가면서 얻을 수 있는 큰 즐거움 중의 하나는 그동안 소중히 여기던 아이디어를 버리고 새로운 아이디어를 얻었을 때이다. 새로운 것을 찾는 데는 항상 구속되지 않고 자유로워야 한다. 자기 속에 차지하고 있는 선입관이나 틀에 박힌 사고와는 과감하게 결별을 선언하라.

3) 정서적 장애

Barnyard라는 게임이 있다. 서로 잘 알지 못하는 사람들끼리 모인 특별한 모임에서 몇몇 그룹으로 나눈 다음, 각 그룹별로 한 가지씩 동물을 선택한다. 예를 들면, 첫째 그룹은 고양이, 둘째 그룹은 돼지, 셋째 그룹은 소, 넷째 그룹은 닭 등 소리를 잘 낼 수 있는 동물을 택한다. 각자 파트너를 정하고 서로 정면으로 쳐다본다. 하나, 둘, 셋을 세면 파트너를 바라보면서 가능하면 큰소리로 각 그룹에서 정해진 동물의 소리를 낸다.

처음 보는 사람 앞에서 이상한 소리로 동물의 소리를 낸다고 상상해 보라. 이 게임에 참가한 사람들은 자신이 너무 수치스럽고 바보같다는 경험을 하게 된다. 우리는 색다른 행동을 처음 하거나, 새로운 아이디어를 발표하려 할 때 이와 비슷한 느낌을 갖게 되어 주저하게 된다. 이러한 느낌이 바로 창의성을 방해하는 정서적 장애 중 하나이다.

창의성을 방해하는 일반적인 정서적 장애로는 분노, 공포, 불안, 증오(때로는 사랑조차) 등을 들 수 있다. 이와 더불어 친구, 부모님, 배우자, 자녀 등과의 관계에서 빚어지는 문제로 인한 스트레스 상태, 그 밖의 재정 문제, 직장 일, 학교 성적, 건강 등에서 오는 압박감도 창의성을 방해한다. 이런 정서장애보다 좀 더 성격이나 태도와 연결된(영구적인) 정서적 장애에는 다음과 같은 것들이 있다.

실수나 실패에 대한 두려움

실수할까 두려워 결코 새로운 일은 시도조차 하지 않거나, 실패가 두려워 이미 증명된 아이디어만 사용하거나, 조금만 위험이 있어도 피해 가려는 등의 행동이 창의성을 방해하는 가장 일반적인 정서장애이다. 대부분의 사람은 올바른 일을 할 때는 보상을 받고 실수를 할 때는 꾸중을 들으며 성장한다. 또한 실패를 하면 다른 사람들, 특히 가족이나 사랑하는 사람들이 실망하는 것도 알고 있다. 그래서 우리는 가능하면 위험한 일은 피하고 안정된 길만 가려고 한다.

우리가 새로운 아이디어를 개발하거나 새로운 행동을 하려고 할 때는 실수나 실패를 할 수도 있고, 돈을 잃을 수도 있고, 몸을 다칠 수도 있는

등 여러 가지 모험을 해야 한다. 이런 두려움 때문에 무사안일을 택한다
면 우리는 작은 실패는 피할 수 있겠지만 인생에서 큰 실패자가 된다는
사실을 잊어서는 안 된다. 왜냐하면 모험 없이 창조적 성장을 이룩할 수
없기 때문이다.

애매함이나 무질서를 용인하지 못하는 것

우리가 살아가면서 부딪히는 일들이 항상 단순하지만은 않다. 복잡한
문제를 해결해야 하는 상황일수록 그 과정 또한 복잡하고 혼란스럽기까
지 하다. 그런 문제를 해결하기 위해서는 정확하고 논리적인 기술도 필요
하겠지만 그것만으로는 충분하지 않다. 문제마다 데이터가 잘못 입력되
었다든지, 기본 개념을 파악하기 힘들다든지, 해결책이 막연하다든지, 견
해나 가치관에 따라 여러 가지로 결론이 날 수 있다든지 등의 부수적인
것들이 문제를 더 복잡하게 만든다. 이런 복잡하게 얽힌 것들을 풀어 주
는 것이 사실상 문제해결이라 할 수 있다. 따라서 논리적으로 정리할 수
있는 능력과 더불어 혼란스럽거나 애매한 상황을 잘 참고 견디는 능력도
창의적인 문제해결에 필수적이다. 그러나 언제나 모든 것이 질서정연하
게 제자리에 있어야 한다든지, 문제가 조금만 애매해도 견디기 힘들어한
다면 문제를 창의적으로 보기 어렵다.

아이디어를 내기보다는 비판하려는 태도

문제 상황에 부딪혔을 때 아이디어를 내기는커녕 비판 일색으로 끝을
맺는 사람이 있다. 물론 문제를 해결하기 위해서는 분석과 더불어 비판의
과정이 필수적이다. 그러나 문제해결 과정에서 너무 일찍부터 또는 너무
단정적으로 비판을 하다 보면 해결을 위한 아이디어를 찾는 데 벽에 부딪
히게 된다. 새롭고 유용한 아이디어는 일반적으로 처음에 제안된 아이디
어보다는 시간을 두고 보다 정교하고 효율적으로 가다듬은 후에 완벽한
아이디어로 탄생하는 것이다. 따라서 너무 일찍 문제를 비판하는 일은 금

해야 한다.

신중을 기해서 아이디어를 좀 더 원숙하게 만든 후에 문제를 해결하려들지 않고 비판부터 하려는 것도 습관임을 깨달아야 한다. 이렇게 너무 강압적으로 자신도 모르는 사이에 비판하려는 것 역시 창의성을 방해하는 정서적 장애이다.

새로운 아이디어를 생각하기보다 다른 사람의 아이디어나 산출물을 비판하는 일은 훨씬 쉽다. 그러나 이런 태도나 습관은 자신의 잠재적인 창의성을 깊이 잠재우는 일일 뿐이다.

창의적 아이디어를 위한 부화기를 견디지 못하는 것

정서적으로 안정된 상태로 휴식을 취하는 일이나, 부화기에 걸리는 시간을 견디지 못하는 것 역시 일반적인 정서적 장애이다. 문제해결에 있어서 무의식적인 역할은 아주 중요하다. 대부분의 사람은 어느 날 갑자기 문제해결의 실마리가 떠오르는 일을 경험했을 것이다. 몇 날 며칠이고 때로는 몇 주 동안 한 가지 일에만 열중해 보라. 그러고는 다른 일을 해 보라. 얼마 후 문득 앞의 일에 대한 더 좋은 해답이 떠오른다. 마찬가지로 정해진 시간 내에 제출하다 보니 더 좋은 생각이 나중에 떠올라 "아! 그때 이렇게 했어야 하는데……."라며 안타까워한 경험이 있을 것이다. 사실상 이 더 좋은 아이디어는 문제해결 과정에서 무의식에 담긴 부화기에서 나온 것이다.

따라서 문제해결에 부화기는 아주 중요하다. 중요한 문제일수록 해결을 위한 적당한 시간과 무의식을 활용할 수 있는 휴식기간이 필요하다. 빨리 결정하려는 성급한 마음은 창의적인 아이디어를 방해한다.

도전의식의 부족 대 과다한 열정

'도전의식의 부족'과 '과다한 열정'은 서로 극단적인 방해꾼이다. 만약 어떤 일에 동기유발이 되지 않는다면 그 일에 최선을 다할 수 없을 것이다. 전문적인 문제해결가들은 대체로 보수와 미래의 보장으로 동기유발이 된다. 그러나 어느 기간 동안은 반드시 도전이 필요하다. 그렇지 않으면 그 과정은 보상에 그치고 만다.

반대로 성공을 향한 과도한 동기유발이나 너무 빠른 성공을 원할 때는 오히려 창의적인 과제 수행에 방해가 된다. 지나치게 높은 동기는 마음만 앞서서 문제의 핵심을 제대로 파악할 수 없게 되거나 더 좋은 해결책을 간과할 수 있다. 토끼와 거북이의 경주를 생각해 보라. 비록 시간은 걸리지만 문제를 좀 더 충실하게 검토하고 신중하게 실행에 옮기는 사람이 성공할 가능성도 크다.

이러한 정서적 장애는 창의성을 자연스럽게 표현하지 못하게 하고, 새로운 아이디어를 꽁꽁 얼어붙게 한다.

4) 문제해결 방법의 문제

문제를 해결하기 위해 각자 자신이 선호하는 방법이 있을 수 있다. 그리고 그런 방법이 가장 쉽게 문제를 해결하고 있다고 믿고 어느 문제에나 그 방법 그대로 계속 적용하는 경향이 있다.

이에 대한 좋은 예는 Sternberg(1986)가 설명하는 스님 문제이다. 다음 문제를 풀어 보라.

어느 날 스님이 오전 6시에 높은 산을 오르기 시작했다. 아주 좁은 길을 따라 나선형으로 구불구불한 산모퉁이를 지나자 산꼭대기에 우뚝 솟아 있는 절이 보였다. 스님은 때로는 빠르게 걷다가 때로는 천천히 그리고 여러 차례 휴식을 취하면서 산에 올랐다. 중간에 챙겨간 간식을 먹으면서 드디어 오후 6시에 절에 도착했다. 그는 저녁 내내 기도하고 명상을 했다. 그리고 그 다음날 오전 6시에 출발해서 똑같은 길로 산을 내려왔다. 역시 그는 휴식과 식사를 위해 머무르기도 하면서 오후 6시경에 산 밑에 도착했다.

문제: 그 스님이 산을 오르고 내려가는 그 길에서 정확하게 같은 시간에 지나가는 곳의 위치가 있는가? 그 위치를 알아내 보라.

답은 '예'이고, 이 문제를 해결하기 위해서는 시각적인 상상력을 발휘해야 한다. 한 날에 두 명의 스님이 있다고 상상해 보라. 한 사람은 산 아래에서 올라가고, 다른 한 사람은 산 정상에서 내려올 때 물론 그들은 좁은 산길 어디에선가 만날 것이다.

이것을 시각화하기 위한 또 다른 방법은 그래프를 그리는 것이다.

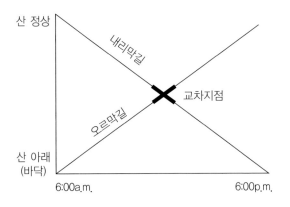

[그림 11-3] 스님 문제 그래프

이 문제를 말로 이해해서 해결하려고 했거나 수학적 방법을 사용했다면 문제를 해결하지 못했을 것이다.

Adams(1986)의 또 다른 예가 있다.

> **문제**: 이 책의 한 페이지 두께 정도 되는 큰 종이 1장을 머리에 그려 보라. 자, 이제 그 종이를 한 번 접었다고 상상해 보라(이제 두 겹이 되었다). 그것을 다시 한 번 더 접어라(이제 4겹이 된다). 50번을 계속해서 접어 보라. 그 두께는 얼마나 될까?

만약 여러분이 종이 크기나 두께와 상관없이 종이 1장을 50번 접는 것이 불가능하다고 대답했다면 사실 맞는 말이다. 그러나 좀 더 인내심을 갖고 문제해결에 매달리는 연습도 필요하다. 다음 해결책을 보라. 여러분이 시도한 방법과 같은지 아니면 어떤 차이가 있는지 살펴보라.

> **해결책**: 첫 번째 접기는 처음 두께의 2배가 될 것이다. 두 번째 접고 나면 본래 두께의 2×2배의 두께가 될 것이다. 그래서 해결책은 본래 두께의 2의 50제곱이거나 본래 두께의 1,100,000,000,000,000배가 될 것이다.

만약 이 문제를 해결하기 위해 시각적 상상을 사용했다면 해결할 수 없었을 것이다. 또한 말로 해결하려 해도 정확한 답을 쉽게 얻을 수 없었을 것이다. 직접 접어 보거나 시각화해서 해결할 문제처럼 보이지만 이 문제를 해결하기 위해서는 수학적 접근이 필요하다.

이런 연습의 요점은 문제 자체를 평가하는 데 시간을 쓰고 모든 문제를 같은 방법으로 시도하기보다는 문제 유형에 적당한 문제해결 방법을 찾는 것이 선행되어야 한다는 것이다.

어떤 사람은 사전 정보나 데이터 없이 직관을 사용하기를 좋아한다. 그런가 하면 어떤 사람은 가능성을 표현하는 수학적인 공식을 찾기를 좋아한다. 또 어떤 사람은 문제를 말로 설명하면서 해결하기를 좋아하는 반면 어떤 사람은 문제 상황을 그림을 활용해서 해결하기를 좋아한다.

각각의 사고방식이나 문제해결 방식은 그때그때의 상황에 따라 중요하게 작용한다. 문제의 단계나 상황에 따라 가장 적합한 사고방식이나 해결 방법을 택할 수 있어야 한다. 문제해결을 위해 다른 방법을 적용할 수 있는 융통성이 발휘될 때만이 창의성이 빛을 본다. 그렇지 않고 자신이 좋아하는 한 가지 방법에 익숙해진 나머지 다른 방법을 받아들이지 못한다면 문제해결에 큰 방해가 된다. 즉, 한 가지 방법에 너무 깊이 빠지지 말고 좀 더 자유로워져야 한다.

5) 환경적 장애

환경적 장애는 사회적 환경과 물리적 환경의 영향에 의해 나타난다. 무엇보다도 확실한 장애물은 물리적 환경에 의한 장애이다. 개인을 둘러싼 물리적 상황은 일의 생산이나 효율에 확실히 영향을 미친다. 예를 들면, 아주 복잡하고 신중히 처리해야 하는 일을 하는 동안 전화나 불필요한 방문객들에 의해 주의가 산만해진다면 창의적인 아이디어가 나올 수 없다. 그 외에도 자신이 선호하지 않는 상황이나 환경에서 일을 강요당하는 것도 창의성에 방해가 된다. 개인에 따라 음악을 들으면서, 뭔가를 먹으면서 일하고 싶고 또 그런 환경이 그 개인에게는 더 능률적인데도 전혀 그럴 수 없는 상황이라면 일을 창의적으로 해결할 수 없다.

이와 더불어 사회적 환경에 의한 장애는 오히려 더 큰 영향을 미칠 수도 있다. 다음과 같은 상황을 생각해 보라. 서서히 창의성의 빛이 사라질 것이다.

- 규칙과 원리에서 조금이라도 벗어나면 안 된다고 강조하는 융통성 없는 분위기
- 경쟁이 심하고 서로 믿음이 부족하여 자신의 아이디어가 도둑맞게

      될까 봐 공개를 꺼리는 분위기
- 상사의 아이디어만이 가장 옳다고 강조하는 권위주의적인 분위기
- 도전과 모험이 허락되지 않고 변화를 싫어하는 분위기
- 유머가 부족하고 전반적으로 경직된 분위기
- 행동의 독립성과 자유가 부족한 분위기
- 조직원 사이에 압력이나 갈등이 심한 분위기
- 너무 많은 일에 쫓겨서 아이디어를 낼 시간이 부족한 분위기
- 상상, 공상 등에 대하여 부정적으로 생각하는 분위기
- 창의적으로 앞서가는 사람이 고립되는 분위기

    개인의 창의성을 위축시켜 잠재된 소질마저 시들어 버리게 할 이런 환경적 장애를 극복하기 위해서는 많은 용기와 인내가 필요하다.

2. von Oech의 창의성에 대한 열 가지 장애

    Roger von Oech는 그의 책『A Whack on the Side of the Head』에서 창의성을 강화하기 위해서는 정신적인 방해물을 제거하는 것이 급선무라고 강조하면서, 창의성을 방해하는 열 가지 정신적인 장애에 대해 다음과 같이 설명하고 있다.

한 가지 정답
    일반적으로 사람들은 한 가지 정답만을 찾는 데 익숙해져 있다. 그러나 보다 효과적인 해결책을 찾기 위해서는 다른 견해에서 문제를 살피면서 두 번째·세 번째 아이디어, 나아가서 더 많은 아이디어를 얻을수록 좋다. 처음의 아이디어보다는 후에 생각한 것이 보다 훌륭한 답이 되는 경우가 많기 때문이다.

그것은 논리적이지 못해

논리적인 사고가 비논리적인 사고보다 더 좋은 것이라는 것은 잘못된 고정관념에서 비롯된 것이다. 비논리적인 사고는 상상력을 발휘하여 창의적인 업적에 도움을 준다. 또한 너무 엄격한 논리적 사고와는 반대로 비논리적인 사고는 다른 가능성을 포함하고 있다. 사색적 사고, 환상적 사고, 유추적 사고, 확산적 사고, 서정적 사고, 신비적 사고, 시적 사고, 시사석 사고, 상징적 사고, 어리석은 사고, 모호한 사고, 초현실적 사고 등이 그것이다.

규칙을 따르라

규칙을 지키는 것도 중요하지만 창의적인 발상이나 창의성 계발을 위해서는 규칙에 도전해야 한다. 단, 그 규칙이 도전하는 것이 비합법적이고 비도덕적이고 비윤리적인 행동이 아닌 경우에 한하라. 도전하지 않고서는 창의적인 사람이 될 수 없다.

실제적이 되라

실용성이나 실제적이어야 한다는 압박감은 창의성을 방해한다. 대신 가능한 '만약에 ～라면' 같은 질문을 자주 하거나 뭔가 의혹을 자주 갖는 것이 창의성에 도움이 된다.

놀이는 어리석은 짓이다

창의적 발명품이나 과학적 발견은 아이디어와 함께 놀면서 나온 것이다. 유머와 아이디어를 갖고 놀기는 창의적인 사람의 전형적인 특징이다. 필요가 발명의 어머니라면 놀이는 발명의 아버지이다.

그것은 내 영역이 아니야

'그것은 내 영역이 아니야.'라는 사고방식은 특별히 창의적인 사고를 해야 한다거나 문제해결을 요하는 경우에 빈번히 나타난다. 무조건 그 문제를 무시하기 때문에 해결하려는 시도조차 포기하게 되며, 그와 같은 사람들은 다른 영역에서 아이디어를 가져오려 하거나 영감을 얻으려 하지 않는다. 그러나 많은 발명품은 자신의 전공 영역이 아닌 다른 곳에서 적용·개선되어 태어났다는 것을 잊어서는 안 된다.

모호함을 피하라

모호함은 사실상 상상력이 풍부한 아이디어를 떠오르도록 하는 동기유발이 된다. 또한 창의적으로 문제를 해결하는 과정에서 모호함은 정도의 차이는 있지만 항상 거쳐야 할 과정이다. 이 모호함을 참지 못하면 창의적인 아이디어를 기대할 수 없다.

싱거운 짓을 하지 말라

이런 사고 역시 항상 반듯하고 현명하게 행동해야 한다는 고정관념에서 나온 것이다. 그러나 때로는 실수도 하고 멍청한 짓도 필요하다. 어리석고 말도 안 되는 생각에서 정말 창의적인 아이디어를 끌어 낼 수 있다.

실수해서는 안 된다

실수를 두려워하면 새로운 일을 할 수 없다. 대부분의 창의적 발명품은 많은 실수와 실패의 과정을 필연적으로 거쳤다. 사람들이 저지르는 실수는 그야말로 뭔가 다르게 생각하도록 하는 활력소 역할을 할 수 있다.

나는 창의적이지 못해

만약 자신이 창의적이지 못하다고 생각한다면 정말 그렇게 될지도 모른다. 이것은 일종의 자기 예언이며, 그 생각 자체가 창의성을 방해한다.

3. Amabile의 아동의 창의성을 방해하는 네 가지 요소

"무엇인가 관찰하고 발견하는 즐거움이 책임감과 강요하는 수단에 의해 증진될 수 있다고 생각한다면 그것은 이루 말할 수 없는 실수이다."

Einstein이 그의 자서전에서 언급한 말이다. 어떤 종류의 강요든 지식을 얻는 즐거움을 줄어들게 하고 그 지식을 창의적으로 사용하는 일 또한 방해한다. 그러나 많은 부모는 자녀의 잠재 능력을 개발해야 한다는 명목으로 이것저것 모든 면을 다 알아야 훌륭한 사람이 될 것처럼 많은 공부를 그리고 많은 과외활동을 강요하고 있다. Amabile은 이러한 '강요'는 단지 아동을 꾸중하고 엄격한 규칙 속에 얽매여 놓는 것만을 얘기하는 것이 아니라고 강조하면서 창의력을 방해하는 '강요의 수단'으로 평가, 보상, 경쟁, 선택권의 제한을 들고 있다.

1) 평가

창조적인 작업을 하는 예술가들은 창의적인 작품활동을 크게 방해하는 조건 중 가장 큰 영향력을 미치는 것으로 '평가'에 대한 과도한 관심을 꼽는다. 예술가들이 외부인들의 평가에 너무 신경을 쓰다 보면 스스로 추구하는 작품 세계를 제대로 구사하지 못하고 타인들이 요구하는 방향으로 이끌려 가기 쉽다. 결국 자신의 창의적 능력을 제대로 발휘하지 못하는 것이다.

아동의 경우에도 평가에 대한 관심이 창의성을 감소시키기는 마찬가지이다. Amabile은 연구에서 다음과 같은 사실을 발견했다. 아동들에게 처음에는 색연필로 그림을 그리게 하고, 다음에는 색종이를 여러 모양으로 오려 마음대로 구성하는 콜라주를 하도록 했다. 이때 한 그룹은 색종이 콜라주를 하기 전에 색연필 그림에 대해 평가를 하고, 다른 그룹은 평가를 하지 않았다. 그 후 미술 전문가가 두 그룹의 콜라주를 비교했을 때 평가를 받지 않은 그룹 아동들의 콜라주가 평가를 받은 그룹 아동들의 콜라주보다 더 창의적이었다고 한다. 이것은 색연필 그림에 대해 평가를 받은 아동들이 그다음의 콜라주도 평가받게 될 것이라고 예상하고 있었기 때문에 창의력이 감소된 것으로 여겨진다.

창의성은 자유로운 환경에서 최대한 발휘된다. 자신의 행동이나 작품이 평가될 것이라는 예상이나 기대는 잘해야 한다는 강박감을 갖게 하여 창의성을 제대로 발휘할 수 없게 한다.

2) 보상

아동의 바람직한 행동이 계속 유지되도록 하기 위해서는 '보상'이 필수 조건이다. 그러나 보상이 항상 긍정적인 효과를 가져오지는 않는다. 보상은 치러야 할 숨은 대가가 많다. 보상은 때때로 아동이 스스로 무엇인가를 찾아서 해 보려는 내적 동기를 무너뜨리고 계속되는 보상은 창의성을 말살시키는 결과를 초래한다.

두 그룹의 초등학교 아동들을 대상으로 그림책을 보고 이야기를 만들어 보도록 했다. 한 그룹에게는 이야기를 하고 나면 즉석에서 나오는 사진을 찍어 주기로 약속했고, 다른 한 그룹에게는 어떤 보상에 대한 약속을 하지 않았다. 이야기가 모두 끝난 후 아동들의 이야기에 대한 창의성을 검토해 본 결과, 보상을 약속하지 않은 그룹이 보상을 약속한 그룹보다 훨씬 창의적인 이야기를 한 것으로 나타났다.

칭찬이 주는 효과는 대단하다. 하지만 별 의미 없이 아무 때나 하는 칭찬은 페니실린과 같은 역할에 지나지 않는다. 매사 칭찬이나 보상을 기대하게 되고 보상이 뒤따르지 않는 일은 하지 않게 되며, 일에 대한 흥미를 느끼지 못한다.

3) 경쟁

Amabile은 같은 아파트에 사는 7~11세 사이의 아동들을 자기 집으로 초대하여 작은 파티를 열었다. 토요일과 일요일 두 차례에 걸쳐서 초대를 했는데, 처음 토요일 파티에서는 아이들과 몇 가지 게임을 한 후 세 가지 상품을 보여 주면서 파티가 끝날 때 추첨을 하여 상품을 줄 것이라고 얘기했다. 그러고 나시 그들 모두에게 색종이를 이용한 콜라주를 만들어 보도록 했다. 그리고 다음 일요일에도 같은 방법으로 파티를 열었다. 단, 이때는 가장 잘 만든 3명에게 상품을 주겠다고 얘기했다.

후에 미술 교사가 그날 만들어진 모든 작품의 창의력을 측정했다. 그 결과 경쟁을 하지 않았던 토요일 그룹의 작품이 일요일 그룹의 작품보다 훨씬 더 창의적임을 알았다.

가장 좋은 작품 3개에 상품을 준다는 얘기 때문에 상품을 타기 위해 다른 아이들의 작품보다 더 잘해야 한다는 경쟁의식이 저절로 생겨난 것이다. 경쟁의식은 오히려 심리적으로 불안정한 상태를 유발시키며, 이런 불안정한 상태가 창의성을 제대로 발휘할 수 없게 만든 것이다.

4) 선택권의 제한

어른들이 짜 놓은 일정한 규칙 속에서 그대로 따르게 하는 생활은 아동의 창의성을 속박한다. 부모가 짜 놓은 빡빡한 스케줄을 그대로 따라야 한다면 그들은 스스로 생각할 수 없게 되며, 자신이 스스로 해야 할 일을 선택할 수 없는 그런 상황에서는 창의성이 발휘될 기회가 없다.

매사 어른의 기준으로 평가하고 판단해서 아동으로 하여금 선택의 기회를 주지 않고 무조건 따르도록 강요한다면 그들의 사고는 늘 틀 안에서만 맴돌고 융통성이라고는 찾아볼 수 없게 되고 만다.

4. 창의성을 방해하는 말이나 행동

일상생활에서 우리는 수없이, 때로는 무의식 중에 다른 사람들의 아이디어 혹은 자신의 아이디어에 찬물을 끼얹는 말을 하곤 한다. 이런 말이 아이디어를 죽이고 있다는 것을 깊이 깨달아야 한다. 다음 말이 얼마나 자주 사용되고 있는지 체크해 보라.

- 말도 안 되는 소리 하지 마.
- 예전에 다 해 봤어.
- 그거 해 보나 마나야.
- 시간 낭비일 뿐이야.
- 너무 구식이야.
- 나중에 생각해 보자.
- 너 지금 누구 놀리는 거니?
- 예산이 없어.
- 너무 학문적이야.
- 위원회부터 구성하자.
- 시간이 더 필요해.
- 윗분들이 반대할 텐데.
- 대세에 따르지 뭐.
- 우리 나이에 어떻게?
- 실용적이어야 해.
- 지금은 상황이 안 좋아.
- 일거리만 더 늘어나겠군.
- 이미 늦었어.
- 우리 일이 아니야.
- 전에는 그렇게 하지 않았어.
- 그것 봐! 내가 안 된다고 했잖아!
- 너 미쳤니?
- 아마 안 될 걸?
- 너무 파격적이야.
- 이번이 마지막인 줄 알아.
- 너는 말이 너무 많아.
- 아직 준비가 안 됐어.
- 이론적 배경이 부족해.
- 어디 한번 적어 봐 봐.
- 천천히 하지 뭐.
- 정부에서 승인해 줄까?
- 위험 부담이 너무 크잖아.
- 문젯거리만 가져오는구나.
- 계획에 없던 일이야.
- 성공을 장담할 수 없잖아.
- 시기상조야.
- 규정에 없는 일이라서…….
- 우리 체면에 어떻게?

- 다른 사람들이 용납하지 않을걸.
- 쓸데없는 참견하지 마.
- 너 지금 누구 가르치는 거니?
- 윗분들과 상의해 봤니?
- 돈이 너무 많이 들어.
- 한 번도 해 보지 않았는데 잘될까?
- 다른 사람들이 어떻게 생각하겠니?
- 만약에 실패하면 웃음거리가 될 텐데.
- 그렇게 좋다면 왜 다른 사람들이 하지 않았겠어?
- 이론이야 그렇지만, 현실적으로 가능하겠어?
- 넌 도대체 상황을 알고 말하는 거니?
- 우리같이 규모가 작은 데서는 곤란하지.
- 그런 쓸데없는 일로 괴롭히지 좀 마라.
- 지금 할 일이 그것 말고도 너무 많아.
- 검증되지 않은 것은 안 하는 것이 상책이야.
- 기다렸다 다른 사람들이 하는 것 보고 하자.
- 누가 실행해 본 사람 있는지 알아 봐.
- 그거 꼭 우리가 하지 않아도 되잖아.
- 그것 없이도 지금까지 잘 지내 왔어.

　　창의성에 대한 외적인 장애물을 이해하게 되면 창의적인 아이디어나 계획에 미리 반영할 수 있다. 그리고 자신에게 원인이 있는 내적인 장애를 미리 이해하는 것은 정신적으로 건강하고 창의적인 삶을 누리도록 도와준다.

창의적인 교수자료 개발

1. 교사를 위한 창의적 교수법
2. 창의 · 인성 계발을 위한 교육자료
3. 유아의 창의성 계발을 위한 활동

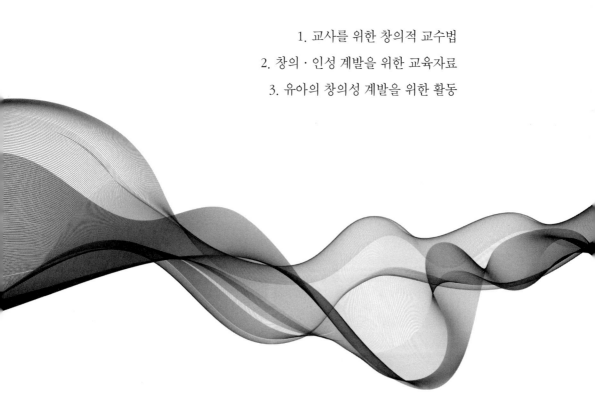

제12장 창의적인 교수자료 개발

1. 교사를 위한 창의적 교수법

2016년 세계경제포럼(World Economic Forum: WEF)에서는 미래에 필요한 핵심역량을 복잡한 문제해결력, 비판적 사고력, 창의성 순으로 보고하였다. 이 역량들을 기르기 위해서는 교실 내에서 융합적이고 혁신적인 교수학습과 아동이 문제를 자율적이고 창의적으로 풀어 나갈 수 있도록 적절한 지도와 환경이 필요하다.

학생들에게 상상력을 펼칠 수 있는 기회 마련, 학습에 대한 내적 동기 지원, 정확하고 신속한 피드백 등과 같은 교사의 창의적 교수행동은 학생들의 창의성과 문제해결력을 신장시키는 데 중요한 역할을 한다. '이번 시간에 공부할 문제' '학습 내용' 또는 '그룹별 토론 주제' 등을 기존 방식에서 벗어나 아동들의 호기심을 불러일으킬 수 있는 방법을 통해 학습 흥미 유발과 창의적인 분위기를 형성할 수 있다.

"선생님! 공부가 재미있어요."와 "선생님! 졸려요." 이 둘 중에 어떤 얘기를 듣고 싶은가? 교사라면 누구나 전자와 같은 반응을 원할 것이다. 교사의 가르치는 방법에 따라서 아동들의 반응은 크게 다를 수 있다.

매일 똑같은 방법으로 수업을 진행하는 교사가 있다면 이제 그 진부함에서 탈출하여 아동들이 좀 더 재미있게 학습할 수 있는 교수법을 사용해 보라. 다음의 내용을 아동들의 발달에 적합하게 변형하여 활용한다면 더욱 창의적인 수업이 될 것이다. 그러나 이런 방법도 너무 자주 사용하면 흥미가 반감될 수 있으므로 가끔 사용하기를 바란다.

깜짝배달

원격 조종할 수 있는 장난감 자동차나 드론을 준비한다. 드론은 중·고등학교 발명반에서 빌릴 수 있다. 필요한 내용을 종이에 적은 후 자동차나 드론에 넣어 지정된 아동에게 보낸다. 메시지를 받은 아동은 큰 소리로 읽는다. 팀별로 다른 토론 주제를 갖게 될 때에는 각 팀의 리더에게 메시지를 보내 나머지 팀원들에게 읽어 주도록 한다.

돋보기 이용

아동의 호기심을 끌 수 있는 방법으로 스캠퍼(SCAMPER)의 원리 중에서 Minify, 즉 적게 하는 방법을 적용해 보자. 전달하려는 내용을 돋보기 없이는 읽기 힘들 정도로 작게 축소한다. 아동들에게 돋보기를 사용하여 내용을 읽도록 한다. 작은 글씨 때문에 어떤 내용일까 하는 궁금증이 더해져 흥미를 끌 수 있고 학습의 집중도도 높일 수 있다.

이야기 앞치마

요리할 때 사용하는 앞치마도 훌륭한 학습 자료가 될 수 있다. 주머니 속에 그림 자료들을 넣은 후 이야기의 내용에 따라 필요한 그림을 꺼내 보여 주면서 앞치마에 핀으로 고정하거나 테이프로 부착한다. 가능하면 여러 개의 주머니를 준비하여 이야기의 단락마다 구별해서 내용물을 넣어 두면 편리하다.

쭈글쭈글하게 구겨서

일반적으로 수업시간에 사용하는 교구나 학습 보조 용지는 아주 반듯

하고 깨끗하다. 이런 고정관념을 깨고 뜻밖의 방법을 사용해서 잠시나마 즐겁게 해 줄 수 있는 방법이 있다. 공부할 내용이나 토론 주제를 쓴 종이를 쭈글쭈글하게 구겨서 공처럼 만든 후 아동들에게 던진다. 또는 공을 옆 사람에게 계속 전달하면서 전체 아동이 읽을 수도 있다.

계절 따라 다르게

계절이나 날씨에 따라 학습 보조물을 달리 활용하여 아동들의 흥미를 불러일으킬 수 있다. 예를 들어, 봄, 여름, 가을, 겨울에 다음과 같이 해 보자.

- 봄: 봄에 피는 꽃을 가져와 꽃잎을 하나씩 떼어 내면서 새로운 개념을 설명한다.
- 여름: 핵심 내용이나 그림을 비치타월에 붙여 본다.
- 가을: 질문이나 공부할 내용을 종이 대신 낙엽에 쓴다.
- 겨울: 미니 눈사람을 만들어 재미있는 아이디어를 적은 팻말을 눈사람 손에 들고 있게 한다.

2. 창의·인성 계발을 위한 교육자료

다음은 미래 교육의 방향성 '올바른 인성을 지닌 창의융합형 인재 양성'을 토대로 한 유아의 창의성과 인성을 함께 함양시키기 위한 교육 프로그램을 소개하고자 한다. 본 프로그램의 구체적인 목표는 유아들의 통합적 창의성(사고 · 성향 · 동기), 창의적 문제해결력, 올바른 인성을 증진시키고자 하는 것이다. 이를 위해 유아의 발달에 적합하게 창의적 문제해결 모델(제10장 참조)을 8개의 단계(문제 인식-문제 탐색-문제 구성-아이디어 생성-아이디어 평가-실행 계획-실행-공유)로 구성했다([그림 12-1] 참조). 인성교육요소 약속, 정직, 배려를 주제로 한 도덕적 딜레마 상황을 CPS 모델의 여덟 단계에 따라 창의적으로 해결하도록 프로그램을 개발했다. 이 장에서는 창의·인성 함양을 위한 CPS 프로그램의 교수-학습 활동 계획안(교육 주제: 약속, 9차시)과 유아들이 실제로 활동한 내용을 예로 함께 제시하고자 한다.

따라서 교사들은 교실 상황에 맞게 교수-학습 활동 계획안을 활용할 수 있고, CPS 모델 각 단계의 계획안 하단에 제시된 유아들의 활동 내용들은 실제 프로그램을 적용할 시에 참고하기 바란다.

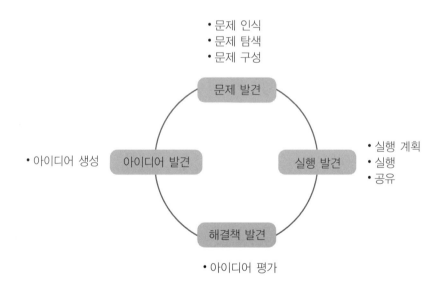

[그림 12-1] 유아의 창의·인성 함양을 위한 CPS 프로그램 구성

[1단계] 문제 인식: 도덕적인 딜레마 상황을 인식하고, 다양한 문제 상황을 살펴보기

활동명	문제 속으로 풍덩~	대상	만 5세	차시	1차시 (35분)
활동목표	• 약속에 관한 문제 상황을 인식할 수 있다. • 약속에 관한 다양한 문제를 생성할 수 있다.				
창의 · 인성 요소	**창의성**			**인성**	
	• 인지: 확산적 사고, 유추적 사고, 문제 발견 • 성향: 다양성, 감수성, 용기, 독창성 • 동기: 호기심 · 흥미			• 개인: 약속 • 대인관계: 사회인지 능력 • 사회: 공동체 의식	
활동 자료	약속 동영상, 사인펜(1team 3set), 색연필(1team 3set), 포스트잇(유아 1인 2~3장), 별 스티커(유아 1인 3장), 팀 보드판, 생각 나누기 약속판				
문제 상황	늦잠, 친구와의 약속, 교통규칙 등과 같은 약속 및 공공규칙을 어기는 상황(애니메이션에서 약속 관련 내용 편집)				
단계	활동 방법				
문제 발견　문제 인식	〈대집단〉 • 약속과 관련된 영상 자료를 본다. 　"친구들, 지금부터 약속에 대한 이야기가 있는 동영상을 한 번 볼 거예요." 　"동영상을 보면서 어떤 일이 일어나는지 생각하면서 보세요." 〈소집단〉 • 약속 영상에 나온 이야기를 마인드맵을 활용하여 살펴본다. 　– 약속 영상의 내용에 대해서 포스트잇에 글이나 그림으로 표현한다. 　"지금 본 영상에서 어떤 일이 있었는지 생각나는 대로 가능한 많이 포스트잇에 그림으로 그리거나 글로 적어 보세요." • 마인드맵에서 나온 유아들의 생각을 비슷한 내용끼리 범주화한다. 　"우리 친구들이 만화에서 나온 이야기를 다양하게 표현해 주었어요." 　"어떤 것들이 있는지 살펴볼까요?" 　"그러면 여기에서 비슷한 것끼리는 모아 줄 수 있나요?" 　"(친구와의 약속 시간을 어긴 내용을 그린 포스트잇을 보여 주면서) 이것과 비슷한 것이 있나요?"				

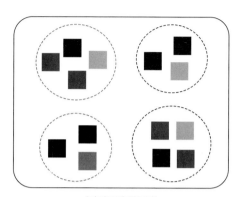

[마인드맵 활동판]

〈대집단〉

• 친구가 발표할 때 주의해야 할 점에 대해서 이야기한다.

"(그림 자료를 제시하면서) 우리 반 친구들은 다른 팀 친구들과 함께 생각 나누기를 할 때는, 첫째, 자기가 하고 싶은 이야기가 있을 때에는 손을 들고 이야기해 주세요. 둘째, 다른 친구들이 이야기할 때에는 잘 들어주세요. 마지막으로 내 생각과 다르다고 그 친구의 생각이 잘못된 거라고 생각하지 않기입니다. 꼭! 꼭! 약속해요!"

• 각 팀에서 나온 내용에 대해서 발표한다.

"영상에서 나온 아이들이 무슨 약속을 지키지 못했나요?"

"○○팀에서 이야기한 것 말고 또 다른 것도 있나요?"

"다음 시간에는 문제에 대해서 좀 더 자세히 살펴보기로 해요."

[문제 인식에서 나타난 활동 내용]

• 친구와의 시간 약속(늦잠, 약속을 잊어버림 등)
• 친구와 친하게 지내기 약속(친구와 놀이 중 다툼, 장난감 소유권으로 인한 갈등 등)
• 교통안전 약속(안전벨트 미착용, 무단횡단 등)
• 부모님과의 약속(양치질하지 않은 것, 동생과 다툰 것 등)

[2단계] 문제 탐색: 다양한 문제를 유아의 경험과 연결시켜 탐색한 후, 가장 가능성 있는 문제 확인하기

활동명	문제를 요리 보고~ 조리 보고~	대상	만 5세	차시	2차시 (35분)
활동목표	• 약속에 관한 문제를 다양한 시각에서 탐색할 수 있다. • 약속에 관한 문제를 탐색한 자료 중 흥미롭고 유망한 문제를 선택할 수 있다.				

창의·인성 요소	창의성		인성	
	• 인지: 확산적 사고, 유추적 사고, 문제 발견 • 성향: 다양성, 감수성 • 동기: 호기심, 흥미		• 개인: 약속 • 대인관계: 사회인지 능력 • 사회: 공동체 의식	

활동 자료	질문 카드(1team 1set), 포스트잇(유아 1인 8~10장), 사인펜(1team 3set), 색연필(1team 3set), 별 스티커(유아 1인 4장), 팀 보드판(1team 1장), 생각 나누기 약속판

단계		활동 방법
문제 발견	문제 탐색	〈대집단〉 • 1차시 [문제 속으로 퐁당] 활동에서 나온 약속 문제에 대해서 회상한다. "지난 시간에 보았던 영상에서는 어떤 약속을 지키지 못했었나요?" "오늘은 팀마다 약속에 대한 문제들을 다양하게 살펴보기로 해요." 〈소집단〉 • 질문 카드를 활용하여 유아들이 직접 약속을 지키지 못한 경험을 살펴본다. – 유아들이 약속을 지키지 못한 경험에 대해 이야기를 나누면서, 포스트잇에 글이나 그림으로 표현한다. (질문 카드를 제시하면서) "약속을 지키지 못한 적이 있었나요?" "누구와 약속을 못 지켰었나요?" "언제 약속을 못 지켰었나요?" "어떤 약속을 못 지켰었나요?" "약속을 못 지켰던 곳은 어디였나요?" "왜 약속을 못 지켰었나요?"

"누구와 약속을 못 지켰었나요?"	"어떤 약속을 못 지켰었나요?"
"약속을 못 지켰던 곳은 어디였나요?"	"언제 약속을 못 지켰었나요?"

[질문 카드]

- 포스트잇에 적은 생각들을 비슷한 내용끼리 묶는다.
  "우리 친구들이 말해 준 약속 경험들을 비슷한 것끼리 묶어 볼까요?"
  "○○가 생각한 것은 어떤 것과 비슷한 것일까요?"
  "다르게 생각하는 친구 있나요?"

- 유아들이 흥미롭고 해결하고 싶어 하는 문제를 한 가지 선택한다.
  - 각 팀별로 유아가 해결하고 싶어 하는 문제에 별 스티커를 붙인다.
    "이 문제들 중에서 가장 재미있고 해결하고 싶은 것 3개를 고른 후, 그 문제에 별 스티커를 한 장씩 붙여 주세요."
  - 팀별로 별 개수를 종합한다.
    "문제마다 별 스티커가 몇 개 붙어 있는지 세어 보세요."
    "가장 많은 별이 붙어진 것은 어떤 것인가요?"

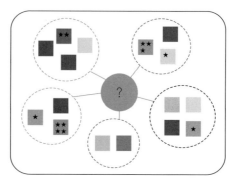

[문제 탐색 활동판]

〈대집단〉

- 각 팀은 가장 흥미롭고 해결하고 싶어 하는 문제를 발표한다.
  "이제부터 다른 친구들의 이야기를 들을 거예요. 우리가 다른 친구들과 생각 나누기를 할 때 지켜야 할 약속은 무엇이었죠?"
  "자! 각자 팀에서 해결하고 싶은 문제는 무엇이죠?"
  "다음 시간에는 문제를 도전으로 바꾸어 보는 시간을 가져요."

[문제 탐색에서 나타난 활동 내용]

- 부모님과의 약속('편식하지 않기' '주말마다 운동하기' '늦잠 자지 않기' '행복하게 살기' 등)
- 친구와의 약속('친구와 사이좋게 지내기' '시간 약속 지키기' 등)
- ★어린이집에서 약속('어린이집 버스에서 위험한 행동하지 않기' '신발 정리하기' '뛰지 않기' 등)

[3단계] 문제 구성: 문제의 원인을 탐색하고, 문제를 긍정적이고 건설적인 도전으로 인식 및 진술하기

활동명	꿈을 향한 도전을 찾아라!	대상	만 5세	차시	3차시 (35분)
활동목표	약속에 관한 문제를 긍정적인 상황으로 전환할 수 있다. · 약속에 관한 문제를 건설적인 도전으로 구성할 수 있다.				

창의 · 인성 요소	창의성		인성		
	· 인지: 확산적 사고, 논리/분석적 사고 · 성향: 다양성, 독창성 · 동기: 호기심, 흥미		· 개인: 약속 · 대인관계: 친사회적 능력 · 사회: 공동체 의식, 리더십		

활동 자료	활동판_팀별 문제 상황 그림(1team 1장), 포스트잇(유아 1인 4~5장), 사인펜(1team 3set), 색연필(1team 3set), 생각 나누기 약속판

단계	활동 방법

문제 발견	문제 구성	〈대집단〉 ...

〈대집단〉
· 2차시 [문제를 요리 보고 조리 보기] 활동에 대해서 회상한다.
　“지난 시간에 우리가 어떤 것을 했었죠?”
　“문제를 어떻게 살펴보았나요?”
　“각 팀마다 어떠한 문제를 선택했었나요?”
　“친구들은 도전하면 떠오르는 것들이 무엇인가요?”
　“맞아요. 도전은 힘들지만 우리가 노력하면 도전을 이룰 수 있어요.”
　“오늘은 팀별로 선택했던 문제를 도전으로 바꾸어 보기로 해요.”

〈소집단〉
· 팀별로 선택한 문제를 긍정적인 상황으로 바꾼다.
　“(보드판에 팀별 문제 상황 그림을 가리키면서) 자! 만약에 우리가 선택한 팀 문제가 타임머신을 타고 간다면, 어떻게 변하면 좋을 것 같나요? 자유롭게 상상해서 포스트 잇에 그림이나 글로 표현해 주세요.”
　“어떤 것들이 나왔나요?”
　(예: 팀 문제가 시간 약속을 지키지 못한 경우_시계에 알람을 맞춰요.)

· 도전 카드를 활용하여 문제를 긍정적인 도전의 형태로 구성한다.
　“이제부터 우리는 팀 문제를 해결하기 위해서 문제를 도전으로 변신시킬 거예요.”
　“먼저, 우리의 문제는 무엇이었죠?”
　“(도전 카드를 보여 주면서) 팀 문제를 도전으로 변신시키려면, 도전 카드에 적혀 있는 것처럼 ‘어떻게 하면 우리가 (　　) 약속을 (　　) 수 있을까?’로 변신시켜 주어야 해요.”
　“(　　) 안은 우리가 앞에서 했던 ‘어떻게 변하면 좋을까?’에 썼던 글과 그림들을 보면서 생각해 보도록 해요.”

• 팀별로 유아들이 생각한 도전 내용을 수렴하여 정리한다.
  "우리 친구들이 팀별로 독특하고 재미있는 도전 내용이 나왔어요."
  "팀에서 각자 가장 마음에 드는 것에 별 스티커 하나를 붙여 주세요."
  "자, 가장 많은 별이 붙여진 것은 무엇인가요?"
  "팀별로 가장 많은 별이 붙여진 도전 카드를 완성해 주세요."

[문제 구성 활동판]

〈대집단〉

• 생각 나누기 약속에 대해서 말한다.
  "생각 나누기를 할 때, 지켜야 할 약속은 무엇이죠?"

• 각 팀의 '도전'에 대해서 발표한다.
  "각 팀의 도전이 무엇인가요?"
  "우리는 문제를 긍정적으로 보는 것이 중요해요. 문제를 긍정적인 도전으로 생각하면 문제를 좀 더 쉽게 해결할 수 있답니다."
  "다음 시간에는 도전이 이루어지기 위한 다양한 방법을 생각해 볼 거예요."

[문제 구성에서 나타난 활동 내용]

• 문제 구성: "어떻게 하면 우리가 (어린이집의 약속을 잘 지켜 즐겁게 지낼) 수 있을까?"

[4단계] 아이디어 생성: 도전 성취를 위한 많은, 다양한 그리고 독특한 아이디어를 생성하고, 가능성 있는 아이디어들을 확인하기

활동명	꿈을 향한 두드림	대상	만 5세	차시	4 · 5차시(35분)
활동목표	* 도전을 성취하기 위한 많은, 다양한 그리고 독특한 아이디어들을 생성할 수 있다. * 많은 아이디어 중 비슷한 내용끼리 유목화할 수 있다.				

창의 · 인성 요소	창의성	인성
	* 인지: 확산적 사고, 상상력/시각화, 유추적 사고, 문제해결 * 성향: 다양성, 용기, 독창성 * 동기: 호기심, 흥미	* 개인: 약속 * 대인관계: 사회인지 능력, 친사회적 능력 * 사회: 공동체 의식, 리더십

활동 자료	생각 퐁! 퐁! 게임 도구(게임 보드판, 생각 퐁! 퐁! 보드판, 생각+생각=? 보드판, 숫자 주사위, 구슬: 1team 1set), 포스트잇(유아 1인당 5~6장), 사인펜(1team 3set), 색연필(1team 3set)

단계		활동 방법
아이디어 발견	아이디어 생성	〈대집단〉 * 각 팀별로 '도전'을 회상하며 이야기를 나눈다. "각 팀의 도전은 무엇이었죠?" "오늘은 각 팀마다 도전을 이루기 위한 방법을 가능한 많이 그리고 다양하게 생각하기로 해요." * 도전을 이루기 위한 방법들을 생각 퐁! 퐁! 게임 도구를 활용하여 아이디어를 생성한다. "우리의 도전을 성공하기 위해 다양한 생각을 하는 데 도움을 줄 생각 퐁! 퐁! 게임을 할 거예요." – 생각 퐁! 퐁! 게임 도구 자료들을 살펴본다. "생각 퐁! 퐁! 게임에는 어떤 것이 있나요?" "주사위(구슬/생각보드판/생각+생각=? 보드판)는 언제 사용하는 것일까요?" "생각 퐁! 퐁! 게임 보드판 칸 안에 무엇이 있나요?" – 생각 퐁! 퐁! 게임 순서표를 보고 활동 순서를 소개한다.

[생각 퐁!퐁! 게임 도구]

생각 퐁! 퐁! 게임 순서
① 가위바위보를 해서 이긴 사람부터 오른쪽 방향으로 주사위를 던진다.
② 숫자 주사위에서 나온 숫자만큼 구슬을 가지고 칸을 이동한다.
③ 게임 보드판 칸에 있는 지시를 따른다.
〈③-1 게임 보드판에 그림이 나왔을 경우〉
     : 게임 보드판에 있는 그림과 생각+생각=? 개인 보드판 그림을 연결하여 아이디어를 생
     성한다. 예 시계(그림 주사위) + 별(게임 보드판) = 반짝반짝 빛나는 별시계
〈③-2 게임 보드판에 그림이 안 나왔을 경우〉
     : 다시 한 번 주사위 던지기, 빨갛고 동그란 것 세 가지 말하기, 퐁! 앞으로 2칸, 뒤로 1칸
     등의 지시를 따른다.
④ 이와 같은 방법으로 게임 보드판에 '생각나라' 칸에 도착하면 게임은 끝이 난다.

〈소집단〉
• 각 팀의 자리로 이동하여 생각 퐁! 퐁! 게임을 한다.
  – 생각 퐁! 퐁! 게임 도구 순서에 따라 진행한다.
• 게임이 끝난 후, '도전'을 지키기 위한 방법으로 나온 것에 대해서 이야기를 나눈다.
  "'도전'을 이루기 위한 방법을 생각하기 위해 생각 퐁! 퐁! 게임을 하면서 나온 생각에
  는 무엇이 있나요?"

〈대집단〉
• 게임을 하면서 느낀 점에 대해서 이야기 나눈다.
  "생각 퐁! 퐁! 게임을 하면서 좋은 점은 무엇이었나요?"
  "생각 퐁! 퐁! 게임을 하면서 아쉬웠던 점은 무엇이었나요?"
  "다음 시간에는 생각 퐁! 퐁! 게임을 한 번 더 할 거예요. 집에서 '도전'을 지킬 좋은 방
  법이 생각나면 다음 시간에 이야기해 주세요."

〈5차시〉
• 4차시 진행한 순서와 같이 생각 퐁! 퐁! 게임을 진행한다.
• 각 팀마다 나온 아이디어 중 가장 재미있고 독특한 것 3개에 별 스티커를 붙인다.
• 별 스티커 수를 합산하여 가장 별이 많은 아이디어 3순위까지 선택한다.

[아이디어 생성에서 나타난 활동 내용]

'약속편지(휴대전화+편지봉투)' '★반짝거리는 약속 게시판(별+게시판)' '약속을 잘 지키면 향기가 나는 시
계(장미꽃+시계)' '★약속트리(별+크리스마스트리)' '약속 잘 지키기 티셔츠(시계+티셔츠)' '약속 알림 신호
등(시계+신호등)' '★약속 달력(손가락+달력)'

[5단계] 아이디어 평가: 아이디어들을 평가 및 비교 분석하고, 가장 유망한 해결책 확인하기

활동명	꿈에게 날개를	대상	만 5세	차시	6차시 (35분)
활동목표					

활동목표	• 아이디어들을 비교 및 분석할 수 있다. • 가장 유망한 해결책을 선택하는 과정에서 도덕적으로 바람직한 가치와 일치하는 해결책을 결정할 수 있다.

창의·인성 관련 요소	창의성	인성
	• 인지: 논리/분석적 사고, 문제해결 • 성향: 자율성 • 동기: 호기심, 흥미	• 개인: 약속 • 대인관계: 친사회적 능력 • 사회: 리더십

활동 자료	최고의 아이디어를 찾아라_팀용(1team 1set), 최고의 아이디어를 찾아라_개인용(유아 1인 1장), 사인펜(1team 3set), 색연필(1team 3set), 생각 나누기 약속판

단계		활동 방법

해결책
발견
	아이
	디어
	평가
		〈소집단〉
		• 지난 시간에 했던 도전을 성공하기 위한 방법들을 회상한다.
		  "각 팀별로 도전에 성공하기 위한 아이디어로 뽑힌 세 가지는 무엇인가요?"
		
		• 최고의 아이디어를 선택하기 위한 활동을 한다.
		  – '최고의 아이디어를 찾아라!(팀용)' 보드판을 제시한다.
		    "최고의 아이디어를 찾아라! 보드판에는 어떤 것들이 적혀 있나요?"
		    (아이디어 1~3, 기준: 재미, 약속)
		    "보드판에는 우리가 '도전'에 성공하기 위한 아이디어들이 있고, 재미와 약속이 적혀 있어요."
		    "재미와 약속은 '도전'에 성공하기 위한 아이디어들을 살펴보기 위한 것이에요. 이것을 우리는 기준이라고 해요."
		  – '최고의 아이디어를 찾아라!(개인용)' 활동 순서를 설명해 준다.
		    "선생님이 나누어 준 작은 책 앞 장에는 무엇이라고 적혀 있나요?"
		    "한 장을 넘기면 어떤 것들이 있나요?"
		    (도전에 성공하기 위한 아이디어들, 기준, 별)
		  – '재미' 기준을 설명한 후, 유아들에게 아이디어들을 평가하도록 한다.
		    "(1페이지에 아이디어 1을 가리키면서) 첫 번째(두 번째/세 번째) 아이디어가 가장 재미있다고 생각하면 별 3개를 다 색칠해 주세요. 조금 재미있다면 별 2개, 재미없다면 별 1개에 색칠해 주세요."
		  – '약속' 기준을 설명한 후, 유아들에게 아이디어들을 평가하도록 한다.
		    "(2페이지에 아이디어 1을 가리키면서) 첫 번째(두 번째/세 번째) 아이디어가 '도전' 약속을 잘 지킬 것 같다면 별 3개, 조금 '도전' 약속을 지킬 것 같다면 별 2개, '도전' 약속을 못 지킬 것 같으면 별 1개를 칠해 주세요."

- 유아들이 평가한 생각들의 총점을 내어 최고의 생각을 발표한다.
  "친구들이 하나하나의 생각들을 평가한 점수를 한 번 더해 봅시다."
  "칠해진 별 하나에 1점씩으로 계산해 주세요."
  "아이디어 1(2/3)은 별이 몇 개 색칠되었나요?"
  "보드판에 점수를 적어 주세요."
  "자! 가장 많이 칠해진 별을 가진 것은 어떤 것인가요?"
- 팀용 평가 매트릭스 보드판에 최고의 생각을 표시해 준다.
  "우리 팀에서 '도전'을 성공시키는 데 최고의 생각이라고 뽑힌 것에 다양한 모양이나 단어로 최고라는 표현을 해 주세요."

최고의 아이디어를 뽑아라!	최고의 아이디어를 뽑아라!	최고의 아이디어를 뽑아라!
기준: 재미	기준: 약속	팀명: ○○○
(아이디어 1). ☆ ☆ ☆	(아이디어 1). ☆ ☆ ☆	(아이디어 1). ☆ 몇 개?
(아이디어 2). ☆ ☆ ☆	(아이디어 2). ☆ ☆ ☆	(아이디어 2). ☆ 몇 개?
(아이디어 3). ☆ ☆ ☆	(아이디어 3). ☆ ☆ ☆	(아이디어 3). ☆ 몇 개?

[최고의 아이디어를 찾아라 미니북(개인용) & 팀용 활동판]

〈대집단〉
• 생각 나누기 약속에 대해서 말한다.
  "생각 나누기 할 때, 지켜야 할 약속은 무엇이죠?"
• 각 팀은 최고의 생각을 발표한다.
  "각 팀별로 최고의 생각은 무엇으로 나왔나요?"
  "자, 다음 시간에는 최고의 생각을 어떻게 실천할 수 있는지 생각해 봐요."

[아이디어 평가에서 나타난 활동 내용]

• 해결책: 어린이집 약속 여름 트리

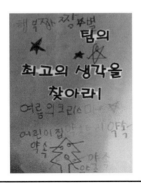

[6단계] 실행 계획: 해결책 실행을 위한 구체적인 계획 구성에 대한 다양한 아이디어를 생성하고, 가장 효율적인 방법 확인하기

활동명	꿈의 지도		대상	만 5세	차시	7차시 (35분)
활동목표	• 아이디어를 실천하기 위한 다양한 방법을 생성할 수 있다. • 다양한 방법 중 가장 효율적인 방법을 선택할 수 있다. • 아이디어 실현화를 위한 체계적이고 구체적인 계획을 세울 수 있다.					
창의 · 인성 요소	창의성		인성			
	• 인지: 논리/분석적 사고 • 성향: 용기, 자율성 • 동기: 호기심, 흥미		• 개인: 약속 • 대인관계: 친사회적 능력 • 사회: 공동체 의식, 리더십			
활동 자료	질문카드(1team 1set), 포스트잇(유아 1인 3~4장), 사인펜(1team 3set), 색연필(1team 3set), 별 스티커(유아 1인 4장), 팀 실행 계획 보드판, 생각 나누기 약속판					
단계	활동 방법					

단계		활동 방법
해결책 발견	실행 계획	〈대집단〉 • 지난 시간에 뽑힌 '최고의 생각'에 대해서 회상하며 이야기를 나눈다. 　"팀마다 '도전'에 성공하기 위한 '최고의 생각'은 무엇이었죠?" 　"오늘은 최고의 생각을 어떻게 실천할 것인지 각 팀마다 생각해요." 〈소집단〉 • 최고의 생각에 대한 실행 계획을 세우기 위해 질문 카드를 활용한다. – 카드의 질문을 듣고, 자신의 생각을 자유롭게 표현한다. 　"질문을 듣고 자신의 생각을 포스트잇에 자유롭게 글이나 그림으로 표현해 보세요." 　"다 한 친구들은 활동판에 붙여 주세요." <table><tr><td>"누구랑 함께 할까요?" "누가 도와줄 수 있을까요?"</td><td>"어떤 모양(색)으로 할까요?" "무엇으로 만들까요?" "어떻게 꾸밀까요?"</td></tr><tr><td>"언제 사용(필요)할까요?"</td><td>"어디에 사용(필요)할까요?"</td></tr></table> [질문 카드] • 다양한 방법 중 효율적인 것 하나를 선택한다. 　"다양한 방법 중에서 가장 좋은 방법에 별 스티커 1개를 붙여 주세요." 　"이제부터는 각 팀마다 계획한 것을 실행하기로 해요."

• 가장 많이 선택된 것들을 모아 계획을 정리한다.
  "누구(언제/어디서/어떻게)에서 가장 많이 선택된 것은 무엇인가요?"
  "가장 많이 선택된 것으로 우리의 계획을 정리해 봐요."

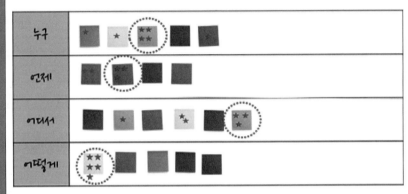

[계획 활동판]

〈대집단〉
• 생각 나누기 약속에 대해서 말한다.
  "생각 나누기 할 때, 지켜야 할 약속은 무엇이죠?"
• 각 팀은 실천 계획을 발표한다.
  "각 팀은 어떠한 계획을 세웠나요?"
  "이제부터는 각 팀마다 계획한 것을 실행하기로 해요."

[실행 계획에서 나타난 활동 내용]

• 언제: 창의성 프로그램 시간
• 어디서: 어린이집에서
• 누구와 함께: 행복짱팀과 선생님
• 어떻게: 크리스마스트리에 걸 약속 장식 만들기

[7·8단계] 실행과 공유: 실행 계획에 따라 실천하고, 창의적 문제해결 과정과 실행된 결과물 공
유하기

활동명	꿈은 이루어진다!		대상	만 5세	차시	8·9차시 (각 35분)
활동목표	• 도전을 계획에 따라 실천할 수 있다. • 도전을 성취하는 과정 및 결과에 대해서 반성적 사고를 할 수 있다. • 약속에 대한 중요성을 함양할 수 있다.					
창의·인성 요소	**창의성**			**인성**		
	• 인지: 확산적 사고, 논리/분석적 사고, 문제해결 • 성향: 용기, 자율성 • 동기: 호기심, 흥미			• 개인: 약속 • 대인관계: 사회인지 능력, 친사회적 능력 • 사회: 공동체 의식, 리더십		
활동 자료	각 팀 자료와 산출물, 팀 실행 계획 보드판, 생각 나누기 약속판					
단계	**활동 방법**					

실행 발견	실행	〈대집단〉
		• 지난 시간에 했었던 계획 구성하기를 회상하며 이야기를 나눈다.
		  "각 팀마다 어떤 계획을 세웠었나요?"
		
		〈소집단〉
		• 각 팀의 계획에 의해 실행한다.
		  (실행 계획 보드판을 제시하면서)
		  "누구와 함께 하기로 했나요?"
		  "어떻게 만들기로 했나요?"
		  "언제 사용하기로 했나요?"
		  "어디서 하기로 했나요?"				

	공유	• 팀 내에서 완성된 결과물에 대해서 이야기를 나눈다. • "'도전'에 성공하기 위한 아이디어를 실제로 만들어 보니까 어떤 기분이 드나요?" • "좋았던 점은 무엇인가요?" • "아쉬웠던 점은 무엇인가요?" • "우리가 만든 것을 다음 시간에 다른 팀과 함께 이야기해 보기로 해요." 〈대집단〉 • 다른 팀들이 어떻게 했는지 전시된 산출물을 자유롭게 살펴본다. • 다른 팀이나 친구들에게 궁금한 점을 물어본다. • 모든 팀에게 서로 칭찬해 준다.				

[실행과 공유에서 나타난 활동 내용]

크리스마스트리 장식에 어린이집에서 지켜야 할 약속을 적은 후, 어린이집 정문에 트리를 설치함

본 프로그램이 끝난 후, 유아 A는 약속을 잘 지키면 친구들의 하트(마음)가 서로 통한다는 내용을 그림 으로 표상함

3. 유아의 창의성 계발을 위한 활동

요리를 잘하는 방법은 조리법 정확하게 따라 하기, 신선한 재료 구입 하기, 정성스럽게 조리하기 등 다양한 방법이 있을 것이다. 한 가지 더 말 하자면, 요리 도구를 능숙하게 다루어야 한다. 예를 들어, 당근 주스를 만 들기 위해서는 믹서에 있는 각 버튼의 기능과 용도를 파악하여 사용할 줄 알아야 한다. 맛있는 요리를 하기 위해서는 요리에 사용되는 도구들을 잘 다루어야 하는 것처럼 창의적인 생각을 하기 위해서는 나만의 생각 도구 들(Thinking Tools)이 있어야 할 뿐만 아니라 잘 활용해야 한다. 유아의 창 의성을 신장시키기 위해 Robert Root-Berstein과 Michele Root-Berstein 의 저서 『생각의 탄생(Sparks of Genuis, 2007)』에서 다룬 네 가지 생각 도 구 '관찰(observing)' '형상화(imaging)' '유추(analogizing)' '몸으로 생각하기 (body thinking)'를 유아 발달에 맞게 만든 활동을 소개하겠다.

관찰

관찰은 모든 지식을 구성하는 데 시작점이 된다. 관찰력을 기르기 위해서는 사물이나 현상을 접할 때 다섯 가지 감각(시각, 청각, 촉각, 후각, 미각)을 적극적으로 활용하는 것이 중요하다.

- 활동명: Oh! 감각
- 준비물: 사과(1인당 1/4), 8절지 도화지, 크레파스, 풀, 스카치테이프, 다양한 꾸밈 재료(셀로판지, 리본테이프, 솜, 빵끈, 털실 등)
- 활동 방법:
  ① 유아들에게 청각, 후각, 촉각, 미각에 대해서 설명한다.
  ② 유아들은 앞에 놓여 있는 사과를 다섯 가지 감각을 사용해서 관찰한다.
  ③ 사과를 관찰한 느낌이나 생각을 다양한 꾸밈 재료를 가지고 도화지에 표현한다.
  ④ 유아들이 표현한 내용을 서로 함께 공유한다.

형상화

형상화는 관찰한 사물을 머릿속으로 상상해서 그림을 그리는 것이며, 그 그림을 실제로 다양한 방법(말, 음악, 동작, 수학, 도형 등)으로 표현하는 것이다.

- 활동명: 그림으로만 표현해요!
- 준비물: 낱말카드(놀이터, 피자, 가족, 수영, 어린이집 등), 도화지(10cm× 10cm), 색연필 또는 연필

- 활동 방법:
  ① 유아 5~6명씩 소집단 형태로 구성한다.
  ② 유아들은 팀 내에서 문제를 낼 순서를 정한다.
  ③ 문제를 낼 유아는 낱말카드에 있는 단어를 도화지에 그림으로 표현한다.
  ④ 나머지 유아들은 도화지에 있는 그림들을 맞춘다.
  ⑤ ③~④의 방법으로 순서대로 신행한다.

유추

유추는 서로 다른 사물 또는 현상 사이에서 유사한 점을 찾아 결합하고 연결시켜 새롭고 다양한 관점의 생각을 할 수 있다.

- 활동명: 나와 연결시켜요!
- 준비물: 그림카드, 8절지 도화지, 크레파스, 색연필, 사인펜
- 활동 방법:
  ① 유아들은 교실 내에 숨겨진 그림카드들을 찾는다.
  ② 각자 찾은 카드에 그려져 있는 그림에 대해서 관찰한 내용을 도화지에 표현한다.
  ③ 관찰한 내용과 나와의 공통점을 찾는다.
  ④ 유아들은 자신과 그림의 공통점이 무엇이었는지 서로 공유한다.

몸으로 생각하기

몸으로 생각하기는 몸의 움직임, 자세, 균형 등의 감각을 활용해서 운동감각적 상상력을 발현시키는 것이다.

- 활동명: 거울댄스
- 준비물: 차분한 장르의 음악, 탬버린

• 활동 방법:

① 유아 2명씩 짝을 이루고, 원 모양 형태로 선다.

② 2명의 유아 중 춤이나 표정을 만들 유아(A, 원 안)와 따라 할 유아
  (B, 원 밖)를 결정한다.

③ 유아 A는 팔, 다리, 얼굴 표정 등을 다양하게 움직이고, 유아 B는
  유심히 관찰한다.

④ 유아 B는 상대방 유아가 했던 행동들을 그대로 따라 한다.

⑤ 음악이 멈출 때까지 계속 진행하다 탬버린 소리가 나면 역할을 바
  꾸어서 한다.

제13장
창의성의 측정과 평가

제13장 창의성의 측정과 평가

1. 창의성 평가의 목적

창의성을 평가하는 목적은 여러 가지가 있을 수 있다. 여기에서는 일반
적으로 다루는 몇 가지 목적에 대해서 알아본다.

1) 능력이 뛰어난 학생의 판별

창의성 검사의 주요 목적 중 하나는 영재성을 판별하는 것이다. 즉, 영
재 프로그램에 참여하기 위해 높은 창의력을 지닌 영재아를 선별하는 것
이다. Torrance, Renzulli와 Tannenbaum 등 영재교육 학자들은 창의력
이 지능과 함께 영재성의 핵심 요소라고 주장하고 있다.

그러므로 사회, 특히 부모나 교육자는 잠재적으로 타고난 창의력을 최
대한 계발시킬 수 있는 환경을 만들어 줄 의무가 있다. 사실, 1950년대 초
이후 '영재'의 개념에는 여러 가지 다른 의미가 포함되어 있었기 때문에
영재 개념 자체에서 많은 변화가 있었다. 1950년대 초까지는 지능검사에
서 우수한 사람(상위 1% 이내)이 영재로 인식되었다. 영재의 의미는 높은
지능을 소유하는 것이고, 지능검사가 영재를 판별하는 가장 기초적인 도
구였다. 전통적으로 지능이 뛰어난 영재는 학년을 뛰어넘을 수 있었고,

좀 더 많고 힘든 과제가 주어지는 상급반에 등록할 수 있었다. 그러나 이런 대우에도 불구하고 이들에게서 아주 특별한 업적을 남겼다는 증거는 거의 찾아볼 수 없었다. 예를 들어, Terman은 1,528명의 캘리포니아에 살고 있는 IQ 140 이상(천재라고 불렸던) 아동들의 생활에 대해 수행한 오랜 연구 결과를 발표했다. 그는 비록 이 학생들이 보통보다 더 높은 수준을 성취했지만, 실제로 아무도 그의 영역에서 성공하여 유명해지지는 못했다.

다행히 근래에는 영재아를 판별하는 데 있어 높은 지능만을 확인하는 것이 아니라 높은 창의력의 소유 여부도 반드시 확인하고 있다. 창의성 검사를 통해 이를 확인할 수 있다.

2) 치료

창의성 평가의 두 번째 목적은 대체로 창의성이 약한 사람들을 판명하기 위해서이다. 이런 아동들은 여러 가지 광범위한 이유로 상상력이 결핍되어 고통을 받는다. 상상력은 문제해결 과정과 인간의 여러 특성에 필수이기 때문에, 수학이나 읽기 능력에서 떨어지는 사람을 돕는 것 이상으로 이 영역에서의 치료 시도는 더욱 요구된다.

불행히도 창의성 치료 프로그램은 거의 존재하지 않는다. 이것은 부분적으로 우리가 이 일에 대해 어떻게 해 나아가야 하는지에 대한 지식이 부족하기 때문이다.

이것은 아마도 창의성 결핍 특성이 명확하지 않기 때문일 것이다. 많은 사람은 이것을 학습 능력보다는 유전적인 특성으로 보기 때문에 학교에서는 이것을 위한 치료 프로그램을 거의 시도하지 못하고 있다. 그러나 요즈음 창의적 사고 능력 향상을 위한 새로운 프로그램의 등장과 교사들의 창의성에 관한 관심이 고조되고 있어, 이런 프로그램들을 창의성이 낮은 학생에게 어떻게 효과적으로 적용해서 치료할 수 있을지에 대한 연구가 이루어지고 있다.

3) 교육 프로그램의 평가

1960년대에 전 세계적으로 창의적인 생각을 도와주는 프로그램을 발달시키는 것에 관심이 일기 시작했다. 새로운 교육 프로그램의 기술은 언어 영역을 비롯한 모든 영역을 위해 디자인되었다. 심지어 창의성 교육을 위해 분리수업 코스가 신설되기까지 했다.

그리고 많은 학습 부진아들이 보던 지필고사 등이 눈에 띄게 줄어들었다. 또한 지식만이 결코 성공에 근접하는 데 필요충분조건이 아니고 창의성과 같은 다른 능력도 필수조건임을 알 수 있다.

그러나 이 같은 능력을 기르는 프로그램에 대한 평가의 부족은 효과적인 프로그램을 개발하는 것을 어렵게 하고 있다. 좋든 싫든 창의성을 기르는 프로그램과 교수 기술은 대부분 "기초적인 지식과 원리 및 이해의 치중" 때문에 버려지고 있다.

다행히도 지금 교실에서는 다시 창의성 계발의 노력이 살아나고 있다. 그리고 이 같은 분위기를 접한 학교 관계자나 학부모들은 이러한 노력이 과연 아이들의 창의력을 얼마나 효과적으로 계발시켜 줄 수 있을 것인가 대한 평가를 기대하고 있다.

4) 연구

창의성 평가의 또 다른 목적으로는 창의성의 본질과 창의적인 사람들에 대한 연구이다. 실제 창의성 검사는 주로 두 가지 용도로 쓰인다.

첫째, 연구자가 창의적인 학생이나 성인, 또 그들의 배경이나 업적 등을 보통 사람들과 비교하기 위해서 창의성 검사가 필요하다. 창의적인 사람은 그들만의 특별한 성격, 동기, 능력, 사고방식, 행동 패턴, 직업 선택

등이 있는지를 알고자 할 때 사용된다.

둘째, 교육이나 어떤 창의력 향상 프로그램에 의해 어떤 영향을 받았는지에 대한 평가를 하는 데 사용된다. 때때로 창의력 훈련 효과를 가장 효과적으로 측정하기 위해서는 현재 사용되고 있는 창의성 검사에 의해서가 아니라, 실제 훈련 경험이 자신에게 어떤 영향을 주었는지, 참여 결과 자신이 좀 더 창의적인 사람이 되었다고 믿는지, 그런 경험을 즐기는지, 영재교육 프로그램에 참여하는 것을 좋아하는지 등과 같은 근본적인 질문에 의해서 가능하다. 이런 목록은 좀 더 직접적으로 관련된 결과를 얻을 수 있을 것이다.

5) 상담

창의성 평가는 또한 상담과 지도를 위해서도 필요하다. 상담자나 학교 교사는 미성취 아동, 비협력적인 아동 등 개인적이고 교육적인 문제 등에 대한 정보를 더 많이 얻기를 원한다. 예를 들어, 독립적이고 호기심이 많고, 유머도 풍부한 창의적인 학생들이 친구를 많이 못 사귄다든지 하는 문제, 학급에서의 부적응 문제 등의 경우에 창의성에 관련된 정보는 그런 문제점을 진단하고 치료하는 데 많은 도움을 줄 수 있다.

또한 직업 선택에서도 어떠한 직업이 얼마나 창의적인 사고를 필요로 하는지, 또 그러한 직업에 어떤 사람이 적합한지를 밝혀 적절한 직무에 배치할 수 있다. 이와 같이 한 개인의 진로 지도에 필요한 정보를 얻기 위해 창의성 평가의 결과를 활용할 수 있다.

2. 창의성 평가의 유형

창의적인 능력을 평가하기 위해 여러 가지 검사가 개발되어 활용되고 있다. 그 검사들이 기초로 삼는 측정 논리에 따라 다음 몇 가지 유형으로 구분된다. 실제 개발된 검사의 예와 함께 각각의 유형을 살펴보면 다음과 같다.

1) 창의적 요소 측정검사

창의성에 관한 분명한 사실 중 하나는 창의성이 여러 가지 요소로 이루어져 있다는 것이다. 따라서 많은 창의성 검사도구들이 적어도 두 가지 이상의 창의성 요소를 측정하고 있다. 이에 따르면 이 검사에서 높은 점수를 받을수록 창의적인 것으로 가정한다.

요소를 측정하는 가장 대표적인 검사로는 Torrance의 창의적 사고 검사인 TTCT(Torrance Tests of Creative Thinking)를 들 수 있다. 이 검사는 여러 면에서 Guilford의 확산적 사고 검사에 기초를 두고 있으며 가장 오랜 기간 지속적으로 사용되고 있다. 아마도 창의성 연구 분야와 교육 현장에서 가장 널리 사용되고 있는 검사일 것이다. 지난 몇십 년 동안 Torrance는 TTCT의 시행과 채점 방법을 개선해 왔으며, 이 검사는 지금까지 개발된 것 중에서 가장 완성도가 높은 것으로 알려져 있다.

TTCT는 단어를 보고 창의적으로 사고하는 언어검사와 그림을 보고 창의적으로 사고하는 도형검사로 구성되어 있으며, 이들 각각에서 동형검사로서 사용될 수 있는 A형과 B형이 있다.

언어검사는 일곱 가지의 하위 검사로 구성되어 있다. 처음 3개의 하위 검사는 시작 부분에 제시한 그림을 참조하면서 문제가 제시된다. 예를 들면, A형에서 요정이 물에 비친 자신의 모습을 들여다보고 있는 [그림 13-1]을 보고 다음과 같은 '질문-추측'에 대한 과제가 주어진다.

① 생각할 수 있는 가능한 많은 질문하기
② 그림에 나타난 행동으로 가능한 모든 원인 추측하기

③ 그림에 나타난 행동으로 일어날 수 있는 모든 결과 추측하기

나머지 4개의 하위 검사 과제는 각기 독립적이다.

④ 코끼리나 원숭이 인형을 가지고 좀 더 재미있게 개선해 보기
⑤ 종이상자나 빈 깡통의 다른 용도 찾기
⑥ 일반 사물에 대한 특이한 질문하기(이 항목은 개정판에서 빠짐)
⑦ 사실과 다른 상황이 일어났다고 가정하고 가능한 결과 추측하기

[그림 13-1] A형 '질문-추측'하기 과제

Torrance의 도형검사는 세 가지로 구성되어 있으며, 모두 불완전한 도형을 의미 있는 도형으로 상상해서 그리고 제목을 만들어 보는 활동이다.

① 그림 구성하기: [그림 13-2]와 같은 계란 형태의 모양을 기반으로 해서 그림 그리기

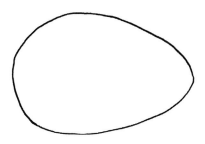

[그림 13-2] 그림 구성하기

② 그림 완성하기: 열 가지의 추상적인 선을 이용하여 그림 그리기(예:
　[그림 13-3])

[그림 13-3] 그림 완성하기 전체 그림 10개 중 일부

③ 동그라미 또는 선으로 그림 그리기: 똑같은 모양의 동그라미(2장)나
　쌍으로 된 선을 이용하여 그림 그리기

　이러한 모든 활동은 주어진 시간에 얼마나 많은 아이디어를 냈는지를
아이디어의 수(유창성)를 통해 알아보고, 아이디어가 얼마나 다양한지를
아이디어 종류의 수(융통성)를 세어 알아보며, 아이디어가 얼마나 다른
사람들 것보다 특이한지를 다른 사람들이 흔히 내지 않는 아이디어의 수
(독창성)를 세어 알아보고, 마지막으로 아이디어가 얼마나 세밀한지를 아
이디어의 정교한 수(정교성)를 세어 알아본다. 창의성의 종합 점수는 물
론 네 가지 요소를 모두 측정하여 합한 점수이다.

TTCT를 실시하고, 채점하고, 점수를 보고하는 것은 표준화되어 있다. 하지만 Torrance는 평가에 대해 연수를 받은 숙련된 평가자가 채점할 것을 권한다. 특히 평가 경험이 부족한 숙련되지 않은 평가자들은 독창성을 평가할 때 수검자의 반응에 대해 자신의 개인적인 판단에 따라 점수를 줄 위험이 있다고 지적한다.

이순묵과 이효희(2011)에 따르면, TTCT 1판에서는 전통적인 네 가지 DT 영역에서 점수를 산출하였으나, 1984년 개정판에서는 간소화된 점수 체계가 도입됨에 따라 채점 내용에 변화가 생겼다. 간소화된 체계에서는 도형검사의 채점 요소로서 종래의 유창성, 정교성, 독창성 점수 외에 '조기 완료에의 저항'과 '제목의 추상성'에 점수를 주도록 되었다. 또한 융통성 점수는 유창성 점수와 대부분 차별화되지 않는 경향이 있어 제거되었다.

2) 창의적 인성 측정검사

창의적 특성에는 적어도 오십 가지 정도가 관련된 것으로 본다. 그중 몇 개의 특성을 측정하는 검사가 있다.

모험심 검사

어떤 상황에서 얼마나 위험을 감수하는지를 알아보는 모험심은 [그림 13-4]와 같은 고리 던지기 게임(Ring Toss Game)을 통해서도 측정할 수 있다(Atkinson, 1964). 멀리 있는 말뚝에 고리를 성공적으로 던질수록 더 많은 점수를 얻는다. 물론 1번에서 10번 쪽으로 갈수록 성공하기는 같은 확률로 더 어려워진다고 가정하자. 따라서 한 번 성공할 때마다 말뚝의 번호만큼 점수를 얻는다. 각자 열 번씩 던질 기회가 주어질 때 어떤 말뚝에 목표를 두고 던지느냐는 사람들의 모험심을 평가하는 기준이 된다.

만약 1번 말뚝에 목표를 두었다면 실패할 확률은 거의 없다. 그러나 열

번을 모두 성공해도 최고 점수는 10점이다. 만약 10번 말뚝에 목표를 두
었다면 성공할 확률은 10분의 1이다. 따라서 10번 말뚝이 10점이라 하더
라도 한 번밖에 성공 못한다면 역시 10점이다. 하지만 적당한 모험심을
발휘하는 사람은 아마도 5번 또는 6번 말뚝에 목표를 둘 것이다. 성공할
확률이 각각 10분의 6과 10분의 5이기 때문에 30점을 얻을 수 있다(5점×
6=30/ 6점×5=30).

물론 특별한 게임 상황에서의 설명이기는 하지만 실제 생활에서도 비
슷하게 나타난다. 자신의 일에 모험을 전혀 하지 않으려는 사람들과 극도
의 모험을 즐기는 사람들은 적당한 수준에서 모험심을 발휘하는 사람보
다 덜 성공적이었다고 한다. 또한 적당히 모험을 즐기는 성향은 애매함에
대한 참을성과 깊은 관계가 있는 것으로 연구·보고되고 있다.

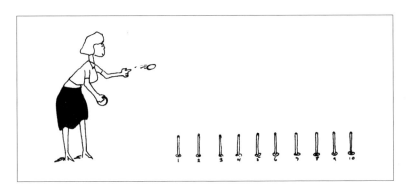

[그림 13-4] 고리 던지기 게임

무질서에 대한 선호

창의적인 사람들은 단순한 것보다는 복잡한 것을, 질서정연한 것보
다는 무질서를 선호하는 특징이 있는 것으로 나타났다. [그림 13-5]는
Barron-Welsh의 그림선호도검사(Barron-Welsh Figure Preference Test)이
다. 각 쌍의 그림 A와 B 중 좋아하는 그림을 선택한다. 정답과 비교해 보
면 자신이 얼마만큼 무질서에 대해 선호하는지 알 수 있다. 물론 무질서

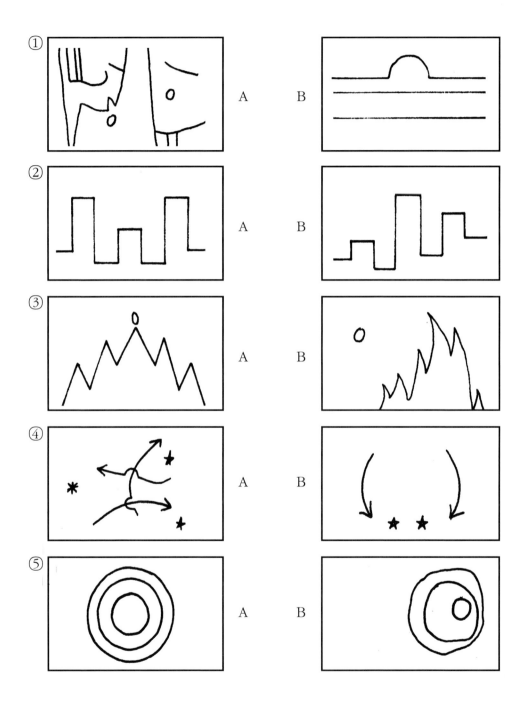

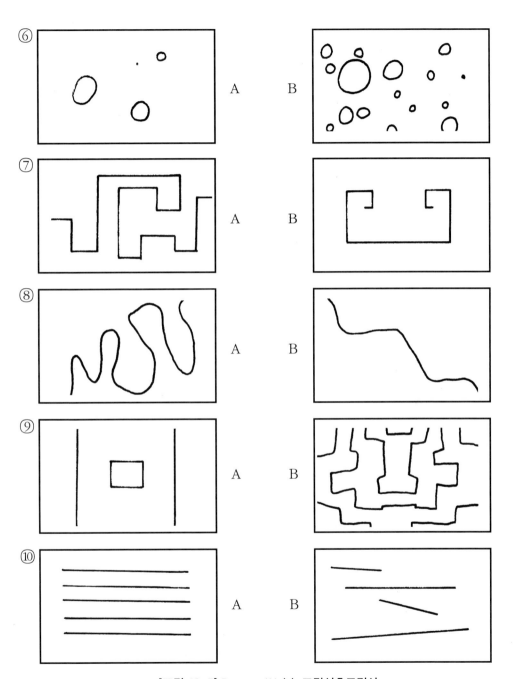

[그림 13-5] Barron-Welsh 그림선호도검사

〈정답〉 1. A 2. B 3. B 4. A 5. B 6. B 7. A 8. A 9. B 10. B

를 선호하는 사람일수록 창의적이고 그렇지 못한 경우는 전혀 창의적이지 않다고 말할 수는 없다. 단지 매우 창의적인 사람들 중에는 무질서에서 자신만의 질서를 찾고자 하는 사람이 많음을 발견했다.

성역할 정체성

얼마만큼 성역할에 대한 정체성이 형성되었는가를 검사해서 창의적인 기질을 알아볼 수 있다. Sandra Bem이 개발한 Bem 성역할검사(Bem Sex Role Inventory: 〈표 13-1〉 참조)는 자신의 성에 대해 어느 정도로 가깝게 느끼고 있는가를 측정하는 것이다. 이 검사는 단순히 24개의 질문에 각각의 문항마다 자신이 동의할 경우는 'A', 동의하지 않는 경우는 'B'로 답한다. 여러분이 여자라면 다음의 답과 같이 답했을 경우는 각각 1점씩 부가한다. 마찬가지로 여러분이 남자라 해도 다음의 답과 같은 답을 했을 경우 각각 1점씩을 부가한다.

1. A 2. A 3. A 4. A 5. B 6. B 7. A 8. B 9. A 10. B 11. B 12. A 13. A 14. A 15. B 16. B 17. A 18. A 19. A 20. B 21. A 22. B 23. B 24. A

창의성과 성역할 정체성의 상관관계에 대한 연구 결과를 보면, 창의성이 보통인 사람의 경우 남자는 성역할 정체성 점수가 낮고(약 6점), 여자는 높았다(약 18점). 그러나 창의성이 매우 높은 남자는 성역할 정체성 점수는 중간(약 10점) 정도였다. 매우 창의적인 여성도 마찬가지로 성역할 정체성 점수가 평균 14점으로 중간 정도였다. 즉, 매우 창의적인 사람은 자신의 성과 정반대의 역할을 보이고 있지 않다.

이와 같은 현상은 높은 창의성을 발휘하기 위해서는 어느 정도 자신과 반대 성의 특성을 갖고 있을 필요가 있기 때문이다. 남자가 창의적이기 위해서는 여성의 정교함이나 타인의 감정에 대한 민감함 등이 필요하고, 반대로 여자가 창의적이기 위해서는 남성의 고집이나 엄격한 성격 등이 필요하다. 따라서 창의적이기 위해서는 여성은 여성답게, 남성은 남성답게만 교육하기보다는 양성성 교육이 바람직하다. 물론 직업의 종류에 따라 차이는 있다.

〈표 13-1〉 성역할 정체성 질문지

1. 가게에서 물건을 고를 때 이것을 살까 저것을 살까 너무 자주 마음이 변하면 결국 사지 않거나 사더라도 항상 반품한다.
2. 실내 장식하는 일을 하고 싶다.
3. 어두워지면 약간 두렵다는 생각이 든다.
4. 길가에 침을 뱉는 사람을 보면 짜증이 난다.
5. 학교에서 가끔 잘못된 행동 때문에 교장실에 불려갔었다.
6. 사냥하기를 좋아한다.
7. 폭풍이 불면 무섭다.
8. 목욕보다는 간단하게 샤워하는 것을 더 좋아한다.
9. 항상 내가 할 수 있는 최선의 성적을 얻으려 노력한다.
10. 건축업에 종사하는 일도 괜찮을 것 같다.
11. 때때로 나의 업적을 자랑하고 싶다.
12. 단체생활에서 내가 해야 할 일을 다 못하는 것은 절대 옳지 못하다고 생각한다.
13. 쉽게 흥분하는 편이다.
14. 사람들이 은근히 나에게 상처를 주는 지적에 관하여 나의 감정을 숨기는 경향이 있다.
15. 어떤 사람이 특정 국민성에 대해 반감을 갖고 얘기하면 비록 인기가 떨어지더라도 기꺼이 그것에 관해 반박한다.
16. 자동차 경주를 좋아한다.
17. 자동차 사고를 당한다는 생각만 해도 끔찍하다.
18. 낯선 곳에 가면 약간 두려움을 느낀다.
19. 간호사가 되는 것도 괜찮다고 생각한다.
20. 가끔 누군가와 싸우고 싶은 생각이 든다.
21. 다른 사람들을 잘 이해하고 다른 사람들의 문제에 동정심을 갖고 잘 상담해 준다.
22. 로맨틱한 소설보다는 추리소설을 좋아한다.
23. 남성용 잡지를 좋아한다.
24. 의상 디자이너가 되는 것도 괜찮다고 생각한다.

3) 창의적 사고능력검사

창의적인 사고 능력을 측정하려는 시도는 많았으나, 그중 Sarnoff A. Mednick에 의해 개발된 원격연합검사(Remote Associates Test)가 가장 잘 알려져 있다. 이 검사는 2개 이상의 대상을 연합하는 능력을 창의성으로 보고, 비교적 관련성이 없어 보이는 대상 간, 극 원격의 연합을 쉽게 할 수 있는 능력의 정도에 따라 창의성을 측정한다.

이 검사는 겉으로는 별로 관계가 없는 듯한 3개의 단어를 주고 그 단어들 간에 효과적으로 연합을 할 수 있는 네 번째 단어를 찾도록 한다. 이 검사를 만들기 위해 먼저 세 단어 간에는 별 관계가 없으면서 네 번째 단어와는 공통적으로 연합을 이루는 단어들의 묶음을 여러 가지 찾아냈다. 그러고 나서 매우 창의적이라고 여겨지는 사람들에게 그 세 단어의 묶음을 제시하고 네 번째 단어를 추측하도록 했다. 피험자들이 제시한 결과 중에서 가장 높은 점수를 보인 30개 세트의 문항들을 찾아 검사 도구로 결정했다.

이런 과정을 거쳐 만들어진 검사는 만족할 만했다. 매우 창의적인 사람들과 그렇지 못한 사람들 사이에 확실한 차이를 보였다. 검사는 창의적 사고 능력에 있어서 높고 낮은 차이를 분명히 구별해 주었다.

원격연합검사의 한 문항을 예시하면 다음과 같다.

예) 놀라게 하다(surprise), 줄(line), 생일(birthday) _____

이 문항에서 네 번째에 들어갈 바람직한 단어는 '파티(party)'이다. '깜짝 놀라게 할 뜻밖의 파티(surprise party)' '전화의 공동가입선 또는 정당의 정책(party line)' '생일 파티(birthday party)'에서 공통적으로 연결되는 단어 파티(party)를 찾는 것이다.

그러나 원격연합검사는 모두 영어로 되어 있어 영어 문화권이 아닌 나라에서는 사용하기에 적합하지 않다. 비록 영어 단어를 모국어로 번역한 다고 하더라도 언어에서 오는 다양한 문화 차이 때문에 정확한 능력을 파악하기는 힘들다.

4) 비검사방법

창의성을 지필검사만으로 할 경우는 항상 문제가 있다. 가장 심각한 문제는 창의성의 여러 측면 중에서 단지 그 테스트가 추구하는 일면만을 잴 수밖에 없다는 것이다. 또한 개인의 업적이나 활동과 관련된 창의성을 재지 않고 다른 면에서 필요한 창의성을 잴 수도 있다. 그 밖에도 다른 테스트에서 일어나는 문제와 마찬가지로 검사에 대한 개인의 스트레스, 시간제약, 지시문의 불명확성 등이 본래의 창의성을 측정하는 데 문제가 될 수도 있다. 이러한 문제에 대한 대안으로 다음과 같은 방법으로 창의성을 알아볼 수 있다.

체크리스트와 설문조사

체크리스트나 설문지는 일반적으로 창의적인 사람들의 전형적인 특성에 관한 연구를 기반으로 만들어진다. 다음 〈표 13-2〉에 나타난 설문이 그 예이다.

〈표 13-2〉 체크리스트의 예

※ 다음 각 문항의 내용을 읽고 A와 B 중에서 여러분과 가장 가깝다고 생각되는 것을 고르시오.

1.   A: 다른 사람들이 이상하다고 생각하는 행동은 가능한 한 피한다.
     B: 다른 사람들이 뭐라고 하던 내가 원하는 일이면 한다.

2.   A: 어떤 일을 결정할 때 내 자신의 마음의 결정에 따른다.
     B: 내가 좋아하는 사람의 의견을 잘 따른다.

3.   A: 나는 여생을 안정된 일을 하면서 보내고 싶다.
      B: 나는 어떤 사람들이 옳지 못한 일을 했을 때 그들의 권위에 도전한다.

4.   A: 나는 어떤 주제에 관해 내 생각을 잘 말하는 편이다.
      B: 나는 주어진 규율을 잘 따른다.

5.   A: 위험에 처했을 때 내가 존경하는 사람이 나를 구해 주는 꿈을 꾸기를 좋
         아한다.
      B: 세계 문제의 해결책을 제안하는 책을 내 자신이 집필하는 꿈을 꾸기를
         좋아한나.

___

이 문항에서 1번 B, 2번 A, 3번 B, 4번 A, 5번 B를 택한 경우가 창의적
인 특성을 보여 주는 것이다.

경험 리스트

경험 리스트는 과거에 개인이 경험했던 일을 알아보아 창의성을 측정
하는 것이다. 이미 많은 연구가 '내 자신에 대한 보고서'와 '미래의 창의
적인 성취' 사이에는 높은 상관관계가 있음을 보여 주었다. 가장 간단한
방법으로는 자신의 자서전을 간단하게 써 보게 한 후 그로부터 창의적인
행동의 질과 양에 대해 평가한다.

좀 더 구체적인 방법으로는 Bull(1960)에 의해 개발된 '과거 창의적인
행동 상황(The state of past creative activities)'이 있다. 이것은 다음과 같은
구체적인 지시를 준다.

"지난 3년 사이에 여러분이 참여했던 창의적인 활동에 대해 모두 적
으시오. 말하자면 예술적, 문학적, 과학적 분야의 어느 것이라도 좋습니
다. 예를 들면, 연극 공연, 그림 그리기, 잡지나 신문의 편집이나 투고,
과학 실험기구의 제작, 그림 전시 등 가능한 한 활동 내용과 작품에 관
해 자세하게 기술하시오."

이를 평가하기 위해서 각 활동은 일정한 기준을 정한다. 그리고 1점에서 9점 사이에서 평가한다. 일반적으로 그들의 창의적인 업적을 평가하기 위해서는 포트폴리오, 사진, 그림 작품 등을 제출하도록 하여 기준에 따라 평가한다.

창의적 수행의 직접적인 관찰

실제로 창의적인 활동을 하고 있는 모습을 직접 관찰하는 것은 그 어느 것보다 확실히 그들의 창의성 능력을 알 수 있으나, 평가 방법이 잘 개발되어 있지 않다는 것이 문제점이다. 또 다른 문제점은 시간 제한과 평가자의 주관에 좌우될 염려가 너무 크다는 것이다.

가장 일반적으로 이 방법을 사용할 수 있는 곳은 학교에서 교사가 일정한 과제를 수행하는 것을 관찰하고 평가하는 경우이다. 군대와 같은 조직 생활에서도 활용할 수 있다. 첩보교육을 시킬 때 예비 스파이들에게 어려운 상황에 처하게 만들고서 그들이 얼마만큼 성공하는지 반응을 평가할 수 있다.

이 외에 정부나 회사 인사부에서 사원을 채용할 때도 사용할 수 있다. Walkup(1967)은 신입사원을 뽑기 위한 인터뷰에서 학력이나 지식과는 상관없는 문제를 제시하고 해결책을 찾아보는 것을 방법으로 제시했다.

3. 합리성을 초월한 창의성

창의성 영역에서 가장 잘 알려진 학자 중 한 명인 Torrance는 Hall과 함께 쓴 논문에서 초월 합리 창의성의 개념에 대해 설명하였다. 추상적으로 문제를 한 단계 한 단계 풀어 가는 일반적인 능력과는 반대로 창의성의 더 높은 단계는 영감과 직관, 심지어는 계시와 같은 비상함이라는 것이 있다. 전자는 우리가 쓰는 검사를 통해 측정할 수 있지만 이 비상한 타

입은 그럴 수가 없다.

초월 합리 단계에 있는 사람의 창의성을 우리가 어떻게 알 수 있을까?

Torrance와 Hall은 이 질문에 답을 구하려 했고 그런 특징을 나타내는 여러 가지 특성에 대해 목록을 만들었다.

초월 합리적으로 창의적인 사람은 다음과 같은 특성이 있다.

- 이상하고 기발한 생각을 질한다.
- 여유롭고 환상적인 삶을 살고 상상력이 엄청나게 풍부하다.
- 색을 맛보고 소리를 보는 것과 같은 종합적인 능력을 갖고 있다.
- 창의적인 활동을 하는 동안은 특별히 특수 뇌파 패턴을 갖게 된다.
- 새로운 것에 직면했을 때 매우 즐거워한다.
- 때때로 놀라운 행동 그리고 일반 기준으로는 설명할 수 없는 기적을 보인다.
- 다른 사람의 궁핍을 자기의 상황처럼 생각하고 인식한다.
- 비상한 카리스마를 지니고 있다.
- 미래에 대해 강하고 풍부하고 정확한 상을 가지고 있다.
- 절정의 경험을 많이 한다.
- 그들의 성격상 많은 정반대의 것들을 통합한다(예를 들어, 남성우월주의-여성우월주의).

이런 성향으로 인해 그들은 다른 사람 사이의 충돌을 해결하는 능력을 지니고 있기 때문에 엄청난 평화주의자이다.

이런 성격이 초월 합리적인 창의적 사람에게 모두 있다고 할 수는 없다. 그러나 일반 사람보다는 더 많이 가지고 있다고 할 수 있다. 현재로서는 이런 특성을 측정할 수 있는 어떤 도구도 존재하지 않는다. 단지 행동을 직접 관찰하는 것으로 이런 창의성을 가진 사람을 판명할 뿐이다.

참고문헌

강신형 역(1990). 뇌력혁명. 서울: 정신사.

강옥기, 박영아, 강문봉(1989). 수학과 문제해결력 신장을 위한 교수-학습자료개발연구. 한국교육개발원 연구보고.

강호감 역(1990a). 머리 좋은 아이는 오른뇌가 다르다. 서울: 집현전.

강호감 편역(1990b). 오른뇌와 왼뇌의 IQ 테스트. 서울: 집현전.

강호감(1991). 두뇌의 기능분화에 따른 교수전략이 창의력 및 자연과 학업성취도에 미치는 영향. 서울대학교 대학원 박사학위논문.

고영희 역(1986). 인간의 뇌와 교육. 서울: 중앙적성출판사.

고영희 역(1991). 당신의 양쪽 뇌를 사용하라. 서울: 양서원.

고영희(1982). 뇌연구와 교육. 교육개발, 4(6), 12-26.

고영희(1983). 뇌의 기능과 교육. 새교육, 35(4), 19-26.

고영희(1984). 뇌의 인지과정과 교육과정 개발의 시사. 한국교육, 11(1), 105-119.

고영희(1989). 한국인의 뇌. 아주대학교 논문집, 11, 141-174.

고영희(1991). 오른뇌 방식으로 산다. 서울: 집현전.

고영희, 조주연 역(1986). 오른쪽 왼쪽 뇌기능을 활용한 수업기술(II). 서울: 교육과학사.

고영희, 하종덕(1992). 엠씨스퀘어 이완 시스템이 긴장이완 및 학습능력에 미치는 효과. 과학영재연구, 1(1), 47-159.

고영희, 하종덕(1994). 성공하는 두뇌 만들기. 서울: 웅진출판.

고영희, 하종덕(1995). 나도 천재가 될 수 있다. 서울: 도서출판 새남.

곽병선(1985). 문제해결력과 사고력. 산수과 문제해결력 신장을 위한 수업방안 개선 연구 세미나집. 한국교육개발원, 69-82.

곽형식(1985). 뇌기능 특성과 과제제시유형이 재인에 미치는 효과. 경북대학교 대학원 석사학위논문.

길양숙(1991). 문제해결전략의 지도에 관한 연구동향. 교육학연구, 29(4), 94-109.

김기석 역(1989). 뇌. 서울: 성원사.

김남성(1995). 창의성 개발을 위한 프로그램. 성균관대 인문과학연구소, 5, 143-159.

김선 역(1996). 교육과 창의성. 서울: 집문당.

김선진(2015). 유아의 창의·인성 함양을 위한 창의적 문제해결 프로그램 개발 및
효과. 성균관대학교 일반대학원 박사학위논문.

김언주, 민현숙, 심재영(2010). 인간동기의 이해와 적용. 서울: 신정.

김용운, 김용국(1992). 엄마의 산수 II. 서울: 김영사.

김윤정, 서지연, 류지열, 차대길, 김수동, 연경남, 이화선(2017). 4차 산업혁명시대
혁신 영재교육. 한국과학창의재단.

김윤정(2017). 4차 산업혁명 시대 창의혁신 영재. 4차 산업혁명시대를 선도할 창
의혁신인재 육성 정책 마련을 위한 포럼. 한국과학창의재단.

김재은(1994). 교육과 창의성. 서울: 배영사.

김재은, 장명숙(1990). 영재교육의 이론과 실제. 서울: 교육과학사.

김정오(1985). 문제해결. 한국교육개발원. 산수과 문제해결력 신장을 위한 수업
방안 개선 연구 세미나집, 13-22.

김정휘 편저(1996). 영재 학생의 발달에 영향을 미치는 필요충분 조건들. 서울: 원미사.

김정휘 편저(1998). 영재 학생 식별 편람. 서울: 원미사.

김종안(1987). 우뇌-경험 프로그램을 통한 창의성 증진에 관한 실험적 연구. 성
균관대학교 대학원 석사학위논문.

김종안(1989). 잃어버린 진주 당신의 오른쪽 뇌. 서울: 심지.

김혜영(1986). G. Polya의 문제해결전략의 지도효과에 관한 연구. 서울대학교 대
학원 석사학위논문.

노해숙 역(2003). 창의성의 즐거움. 서울: 북로드.

문선모 역(1990). 인지적 교실학습. 서울: 중앙적성출판사.

문정화(1995). 창의성 교육의 자아실현적 접근. 열린교실연구 3(2), 85-91.

문정화(2011). 내 아이를 위한 창의성 코칭. 서울: 아이비하우스.

문정화, 변순화 공역(1993). 창의성을 내것으로. 서울: 과학과 예술.

박경빈, 류지영, 박인호, 방승진, 육근철, 윤예홍, 이미순, 이선영, 이재호, 전미란,
전영석, 조석희, 진석언(2014). 한눈에 보는 영재교육. 서울: 학지사.

박성훈(2018). 스스로 학습이 희망이다. 경기: 21세기북스.

박숙희(2008). 성인기 창의성과 행복감. 창의력교육연구, 8(2), 57-72.

박종기(1987). 뇌기능특성을 고려한 수업이 학업성취에 미치는 영향. 중앙대학
교 교육대학원 석사학위논문.

서울초등교육평가연구회(1995). 창의성 교육 문을 열다. 서울: 서울특별시교육청.

서울특별시교육연구원(1996). 미래를 여는 창의성 교육. 서울: 서울특별시교육연구원.

서울특별시교육청(1996). 조기 진급 및 졸업제의 이론과 실제. 서울: 서울특별시교육청.

서유헌(1994). 뇌를 알고 머리 쓰자. 서울: 동아일보사.

서혜경(1982). 국민학교 학생의 좌우뇌 기능과 교과성적과의 관계. 이화여자대학교 교육대학원 석사학위논문.

성은현(1996). 창조성과 심상에 관한 이론적 고찰. 김재은 교수 정년기념 논문. 인지와 창의성의 심리학. 서울: 창지사. 111-141.

신상철 역(1985). 전뇌교육. 서울: 보이스사.

신세호 외 공역(1999). 창의력 개발을 위한 교육. 서울: 교육과학사.

신현성(1985). 문제해결 지도의 세계적 동향. 산수과 문제해결력 신장을 위한 수업방안 개선 연구 세미나집. 한국교육개발원, 1-12.

양혜영(1996). 창의성은 어디로 갔는가? 김재은 교수 정년기념 논문집. 인지와 창의성의 심리학. 서울: 창지사. 143-168.

우정호(1985). Piaget 이론에 근거한 조작적 수학교수학습과 문제해결지도. 산수과 문제해결력 신장을 위한 수업방안 연구 세미나집, 2, 23-29.

유연옥(2003). 그림 창의성 검사(TCT-DP)에 의한 아동의 창의성 발달. 한국심리학회지: 발달, 16(2), 53-70.

윤종건 편저(1997). 아하! 창의력. 서울: 원미사.

윤종건(1994). 창의력의 이론과 실제. 서울: 원미사.

이강신(1983). 우측 뇌기능 활용학습이 학습장애아의 국어학력에 미치는 영향. 서울시교육회 연구보고서.

이경자(1991). 뇌기능특성에 따른 창의성 신장 프로그램에 관한 실험연구. 연세대학교 교육대학원 석사학위논문.

이경준(1983). 학습부진아의 인지 특성분석과 효율적인 교수전략 탐색연구. 중앙대학교 대학원 박사학위논문.

이경화, 최병연(2013). 중고등학생의 창의성 발달 경향 분석. 교육방법연구, 25(1), 317-338.

이군현(1988). 영재교육학. 서울: 박영사.

이군현, 김언주, 박정옥(1997). EQ IQ 창의력. 서울: 여성사.

이민화(2017). 협력하는 괴짜와 평생교육. KCERN 제37차 포럼. KCERN
http://v.media.daum.net/v/20180628044646742?1

이상희(1997). 이제 미래를 이야기합시다. 서울: 성현출판사.

이상희, 아셀나임(1996). IQ 100의 천재 IQ 150의 바보. 서울: 조선일보사.

이상희, 아셀나임(1998). 영재뇌 자연발육법. 부산: 열음사.

이성구(1983). 뇌반구의 선호와 학업성취 및 지능과의 상관연구. 단국대학교 대
     학원 석사학위논문.

이순묵, 이효희 역(2011). 창의성 평가:검사도구의 이해와 적용. 서울: 학지사.

이연섭(1987). 지적 발달과 사고교육. 연구자료 RM 87-8. 사고와 교육. 한국교육
     개발원, 43-66.

이연섭, 이영재, 조시화(1981). 학습부진아의 인지과정 요인분석. 연구보고 RR-
     1(37), 한국교육개발원.

이영애 역(1987). 인지심리학. 서울: 을유문화사.

이중길(1983). 좌 · 우측뇌의 기능분화와 학업성적과의 관련연구. 조선대학교 교
     육대학원 석사학위논문.

이철우, 이진호(1989). 뇌와 지능. 서울: 교육과학사.

이철환(1987). 우뇌훈련을 통한 창의성개발에 관한 실험연구. 연세대학교 교육
     대학원 석사학위논문.

임규혁 역(1997). 두뇌전환. 서울: 열림원.

임선하 역(1993). 창의적인 사람은 무엇이 다를까. 서울: 하우.

임선하(1995). 창의성에의 초대. 서울: 교보문고.

장남기(1988). 창조력 신장을 위한 대뇌우반구의 계발과 과학교육. 과학교육,
     25(7), 64-67.

장남기, 임영득, 강호감(1989). 과학교육심리학. 서울: 교육과학사.

전경원 편역(1998). 교사를 위한 창의적인 문제해결력. 서울: 창지사.

전경원 편역(1998). 창의성과 동기유발. 서울: 창지사.

전구호(1976). 수리적 사고에 관한 소고. 공주교육대학 논문집, 12(2), 208-211.

전영길(1987). 교육가능 정신박약아의 뇌기능 분화와 인지 특성분석. 대구대학
     교 대학원 박사학위논문.

정대영(1991). 학습.정서장애아와 정신지체아의 일반 및 변별적 인지요인 분석.
     대구대학교 대학원 박사학위논문.

정미선, 정세영(2010). 연령에 따른 창의적 사고와 창의적 성격의 발달 경향. 사
     고개발, 6(1), 69-88.

정정환(1988). 형식조작적 사고 및 수학적 문제해결력과 학업성취도와의 관계.
     중앙대학교 교육대학원 석사학위논문.

조석희 외(1996). 영재교육의 이론과 실제. 연구보고 96-28. 한국교육개발원.

조석희(1996). 우리 아이는 어느 분야의 영재일까? 서울: 사계절.

조석희(1996). 창의성의 파라독스: 창의성에 관한 종합적 연구와 모델. 김재은 교
     수 정년기념 논문집. 인지와 창의성의 심리학. 서울: 창지사. 67-110.

천승돌(1989). 체육고등학교 학생들의 인지 특성에 관한 연구. 경남대학교 대학원 석사학위논문.

최인수(2001). 유아의 창의적 특성과 교육적 시사. 미래유아교육학회지, 8(2), 103-129.

크리스천 아카데미 편(1997). 정보화 시대 교육의 선택. 서울: 대화출판사.

하종덕 외(1995). 주요 선진국에서의 과학영재교육과 교육개혁에 관한 연구. 한국영재학회 연구보고서.

하종덕 외(1995). 한국의 과학영재교육 현황과 발전방안에 관한 연구. 한국영재학회 연구보고서.

하종덕 외(1998). 창의적 문제해결능력 경연대회 평가연구. 영재교육연구, 8(2), 한국영재학회, 31-67.

하종덕 외(1998). 학생 창의적 문제해결능력 프로젝트 경시대회 운영결과 보고서. 한국과학재단.

하종덕(1985). 두뇌기능특성 및 인지양식과 학업성적과의 관계. 중앙대학교 대학원 석사학위논문.

하종덕(1992). 대학입학성적, 학과의식 및 뇌기능특성과 대학성적과의 관계. 교육학논총-현산 신요영박사 회갑 기념논문. 서울: 계명문화사.

하종덕(1992). 우뇌기능훈련이 뇌의 인지 특성 및 수학적 문제해결력에 미치는 효과. 원광대학교 대학원 박사학위논문.

하종덕(1995). 우뇌기능이 창의력에 미치는 영향. 교육심리연구 9(1), 한국교육학회 교육심리연구회, 61-73.

하종덕(1997). 영재성에 대한 대뇌생리학적 접근. 교육학논총-연호 노승윤 박사 회갑기념 논문. 서울: 양서원. 624-638.

하종덕(1997). 창의력 신장을 위한 뇌활성화 방법. 한국영재학회 추계학술세미나 자료집. 한국영재학회. 189-209.

하종덕, 고영희, 강호감 공역(1993). 제3의 뇌. 서울: 과학과 예술.

하종덕, 김수용 공역(1996). 뇌로부터 마음을 읽는다. 서울: 전파과학사.

한국교육개발원(1987). 사고의 개념정립을 위한 세미나집. 한국교육개발원.

한국교육개발원(2012). 창의역량 측정지표 및 도구개발 연구. 서울: 한국교육개발원.

한국교총영재교육원교원연수팀 역(2008). 창의성의 이해. 서울: 한국교총영재교육원.

한완상(1995). 21세기와 영재교육. 영재교육 심포지엄. 한국영재교육연구소. 9-18.

황수현(1987). 아동의 인지기능에 관한 일 연구-두뇌기능 분화특성을 중심으로. 연세대학교 대학원 석사학위논문.

品川嘉世(1982). 右腦方の 生かし方. 書房.

Adams, J. L. (1986). *Conceptual blockbusting: A guide to better ideas*. New York: Addison-Wesley Publishing Company, Inc.

Adams, J. L. (1986). *The care and feeding of ideas: A guide to encouraging creativity*. New York: Addison-Wesley Publishing Company, Inc.

Adams-Price, C. E. (1998). *Creativity and successful aging*. NY: Springer.

Alvino, J., & The Editors of Gifted Children Monthly (1989). *Parents' guide to raising a gifted toddler: Recognizing and developing your child's potential*. Boston: Little, Brown and Company.

Amabile, T. M. (1983). *The social psychology of creativity*. New York: Springer-Verlag.

Amabile, T. M. (1983). The social psychology of creativity: A componential concept. *Journal of Personality and Social Psychology, 45,* 357-376.

Amabile, T. M. (1989). *Growing up creative*. Buffalo, NY: CEF Press.

Amabile, T. M. (1996). *Creativity in context. boulder.* Colorado: Westview Press.

Atkinson, J. W. (1964). *An introduction to motivation*. New York: American Book.

Benton, A. L. (1968). Disorders of spatial orientation. In P. J. Vinken & G. W. Bruny (Eds.), *Handbook of clinical neurology, 3*. Amsterdam: North Holland.

Blakeslee, J. R. (1980). *The right brain*. New York: Anchor Press.

Boden, M. (1991). *The creative mind*. NY: Basic Books.

Buckmaster, L. R. (1980). *Development of an instrument to measure self-actualization and an investigation into the relationship between self-actualization and creativity*. Unpublished Masters Thesis. University of Wisconsin, Madison.

Bull, W. D. (1960). The validity of behavioral rating scale items for theassessment of individual creativity. *Journal of Applied Psychology, 44,* 407-412.

Camp, G. C. (1994). A longitudinal study of correlates of creativity. *Creativity Research Journal, 7*, 125-144.

Cattell, R. B. (1971). *Abilities their structure, growth, and action*. Boston: Houghton Mifflin Company.

Clark, B. (1992). *Growing up gifted: developing the potential of children at home and at school*. New York: Macmillan Publishing Company.

Clark, B. (2013). *Growing Up Gifted: Developing the Potential of Children at School and at Home* (8th ed.). Pearson.

Cohen, G. (1973). Hemispheric differences in serial versus parallel processing. *Journal of Experimental Psychology, 97*, 349-356.

Cox, E. (1926). The early mental traits of three hundred guniuses. *Vol II: Genetic Studies of Genius*. CA: Stanford University Press.

Cramond, B. (1994). Attention-Deficit Hyperactivity Disorder and Creativity— What is the connection? *The Journal of Creative Behavior, 28*, 193-210.

Cropley, A. J. (2001). *Creativity in education and learning: A guide for teachers and educators*. Talyor & Francis Book Ltd.

Csikszentmihalyi, M. S. (1996). *Creativity: Flow and the psychology of discovery and invention*. New York: Harper Collins Publishers.

Csikszentmihalyi, M. S. (2014). *The Systems Model of Creativity: The Collected Works of Mihaly Csikszentmihalyi*. Dordrecht: Springer.

Csikszentmihalyi, M. S. (1989). Society, culture, and person: A system view of creativity. In R. J. Sternberg(Ed.), *The nature of creativity*(pp. 325-339). Cambridge: Cambridge University Press.

Csikszentmihalyi, M. S. (1990). *Flow: The psychology of optimal experience*. New York: Harper & Row.

Csíkszentmihályi, Mihály (1996). *Creativity: Flow and the Psychology of Discovery and Invention*. New York: Harper Perennial.

Dacey, J. S. (1989). *Fundamentals of creative thinking*. New York: Lexington Books.

Davis, G. A. (1975). In frumious pursuit of the creative person. *Journal of Creative Behavior, 9*, 75-87.

Davis, G. A.(1997). *Creativity is forever*. Dubuque, Iowa: Kendall/Hunt Publshing Co.

Davis, J. E., & Rimm, S. (1985). *Education of the gifted and talented*. NJ:

Prentice-Hall. Delmar Publishers Inc.

Dennis, W. (1966). Creative productivity between the ages of 20 and 80 years. *Journal of Gerontology, 21*(1), 1-8.

Diamond, M. C. (1988). *Enriching heredity: The impact of the environment on the anatomy of the brain.* New York: The Free Press.

Dudek, S. J. (1974). Creativity in young children: attitude or ability? *Journal of Creative Behavior, 8,* 282-292.

Feldhusen, J. F., & Baska, L. K. (1985). Identification and assessment of the gifted. In J. F. Feldhusen, J. VanTassel-Baska & K. Seeley (Eds.), *Excellence in educating the gifted. Denver.* CO: Love Publishing.

Feldhusen, J. F., & Jarwan, F. A. (1993). Identification of gifted and talented youth for educational programs. In K. A. Heller, F. J. Monks & A. H. Passow (Eds.), *International Handbook of Research and Development of Giftedness and Talent.* Oxford: Pergamon.

Feldman, D. Benjamin, A. (2006). *Creativity and education: An American retrospective.* Cambridge Journal of Education.

Feldman, D. H., Csikszentmihalyi, M., & Gardner, H. (1994). *Changing the world: A framework for the study of creativity.* Westport, CT: Praege.

Ferguson, M. (1977). 'Mind mirror' EEG identifies states of awareness. *Brain/ Mind Bulletin, 2*(30), 1-2.

Foster, F. P. (1968). The human relationships of creative individuals. *Journal of Creative Behavior, 2*(2), 111-118.

Gagné, F. (2009). Building gifts into talents: Detailed overview of the DMGT 2.0. In B. MacFarlane, & T. Stambaugh, Eds., *Leading change in gifted education: The festschrift of Dr. Joyce VanTassel-Baska.* Waco, TX: Prufrock Press.

Gagné, F. (2013). The DMGT: Changes within, Beneath, and Beyond. *Talent Development & Excellence, Vol. 5,* No. 1, 2013, 5-19.

Gardner, H. (1983). *Frames of mind: The theory of multiple intelligences.* New York: Basic Books.

Gardner, H. (1993). *Creating minds.* New York: Basic Books.

Gazzaniga, M. S., & Ledoux, J. E. (1978). *The integrated mind.* New York: Plenum Press.

Getzels, J. W., & Jackson, P. W. (1962). *Creativity and intelligence:*

Explorations with gifted students. New York: John Wiley.

Glover, J. A., Ronning, R. R., & Reynolds, C. R. (1989). *Handbook of Creativity.* NY: Springer Science & Business Media New York.

Gordon, H. W. (1986). The cognitive laterality battery: Tests of specializd cognitive function. *International Journal of Neuroscience, 29,* 223-244.

Gowan (1981). *Creativity: Its Educational Implications.* Kendall Hunt Pub. Co.

Guilford, J. P. (1950). Creativity. *American Psychologist, 5,* 444-454.

Guilford, J. P. (1984). Varieties of divergent production. *Journal of Creative Behavior, 18,* 1-10.

Guilford, J. P. (1986). *Creative talents: Their nature, uses and development.* Buffalo. NY: Bearly Limited.

Haensly, P. A., & Reynolds, C. R. (1989). Creativity and intelligence. In J. A. glover, R. R. Ronning, & C. R. Reynolds (Eds.), *Handbook of Creativity.* NY: Plenum Press, 111-132.

Hallmann, R. J. (1971). Techniken des kreativen lehrers. In G. Muehle & C. Schell (Eds.), *kreativiteat und schule.* Muechen: piper.

Higgins, J. M. (1994). *101 creative problem solving techniques: The handbook of new ideas for business.* Winter Park, FL: New Management Publishing Company, Inc.

Hill, L.A., Brandeau, G., Truelove, E., & Lineback, K. (2014). *Collective Genius: The Art and Practice of Leading Innovation.* Harvard Business School Press.

Hurwich, H., & Leclere, G. (1992). *Late-life potential.* In Panel discussion presented at the annual meeting of the American Society on Aging.

Isaksen, S. G., & Treffinger, D. J. (1985). *Creative problem solving: The basic course.* Buffalo: NY, Bearly Limited.

Jaquish, G. A., & Ripple, R. (1981). Cognitive creative abilities and self-esteem across the adult life span, *Human Development, 24,* 110-119.

Jung, C. G., & Franz, M. (1964). *Man and His Symbols.* Garden City. N.Y.: Doubleday.

Kaufman, J. C., & Beghetto, R. A. (2009). Beyond big and little: The four c model of creativity. *Review of General Psychology, 13*(1), 1-12.

Knolle, L., Gordon, H. W., & Gwany, D. (1987). Relationship between performance and preference measures of cognitive laterality. *Psychological Reports, 61*, 215–223.

Koh, Y. H., & Gordon, H. W.(1983). Hemispheric asymmetry in cognitive performance and school achievements. *The Journal of Korean Education, 10*(2), 97–108.

Kubie, L. S. (1958). *Neurotic distortion of the creative process.* University of Kansas Press.

Lau, S., & Cheung, P. C. (2010). Developmental trends of creativity: what twists of turn do boys and girls take at different grades? *Creativity Research Journal, 22*(3), 329–336.

Lehman, H. C. (1953). *Age and achievement.* Princeton University Press.

Lesner, W. J., & Hillman, D. (1983). A developmental schema of creativity. *The Journal of creative behavior, 17*(2), 103–114.

Lindenberger, U. (2000). Intellektuelle Entwicklung über die Lebensspanne: Überblick und ausgewählte Forschungsbrennpunkte [Intellectual development across the lifespan: Overview and research perspectives]. *Psychologische Rundschau, 51*(3), 135–145.

Luria, A. R. (1966). *Human brain and psychological processes.* New York: Harper & Row.

Mackinnon, D. W. (1962). The nature and nurture of creative talent. *American Psychologist, 17*, 484–495.

MacKinnon, D. W. (1965/1976). Architects, personality types, and creativity. In A. Rothenberg and C.R. Hausman (Eds.), *The creativity question.* (pp. 175–189). Duke University Press.

Maslow, A. H. (1954). *Motivation and personality.* New York: Harpers and Brothers.

Maslow, A. H. (1962). *Toward a psychology of being.* Princeton, H. J.: D. Van Nostrand Co., Inc.

Maslow, A. H. (1974a). The good life of the self–actualizing person. In T. M. Covin (Ed.), *Readings in human development: A humanistic approach.* NY: MSS Information Corporation.

Maslow, A. H. (1974b). Creativity in self–actualizing people. In T. M. Covin (Ed.), *Readings in human development: A humanistic approach.* NY: MSS Information Corporation.

Mattimore, B. W. (1994). *99% inspiration: Tips, tales & techniques for liberating your business creativity.* New York: American Management Association.

Mayesky, M. (1990). *Creative activities for young children.* New York: Delmar Pulalishers, Inc.

Mcintosh, J. E., & Meacham, A. W. (1992). *Creative problem solving in the classroom: The educator's handbook for teaching effective problem solving skills.* Waco, TX: Prufrock Press.

Mednick S. A. (1962). The associative basis of the creative process. *Psychological Review, 69*, 220–232.

Michalko, M. (1991). *Thinkertoys.* Berkeley. CA: Ten Speed Press.

Moore, W. H. (1976). Bilateral tachistoscopic word perception of stutterers and normal subjects. *Brain and Language, 3*, 434–442.

Osborn, A. (1963). *Applied imagination: Principles and procedures of creative thinking.* New York: Scribner's.

Parnes, S. J. (1971). Creativity: developing human potential. *Journal of Creative Behavior, 5*(1), 19–34.

Parnes, S. J. (1997). *Optimize: The magic of your mind. Buffalo.* NY: Creative Education Foundation, Inc.

Puccio, G. (1999). Creative problem solving preferences: Their identification and implications. *Creativity and Innovation management, 8*(3), 171–178.

Renzulli, J. S. (1977). *The enrichment triad model: A guide for developing defensibel programs for the gifted and talented.* Creative Learning Press.

Renzulli, J. S. (1978). What makes giftedness? Reexamining a definition. *Phi Delta Kappan, 60*, 180–184.

Renzulli, J. S. (1994). *Schools for talent developmen: A practical plan for total school improvement.* CT: Creative Learning Press.

Renzulli, J. S., & Reis, S. M. (1985). *The schoolwide enrichment model.* CT: Creative Learning Press.

Restak, R. (1993). The creative brain. In J. Brockman (Ed.), *Creativity* (pp. 164–175). New York: Simon & Schuster.

Rhodes, M. (1962). An analysis of creativity. *Phi Delta Kappan, 42*, 305–310.

Ribot, T. H. (1900). The nature of the creative imagination. *Philosophical Review, 9*, 541.

Robinson, A., & Jolly, J. (2014). 영재교육을 이끈 세기의 학자들: 골턴에서 말랜드까지(*A Century of contributions to gifted education*). 박경빈 외 역. 서울: 학지사.

Rogers, C. R. (1961). *On becoming a person*. Boston: Houghton-Mifflin Co.

Rogers, C. R. (1962). Toward a theory of creativity. In S. J. Parnes & H. F. Harding (Eds.), *A source book for creative thinking*. New York: scribners.

Rogers, C. R. (1963). Learning to be free. *NEA Journal, March, 52*, 28-30.

Rogers, C. R. (1974). Toward becoming a fully functioning person. In T. M. Covin (Ed.), *Readings in human development: A humanistic approach*. NY: MSS Information Corporation.

Romaniuk, J. G., & Romaniuk, M. (1981). Creativity across the life span: A measurement perspective. *Human development, 24*(6), 366-381.

Rosenblatt, E., & Winner, E. (1988). The art of children's drawings. *Journal of Aesthetic Education, 22*, 1, 3-15.

Runco, M. A. (2018). *Major works on creativity and education*. London: Sage Publications.

Runco, M. A., & Charles, R. E. (1997). Developmental trends in creative potential and creative performance. In M. A. Runco (Ed.), *The Creativity Research Handbook*, vol.1. NJ: Hampton Press.

Saunders, J., & Espeland, P. (1991). *Bringing out the best: A resource guide for parents of young gifted children*. Minneapolis, MN: Free Sprit Publishing, Inc.

Sawyer, R. K. (2006). Group creativity: Musical performance and collaboration. *Psychology of Music, 34*(2), 148-165.

Sears, R. R. (1977). Sources of life satisfactions of the terman gifted men. *American Psychologist, 32*, 119-128.

Simonton, D. K. (1990). Creativity and wisdom in aging. *Handbook of the psychology of aging*. 320-329.

Singer, J. L., & Singer, D. G. (1992). *The house of make-believe: Play and the developing imagination*. Cambridge, MA: Harvard University Press.

Smolucha, F. (1992). A reconstruction of Vygotsky's theory of creativity. *Creative Research Journal, 5*, 49-67.

Sperry, R. W. (1968). Hemisphere diconnection and unity in concious awareness. *American psychologist, 23*, 723-733.

Sperry, R. W., & Myers, R. E. (1958). Interhemispheric communication through the corpus callosum. Mnemonic Carry-Over Between the Hemispheres. *Archives of Neurology and Psychiatry, 80,* 298-303.

Springer, S. P., & Deutsch, G. (1985). *Left brain, right brain.* New York: W. H. Freeman & Co.

Stein, M. I. (1984). *Making the point. Delray Beach.* FL: Winslow Press.

Sternberg, R. J (1999). The theory of Successful intelligence. *Review of General Psybology, 3,* 292-316.

Sternberg, R. J. (1985). Beyond IQ: A triarchic theory of human intelligence. New York: Cambridge University Press.

Sternberg, R. J. (1986). A triarchic theory of intellectual giftedness. In R. J. Sternberg & J. E. Davidson (Eds.), *Conceptions of giftedness.* NY: Cambridge University Press.

Sternberg, R. J. (1988). *The nature of creativity: Contemporary psychological perspectives.* Cambridge: Cambridge University Press.

Sternberg, R. J. (2011). The theory of successful intelligence. In R. J. Sternberg & S. B. Kaufman (Eds.), *Cambridge handbook of intelligence* (pp. 504-527). New York: Cambridge University Press.

Sternberg, R., & Lubart, T. (1995). *Defying the crowd: Cultivating creativity in a culture of conformity.* New York: Free Press

Storfer, M. D. (1990). *Intelligence and giftedness.* San Francisco: Jossey-Bass Publishers.

Sturner, W. (1998). *The creative impulse: Celebrating Adam and Eve, Jung and everyone.* Melbourne Beach, FL: Helicon Publishing.

Subotnik R, Olszewski-Kubilius P, & Worrell F. (2011). Rethinking Giftedness and Gifted Education: A Proposed Direction Forward Based on Psychological Science. *Psychol Sci Public Interest. Jan; 12*(1): 3-54.

Tannenbaum, A. J. (1983). *Gifted children: Psychological and educational perspectives.* NY: Macmillan.

Taylor, C. W. (1988). Various approaches to and definitions of creativity. In R. J. Sternberg (Ed.), *The nature of creativity: Contemporary psychological perspectives.* New York: Cambridge Univ. Press, 99-121.

Terman, L. M. (1925). *Genetic studies of genius. Stanford,* CA: Stanford University Press.

Terman, L. M. (1925). *Mental and physical traits of a thousand gifted children.* Stanford, CA Stanford University Press.

Terman, L. M., & Oden, M. (1947). Genetic studies of genius. Vol IV. *The gifted child grows up.* CA: Stanford University Press.

Torrance, E. P. (1962). *Guiding creative talent. Englewood Cliffs.* NJ: Prentice-Hall, Inc.

Torrance, E. P. (1963). *Education and the creative potential. Minneapolis.* MN: The University of Minnesota Press.

Torrance, E. P. (1968). A longitudinal examination of the fourth grade slump in creativity. *Gifted Child Quarterly, 12,* 195-199.

Torrance, E. P. (1970). Must creative development be left to chance? In E. P. Torrance & R. E. Myers (Eds.), *Creative learning and teaching.* NY: Harper & Row, Publishers, Inc, 67-98.

Torrance, E. P. (1977). *Creativity in the classroom: What research says to the teacher.* Washington, D.C.: National Education Association.

Torrance, E. P. (1979). *The search for satori and creativity.* Buffalo, NY: Creative Education Foundation, Inc.

Torrance, E. P. (1988). The nature of creativity as manifest in its testing. In R. J. Sternberg (Ed.), *The nature of creativity: Contemporary psychological perspectives.* New York: Cambridge Univ. Press, 43-75.

Torrance, E. P., & Mourad, S. (1979). Role of hemisphericity in performance on selected measures of creativity. *The Gifted Child Quaterly, 23,* 44-55.

Torrance, E. P., Reynolds, C. R., Riegel, T. R., Jr., & Ball, O. E. (1977). Your style of learning and thinking, forma A and B: Preliminary norms, abbreviated technical notes, scoring keys, and selected references, A R/L test. *The Gifted Child Quarterly, 21,* 563-573.

Treffinger, D. J., Isaksen, S. G., & Dorval, K. B. (1994). *Creative problem solving: An introduction.* Sarasota, Florida: Center for Creative Learning, Inc.

Treffinger, D. J., Isaksen, S. G., & Dorval, K. B. (2000). *Creative problem solving: An introduction.* (3rd ed.). Waco, TX: Prufrock Press.

Urban, K. K. (1990). Recent treads in creativity: Research and theory. *Western European Journal for High Ability, 1,* 99-113.

Urban, K. K. (1996). 창의성-요소적 접근모델. 인간발달연구, 24(1), 5-27.

VanDemard, N. L. (1991). *Breaking the barriers to everyday creativity.* Buffalo NY: Creative Education Foundation.

VanGundy, A. B. (1992). *Idea power: Techniques & resources to unleash the creativity in your organization.* New York: AMACOM.

VanGundy, A. B. (1995). *Brain boosters for business advantage.* San Diego, CA: Pfeiffer & Company.

von Oech, R. (1990). *A whack on the side of the head: How you can be more creative.* New York: Warner Books, Inc.

Walberg, H. J. (1982). Child traits and environmental conditions of highly eminent adults. *Gifted Child Quarterly, 25,* 103–107.

Walkup, L. E. (1967). Creativity in science through visualization. *Journal of Creative behavior, 1,* 283–290.

Wallas, G. (1926). *The art of thought.* New York: Harcourt, Brace.

Weisberg, R. W. (1986). *Creativity-genius and other myths.* NY: Freeman.

Weisberg, R. W. (1988). Problem solving and creativity. In R. J. Sternberg (Ed.), *The nature of creativity: Contemporary psychological perspectives.* Cambridge: Cambridge University Press.

Wheatley, G. H. (1977). The right hemisphere's role in problem solving. *Arithmetic Teacher, 25,* 36–39.

Wheatley, G. H., Mitchell, R., Grankland, R. W., & Craft, R. (1978). Hemispheric specialization and cognitive development: Implications for mathematics in education. *The Journal for Research in Mathematics Education, 9*(1), 20–31.

Williams, L. V. (1983). *Teaching for the two-sided mind.* New York: Simon & Schuster, Inc.

Wittrock, M. C. (1978). Education and the cognition processes of the brain. In J. Chall & A. Mirsky (Eds.), *Education and brain.* The 77 yearbook of the national society for the study of education, part 2. University of Chicago Press, 61–102.

Yamamoto, K. (1964). Role of Creative Thinking and Intelligence in High School achievement. *Psychological Reports, 14,* 783–789.

Zdenek, M. (1985). *The right-brain experience: An intimate program to free the powers of your imagination.* New York: McGraw–Hill.

찾아보기

[인명]

[내용]

저자 소개

문정화(Moon, Jeong-hwa)
현 인천재능대학 아동보육과 명예교수
　　미국 오클라호마주립대학교 철학박사(교육심리 전공)
전 재단법인 한국영재교육연구소장, (주)재능교육부설 한국창의성개발연구소장

〈저서 및 역서〉
창의성, 내 아이의 미래에 마법을 부리다(2016), 영재탐구(2015), 내 아이를 위한
의사결정능력 코칭(2013), 내 아이를 위한 창의성 코칭(2011)

하종덕(Ha, Jong-duk)
현 인천재능대학 아동보육과 교수 및 영재교육원/평생교육원 원장
전 한국교육개발원 연구원, KAGE영재교육학술원 소장, 한국창의력교육학회 및 한
　　국영재학회 회장

〈저서 및 역서〉
영재교육학용어사전(2017), 신교육학개론(2004), 나도 천재가 될 수 있다(1995), 성
공하는 두뇌 만들기(1994), 제3의 뇌(1993)

박경빈(Park, Kyung-bin)
현 가천대학교 유아교육학과 교수
    미국 아이오와대학교 철학박사(교육심리 전공)
전 한국영재학회 회장, 한국인간발달학회 부회장, Asia Pacific Federation for Gift-
    edness 회장

〈저서 및 역서〉
영재교육을 이끈 세기의 학자들(2016), 영재탐구(2015), 한눈에 보는 영재교육
(2014), 영재교육개론(2013), 아동발달(2008)

김선진(Kim, Sun-jin)
현 재능교육 스스로교육연구소 팀장
    성균관대학교 겸임교수
    성균관대학교 철학박사(영재 및 창의성교육 전공)
전 성균관대학교 대학교육혁신센터 책임연구원

〈논문〉
유아의 창의·인성 함양을 위한 창의적 문제해결력 프로그램 개발 및 효과검증
(2015), 국내 조직 창의성 연구 동향 및 내용 분석: 조직 내·외적 환경요인을 중심
으로(2015), 2000~2011년까지 유아 창의성 교육의 연구 동향 분석(2013), 국내 대
학의 창의성 교과목 현황 및 내용분석: 상위 30개 대학을 대상으로(2012)

또 하나의 교육 창의성(3판)
The flare of learning A world of creativity

1999년 8월 30일 1판 1쇄 발행
2003년 9월 5일 1판 3쇄 발행
2005년 4월 5일 2판 1쇄 발행
2018년 2월 20일 2판 13쇄 발행
2019년 4월 10일 3판 1쇄 발행
2021년 8월 20일 3판 2쇄 발행

지은이 • 문정화 · 하종덕 · 박경빈 · 김선진
펴낸이 • 김 진 환
펴낸곳 • (주)**학지사**
　　　　04031 서울특별시 마포구 양화로 15길 20 마인드월드빌딩 5층
대표전화 • 02) 330-5114　　팩스 • 02) 324-2345
등록번호 • 제313-2006-000265호

홈페이지 • http://www.hakjisa.co.kr
페이스북 • https://www.facebook.com/hakjisabook

ISBN 978-89-997-1795-6 93370

정가 **17,000원**

이 도서의 국립중앙도서관 출판시도서목록(CIP)은 서지정보유통지원시스템
홈페이지(http://seoji.nl.go.kr)와 국가자료공동목록시스템(http://www.nl.go.kr/kolisnet)
에서 이용하실 수 있습니다.
(CIP제어번호: CIP2019008181)

출판 · 교육 · 미디어기업 **학지사**
간호보건의학출판 **학지사메디컬** www.hakjisamd.co.kr
심리검사연구소 **인싸이트** www.inpsyt.co.kr
학술논문서비스 **뉴논문** www.newnonmun.com
원격교육연수원 **카운피아** www.counpia.com